广东省交通运输行业科技创新模式探索与实践

钟健辉　卢正宇　陆明生　田卿燕　等　编著

人民交通出版社股份有限公司
China Communications Press Co.,Ltd.

内 容 提 要

近年来，党中央、国务院先后出台一系列重大举措，全面深化科技体制改革，深入实施创新驱动发展战略。本书在分析国家、广东省、交通运输部有关科技创新政策的基础上，立足广东省交通运输科技创新的实践，从科技创新基础理论、国家科技改革趋势、国外经验借鉴、交通运输行业科技创新现状、广东省交通运输科技创新体系建设实践等方面，探索性地研究了交通运输科技创新中不同主体的功能定位、主体职责和重点任务，构建了具有广东省特色的交通运输科技创新体系，为各级交通运输科技管理部门、科研机构、高等院校、企业在新形势下推进交通运输科技创新工作提供了借鉴参考。

图书在版编目(CIP)数据

广东省交通运输行业科技创新模式探索与实践 / 钟健辉等编著. — 北京 : 人民交通出版社股份有限公司，2017.6

ISBN 978-7-114-13931-4

Ⅰ. ①广… Ⅱ. ①钟… Ⅲ. ①交通运输业—技术革新—研究—广东 Ⅳ. ①F512.765

中国版本图书馆 CIP 数据核字(2017)第 143030 号

书　　名：**广东省交通运输行业科技创新模式探索与实践**
著 作 者：钟健辉　卢正宇　陆明生　田卿燕　等
责任编辑：李　沛
出版发行：人民交通出版社股份有限公司
地　　址：(100011)北京市朝阳区安定门外外馆斜街 3 号
网　　址：http://www.ccpress.com.cn
销售电话：(010)59757969,59757973
总 经 销：人民交通出版社股份有限公司发行部
经　　销：各地新华书店
印　　刷：北京鑫正大印刷有限公司
开　　本：880×1230　1/16
印　　张：9.5
字　　数：234 千
版　　次：2017 年 6 月　第 1 版
印　　次：2017 年 6 月　第 1 次印刷
书　　号：ISBN 978-7-114-13931-4
定　　价：50.00 元

序

Foreword

当前，我国正处于深入实施创新驱动发展战略、加快转变经济发展方式、全面建成小康社会的关键阶段。近年来，聚焦实施创新驱动发展战略，党中央、国务院先后出台了一系列重大举措，全面深化科技体制改革，努力破除一切制约创新的思想障碍和制度藩篱，加快构建中国特色国家创新体系，推进科技治理体系和治理能力现代化，致力营造大众创业、万众创新的政策环境和制度环境。

在国家新一轮科技体制改革的背景下，研究探索具有行业特点和地方特色的科技发展新思维、新模式、新路径，更好把握不同创新主体在科技发展中的定位和作用，有效强化科技同经济对接、创新成果同产业对接、创新项目同现实生产力对接、研发人员创新劳动同其利益收入对接，是贯彻落实国家创新驱动发展战略，加快完善科技创新体系，显著提高自主创新能力的必要举措。

本书立足于广东省交通运输行业科技创新的探索实践，从科技支持体系建设、科技成果推广、科技信用评价、科技管理服务、科技服务机构建设等方面，研究分析了有关政府部门、科研机构和企业等创新主体的功能、能力核心和努力方向，为交通运输行业广大科技工作者提供了有益的参考和借鉴。

交通运输部科学研究院副院长兼总工程师 王先进

2017 年 4 月 26 日

前言 Preface

科技是国家强盛之基，创新是民族进步之魂。党的十八大以来，以习近平同志为总书记的党中央站在全球发展和民族复兴的高度，科学研判世界科技革命和产业变革的走向，果断做出实施创新驱动发展战略的重大决策部署，把科技创新摆在国家发展全局的核心位置，全面深化科技体制改革，大力推动以科技创新为核心的全面创新，提出了一系列重大的新思想、新论断、新要求。

交通运输是国民经济和社会发展的基础性、先导性产业和服务性行业。当前，我国交通运输已经实现了从国民经济社会发展的“瓶颈制约”“总体缓解”向“基本适应”的重大跃升，正处于基础设施发展、服务水平提高和转型发展的“黄金时期”。未来一个时期，随着资金、土地、资源、环境的刚性约束进一步增强，交通运输可持续发展面临严峻挑战，我们一直以来依赖的资源驱动、投资驱动的发展模式变得难以为继，交通运输发展已经进入到由资源驱动、投资驱动向创新驱动转型的关键阶段。

广东省是我国改革开放的前沿，面临产业转型升级的历史使命。经过新中国成立以来尤其是改革开放后30多年的不懈努力，广东省交通运输行业开拓创新、锐意进取，取得了显著成绩，全省综合交通网络初步形成，综合枢纽建设明显加快，各种运输方式衔接效率显著提升。展望未来，广东省交通运输行业将持续把创新驱动作为推动交通运输转型升级的强力引擎，加快推动由建设为主向建设与服务并重转型，由规模速度为主向质量效益为主转型，由要素驱动为主向创新驱动为主转型，实现交通运输从传统产业向现代服务业转变，开辟发展新空间。

为在国家、交通运输行业实施创新驱动发展战略、深化科技体制改革的新形势下，加快探索具有广东省交通运输行业特色的科技创新模式，广东省交通运输厅立项开展了“广东省交通科技创新服务平台建设研究”（项目编号：科技2015-003-039）项目研究工作，项目组织与参研单位包括广东省交通运输厅、广东省交通集团有限公司、广东华路交通科技有限公司、广东省交通运输规划研究中心、广东交通职业技术学院等单位。本书在此项目研究成果的基础上，融合了当前国家、交通运输行业科技创新的有关政策和要求，以及广东省交通运输行业科技创新的实践经验，力求做到学术性、政策性和实践性并重。在项目研究和本书编写过程中，交通运输部科学研究院、交通运输部公路科学研究院、广东省科技创新监测研究中心、广东省科学技术情报研究所、广东省航务设计研究院等单位的有关专家给予了大力协助与指导，在此一并表示感谢。

本书共十一章，由钟健辉、陆明生、卢正宇、李静、黎侃、田卿燕、刘仰韶拟定著作大纲，具体编写分工如下：第一至四章、第九章、第十章由卢正宇、田卿燕、刘仰韶、何志军起草，第五章由张文忠、田卿燕、李红红、何志军起草，第六章由李明惠、胡昌送、马健萍起草，第七章由吴传海、许新权、钟鼎文、姚岢、樊清清起草，第八章由李明国、胡圣江、潘玲、蔡桂兰、陈丽丽起草，第十一章由田卿燕、许新权、胡昌送、潘玲起草。全书由陆明生、卢正宇、田卿燕统稿，陆明生、李静、刘仰韶、黎侃、许新权校稿，钟健辉审定。

由于编著者水平和时间有限，书中难免会有疏漏和不足之处，敬请广大读者批评指正！

作　者
2017 年 4 月于广州

目 录 Contents

第一章　绪　论

第一节　研究背景与目标

一、问题的提出

2012 年 11 月，党的十八大提出“科技创新是提高社会生产力和综合国力的战略支撑，必须摆在国家发展全局的核心位置”，强调要坚持走中国特色自主创新道路、实施创新驱动发展战略，这是我党当前放眼世界、立足全局、面向未来做出的重大决策。2016 年 5 月 30 日，全国科技创新大会、两院院士大会、中国科协第九次全国代表大会在北京隆重召开，习近平总书记从人类社会演进、中华文明发展、世界科技革命的全局高度和历史站位，深刻阐述了我国发展和科技创新面临的重大机遇，提出建设世界科技强国的战略目标和重点任务，为加快推进我国科技创新指明了战略方向。

党的十八大以来，针对科技资源碎片化、科研经费使用低效、科研仪器设备设施闲置浪费、科技成果转化率不高等突出问题，国家印发了一系列重要的指导性文件，深入实施创新驱动发展战略，全面推进科技体制改革。在科技体制机制改革的新形势下，交通运输行业管理部门必须把握新时期科技管理的新要求，加快转变政府科技管理职能，加强行业科技公共管理与公共服务，实现科技管理由“微观”向“宏观”转变，由项目管理向战略谋划转变，创新行业科技管理机制，探索协同创新组织方式，完善科技创新政策环境和制度环境，加快形成适应国家改革要求和行业发展需求的科技体制机制新格局。

科技进步是交通运输发展的重要推动力量。当今世界，科技进步日新月异，新一代信息通信技术、新材料技术、智能制造技术等现代科技快速发展，必将对交通运输提升能力、提高质量、改善服务、增进安全、保护环境等产生重大影响。加快推进我国交通运输现代化、建设世界交通强国，必须深入实施创新驱动发展战略，贯彻落实创新、协调、绿色、开放、共享的发展理念，构建新型的行业科技创新模式，聚焦交通运输重大科技需求，广泛吸引社会资源投入交通运输科技研发，促进跨行业、跨部门、跨区域整合资源、协同创新，强化对基础研究、应用开发、成果转化、产业发展的全链条创新设计和一体化组织实施，集中优势资源突破一批重大关键技术瓶颈，释放新需求，创造新供给，以科技创新引领交通运输的全面创新。

近年来，不少学者已经对交通运输行业科技创新问题进行了研究。周正祥等提出把创造适宜环境作为政府推动公路交通科技创新的主要手段，并借助互联网传播，利用国内外公路交通科技信息资源，为公路交通科技创新提供法律保障等创新政策。王辉通过对美国交通科技创新体系的分析，提出交通运输科技研发人员要充分利用现代信息技术提供的现代化工具，充分开发利用丰富的交通科技信息资源，以保证交通科技创新的最终实现。陆礼认为，必须在交通科技创新与伦理道德之间保持必要的张力，兼顾、协调交通科技发展的自身要求和交通与社会发展的合理性、和谐性等多元价值要求。邹和平认为，通过科技成果的转化，增强企业发展的活力，同时为科学技术研究与发展的再生产提供资金，从而形成科技投入与产出的良性循环，保证科技工作的持续发展。龙传华认为，公路水路交通科技发展的战略目标是建设适应交通现代化要求和符合交通科技自身发展规律的创新体系，形成强大的自主创新能力。

综合业界相关研究成果来看，目前研究多集中在交通运输行业科技创新模式的某一领域或某一环节开展研究，尽管能够在一定程度上透视交通运输科技发展的症结和问题，提出就某一方面促进交通运输科技发展的措施建议，但缺乏对交通运输行业科技创新模式的整体考虑，没有从国家、行业科技创新的大局分析行业科技创新主体的定位问题，从而难以形成统筹性的交通运输行业科技创新模式研究。

本书结合当前国家、交通运输行业科技体制改革和科技创新的新形势新要求，应用创新驱动发展的基础理论，对传统交通运输行业科技创新模式进行了审视，结合广东省交通运输行业科技创新的实践探索，旨在研究探索新形势下基于地方实践的交通运输行业新型科技创新模式，并提出基于不同创新主体角色定位的政策措施和建议。

二、现状与需求

到 2015 年底，广东省的高速公路通车里程达 7 018km，位居全国第一，累计公路通车里程超过 20 万公里，是广东省经济发展的重要支柱。一直以来，广东省交通运输厅非常重视科技创新工作，“十二五”期间(2011—2015 年)，广东省累计投入 7 778 万元落实了 468 个基础设施建设与养护、道路运输服务、智能交通建设、节能环保建设等领域的科技项目，完成的科技成果已获得国家土木工程詹天佑奖 3 项，国家金卡工程优秀成果金蚂蚁奖 1 项，广东省科学技术奖 23 项(其中一等奖 1 项，二等奖 8 项)，部分科技成果已经在广东乃至全国各地的公路交通建设和养护实践中得到了广泛应用，为提升广东省交通运输行业科技水平做出了积极贡献，同时也为公路水路交通基础设施建设与安全运营提供了有力保障。

“十二五”期间，通过财政资金投入和政策引导，广东省交通运输科技创新能力也取得了突破，其交通建设领域科技市场的开放性优势吸引和调动了全国高等院校和科研院所，采用内外联合的模式开展科技攻关，形成了大量先进适用的研发成果。在政府的支持下，省内交通运输企业建成了“公路交通安全与应急保障技术及装备交通运输行业研发中心”等一批各级各类科研基地，培养了一批高层次专业技术人才。同时，在制度建设方面，围绕科技创新能力建设、标准化、信息化等重点工作，加强了政策研究和制度建设，修编《广东省交通运输厅科技项目管理办法》，组建省交通科技管理平台，梳理既有研究成果，有效推动了科技管理的科学化、规范化和制度化。

同时，广东省交通运输行业科技创新发展中还存在诸多问题，如科技项目实施与科技规划脱节，缺乏系统性、连续性；科技项目计划聚焦不够，重大科技成果较少；科研与生产工作脱节、成果推广应用率低等。新一轮科技体制改革的深入推进，对广东省交通运输科技计划设置、资金配置、项目组织实施方式和科研管理模式等均将产生多方面的深远影响，对广东省交通运输科技管理部门、科研机构、企业等都提出了新的更高要求。一方面，从科研项目的需求凝练上，要由“主要立足于行业”向“更加面向国家战略、更加面向地方经济社会发展”转变；另一方面，从发展模式上，要由“行业内”向“跨领域、跨行业联合”转变，打破原有的体制、行业界限，加强行业内部资源整合，推动与行业外资源开展合作，走开放、合作、共赢之路。

三、研究的目标

1. 深化科技体制改革，提高交通运输科技创新能力

新一轮科技体制机制改革的全面推进，以及中央、部、省财政科技计划管理改革，科研项目和资金管理改革，促进科技服务业发展、加快科技成果转化等各方面的改革举措深入实施，对广东省交通运输行业科技创新和科技服务业发展提出了新要求，交通运输科技各级管理部门要主动更新观念、转变职能，把握深化科技体制改革的新要求，工作重心由“管计划、管项目”向“管战略规划、管监督评估”转变，建成适应广东省便捷、安全、经济、高效的现代交通运输业发展需要的新型科技创新体系，建成有利于广东省科技创新和成果转移转化的交通运输科技创新体系。

按照新一轮科技体制改革的要求，广东省交通运输科技创新需要充分发挥市场对技术研发方向、路线选择和创新资源配置的导向作用，打破市场分割，促进公平竞争，放开科技创新领域竞争性业务，营造有利于大众创业、万众创新的政策环境和制度环境。通过探索完善新形势下广东省交通运输科技创新体系，深化“政府引导＋市场主导”的科技创新体制机制改革，进一步夯实广东省交通运输科技创新基础，全面提升科技创新能力。

2. 完善科技管理体系，实现治理能力现代化

2009 年，广东省交通厅修订了《广东省交通厅科技项目管理办法》，同年省交通科技综合管理服务平台上线运行。该平台利用现代信息技术，通过互联网方式，实现了对广东省交通厅科技项目管理、节能减排、科技信息、行业杂志、档案管理、经费管理、专家库等工作进行信息化管理，为提高省交通科技管理的效率发挥了重大作用。

由于受当时管理平台建设的政策环境影响，导致平台缺少成果转化管理、科技需求管理以及科技评估等功能，与当前广东省交通运输行业对科技活动的需求不一致。当前，国家科技管理的形势发生了很大的变化，对交通运输行业科技管理工作提出了很多新要求，广东省交通运输行业原有科技服务平台的功能和运行模式已经不能满足新形势、新环境的要求。通过开展系统研究，拓展行业科技管理与服务功能，建设广东省交通科技创新服务新型平台，形成以科技研发需求、科技研发支持、成果转化和推广应用、科技研发评估为主要功能的科技管理体系，为广东省交通基础设施建设与发展、企事业单位的技术创新提供支撑和系统服务。

3. 促进资源共享利用，形成开放共赢格局

科技资源是从事科技活动的人力、财力、物力、组织、信息以及成果等多种要素的总和，主要包含科技研发平台、科技人才、科技资金、科技信息与成果等四个方面。当前，广东省交通运输行业科技资源存在配置分散、重复购置、效率低下与浪费严重等问题，在一定程度上忽视了科技资源的整合利用对交通运输发展的推动作用。

在政府的引导下探索交通运输科技创新模式，统筹推进广东省交通运输科技资源的使用管理，实现行业科技资源信息统计与使用效果评价功能，一方面促进科技资源的有效利用，另一方面，通过查漏补缺，采取措施，积极争取国家科技资源的直接支持，也可通过促进行业自主创新，争取国家事后补助及在税收方面的优惠政策，发挥科技资源对交通运输技术创新的助推作用。

第二节　科技创新的内涵及相关理论

一、科技及创新的基本概念

科技是科学与技术的叠加。科学，常被用来表示反映客观世界各种现象与规律的知识体系，或者表示一类专门知识（即一门学科），或者表示专门的知识和技巧，或者表示一类研究客观世界现象与规律的社会活动或事业。实际上，古汉语中原本没有“科学”一词。在古汉语中，人们习惯于把各种知识统称为“学问”。现代汉语中“科学”一词来源于英文的 science。明治维新期间，日本的福泽谕吉把 science 译为“科学”。1893 年，康有为引进了“科学”一词，严复在翻译《天演论》时也使用了“科学”一词。自此，科学正式成为汉语中的一个词语。science 有三层含义：一是基于观察和实验事实，或者对自然规律表达的系统化知识的研究；二是可被精确研究的知识分支；三是对某些事物完整与正确的认识。

在古代，“科学”与“技术”是分离的。无论是古希腊时代，还是中国的春秋战国时期，对自然现象与规律的探索和实用技艺的发展是被严格区分的。古希腊最早的“科学家”就是哲学家，他们把自然哲学从实用工艺中游离出来，认为对自然一般起源的理性探索是高贵的，掌握实用技艺是低下的。古汉语中，技与术是分开的。技一般指技能与本领，或指工匠。术一般指技艺。技术一词对应英文 technology，指一类与科学方法和工业方法相关的知识，以及这些知识在工业中的应用。

近代欧洲的科学与技术革命，实现了科学与技术的爆发性联合。12 世纪末的欧洲科学技术革命，除了经济原因外，另一个基本原因在于实现了学者与工匠的爆发性联合，实现了源于古希腊文明的传统意义上的“科学”与“技术”的爆发性联合，实现了科学技术与经济社会发展的爆发性联合。

当今，我们越来越频繁地把科学和技术两个词叠加起来使用，有时更把科学与技术融合在一起，简称为“科技”。科学和技术是人们认识客观世界和改造客观世界的两个方面，科学和技术活动的本质目的是按照人的意愿能动地改造客观世界。知识的更新与创造，不断为技术发展提供新的基础；技术的发展，又不断为研究活动创造新的空间，两者是一个统一的整体。

迄今为止，世界范围内发生了三次较大规模的科学技术突破。第一次科学技术突破：18 世纪，标志性事件是蒸汽机、纺织机、冶金技术的应用，直接引发了第一次重大产业变革。第二次科学技术突破：20 世纪上半叶，以物理学与电力技术发展为代表，带来了第二次重大产业变革。第三次科学技术突破：20 世纪 40～90 年代，现代石油化工技术、飞机制造技术、现代制药技术、电子通信技术迅猛发展，推动了第三次重大产业变革。可以说，在世界经济发展和社会进步的过程中，科学技术扮演着越来越重要的角色。

创新一词，起源于拉丁语，其原意包括三层含义：第一，更新；第二，创造新的东西；第三，改变。从哲学上说，创新是人的实践行为，是人类对于发现的再创造，是对于物质世界的矛盾再创造。人类通过物质世界的再创造，制造新的矛盾关系，形成新的物质形态。

1912 年，创新首次作为一个经济学概念出现在熊彼特的《经济发展概论》中，他提出：创新是指把一种新的生产要素和生产条件的“新结合”引入生产体系。这是一种广义的创新概念，包括了产品创新、工艺创新、材料创新、市场创新和组织创新。之后，随着科学技术的迅猛发展，各国纷纷将创新视为经济发展的原动力，从不同的角度对其开展研究，不断拓展和完善熊彼特的创新理论。到 20 世纪 60 年代，新技术革命迅猛发展,美国经济学家华尔特·罗斯托提出了“起飞”六阶段理论,将“创新”的概念发展为“技术创新”,把“技术创新”提高到“创新”的主导地位。20世纪70～80年代开始,有关创新的研究进一步深入,并开始形成系统的理论。著名学者弗里曼指出,技术创新就是指新产品、新过程、新系统和新服务的首次商业性转化。

我国从20世纪80年代开始也开展了大量技术创新方面的研究。傅家骥先生对技术创新的定义是:企业家抓住市场的潜在盈利机会,以获取商业利益为目标,重新组织生产条件和要素,建立起效能更强、效率更高和费用更低的生产经营方法,从而推出新的产品、新的生产(工艺)方法,开辟新的市场,获得新的原材料或半成品供给来源或建立企业新的组织,它包括科技、组织、商业和金融等一系列活动的综合过程。进入21世纪,信息技术推动下知识社会的形成及其对技术创新的影响进一步被认识,科学界进一步反思对创新的认识:技术创新是一个科技、经济一体化过程,是技术进步与应用创新“双螺旋结构”共同作用催生的产物,而且知识社会条件下将更加注重以需求为导向、以人为本的创新模式发展。

虽然技术创新以创新主体的姿态出现,但创新并不仅仅局限于技术创新,它遍布于人类社会的方方面面,如观念、知识、技术的创新,政治、经济、商业、艺术的创新,管理、财政、金融、考核、监督、巡视、审计、党建等方面的创新,工作、生活、学习、娱乐、衣、食、住、行、通信等领域的创新。因此,从广义上讲,创新包括理论创新、制度创新、科技创新、文化创新及一些其他方面的创新。理论创新,是对于事物最本质的规律、理念进行探索;制度创新,是以活动的制度化、规范化为目的开展的制度变革;科技创新,是科学和技术方面不断突破的过程;文化创新,是指人的价值观的创新和发展过程。其中,理论创新是指导,制度创新是保障,科技创新是动力,文化创新是智力支持。

二、创新的主要类型

从不同的维度来区分,创新有不同的类型。从有无的角度看,创新可以分为原始性创新和学习型创新。原始性创新一般指前沿技术的产业化,属于从无到有的创新,能够较长时间获得超额利润,产业竞争力强,但需要大量的前期研究开发投入。因此,原始性创新需要国家和企业的技术实力和经济实力。学习型创新的特点是别人已经做过了,以引进技术、消化吸收改进创新为主。其优点是技术方向比较明确,可以享受搭便车的优势,节约了前期开发的成本,在已有技术和产品基础上进行改进,研究开发的投入较少,适用于赶超战略;缺点是技术往往受制于人,容易落入“引进—落后—再引进”的怪圈。一般来说,赶超型国家都是从学习型创新开始,逐步实现自主创新,如日本和韩国就是从学习型创新逐步实现自主创新。

三、创新的相关理论

创新是一个从研究开发到成果转化,再到产业化、商业化,最终获得市场成功的过程,是推动发展的原始动力。很多世界著名的学术理论分析,都体现了创新在发展中的重要性和必然性。

(一)刘易斯的拐点理论

根据诺贝尔经济学奖获得者刘易斯的观点,经济发展的基础要素包括自然资源、资本、智力和技术。受边际效益递减规律的作用,自然资源和资本对经济发展的贡献度是递减的。因此,从长期看,经济发展取决于人的智力和技术。刘易斯的拐点理论要求转变资源依赖型、资本依赖型的发展方式,以获得持续的经济增长动力与源泉。新古典增长理论认为,在资源供给有限从而存在资本报酬递减现象的条件下,保持经济增长可持续性必然要依靠技术进步引起的全要素生产率提高。“亚洲四小龙”创造的高速增长奇迹,遭到了众多西方经济学家的质疑,并被断定其增长不可持续。但这些经济学家忽略了东亚经济由于成功实施了“创新驱动”的一系列举措,为经济增长提供了强大的动力,使出现资本报酬递减的时间向后延缓。随着这些经济体迎来其增长的刘易斯拐点,其生产率提高的速度明显加快,全要素生产率对经济增长的贡献率逐渐加大,最终实现了增长方式从主要依靠资本和资源投入到依靠创新驱动的转变。

(二)新经济增长理论

以索洛等人为代表的新经济增长理论学派,运用新古典生产函数原理,证明经济增长率取决于资本和劳动的增长率、资本和劳动的产出弹性以及随时间变化的技术创新。劳动力和资本要素投入的增加只有在能够带来技术进步的条件下才能推动经济的持续发展,在资源供给有限从而存在资本报酬递减现象的条件下,保持经济增长可持续性必然要依靠技术进步引起的全要素生产率提高。这从理论上说明粗放型经济增长模式不可持续。为了保证我国经济持续、快速、健康发展,必须将经济增长方式转变到主要依赖技术进步的集约型经济增长方式上来。

(三)迈克尔·波特的国家竞争优势理论

迈克尔·波特的国家竞争优势理论说明,产业的发展只有从自然禀赋推动和资本推动阶段跃升到创新推动阶段,才能使价值链从低层次的连续跃升为高层次的连续,而创新本质上是对知识的生产和运用。波特认为:一个国家的生产要素、市场需求、产业结构、政策制度是国家竞争优势的关键要素。充沛的自然资源是国家竞争优势的第一个关键要素,国家缺乏某些生产因素时,这种不利现象也可能转换成产业升级的动力与压力;国家竞争优势的第二个关键要素是国内市场需求,国内市场大小与国家竞争优势并没有必然的联系——本国市场规模即使不大,但只要抢先占领国际市场,照样可以形成产业的竞争优势;国家竞争优势的第三个关键要素是产业结构,产业能够体系化、协调化,不但可以彼此拉动,甚至能够转换成其他国家无法效仿也无法取代的竞争优势;国家竞争优势的第四个关键要素是政府政策制度,过分的干预和极度的放任是不可取的两个极端,合理的选择应该是以产业政策等方式适度介入。在此基础上,波特把一国产业参与国际竞争过程分为要素驱动、投资驱动、创新驱动、财富驱动四个阶段,他认为国家竞争优势的源泉在于各个产业中的企业活力即创新力。从我国经济的发展条件、发展水平、发展环境看,我国经济正处在“创新驱动”的发展新阶段。

(四)施振荣的产业微笑曲线理论

微笑曲线将产业价值链划分为研发、生产、市场三个部分,并指出价值最丰厚的区域集中在价值链的两端——研发和市场。没有研发能力就只能做代理或代工,赚一点辛苦钱;没有市场能力,再好的产品,产品周期过了也就只能作废品处理。微笑曲线中间是制造;左边是研发,属于全球性的竞争;右边是营销,主要是当地性的竞争。当前制造产生的利润低,全球制造也已供过于求,但是研发与营销的附加价值高,因此产业未来应朝微笑曲线的两端发展,也就是在左边加强创造智慧财产权,在右边加强客户导向的营销与服务。对于企业来说,在残酷的竞争压力下,如果技术不能提升和创新,市场策略不能领先,则在微利的状况下,可能转变成亏损,严重的话,甚至逐渐影响到企业的生存。因此,保持良好的创新能力是企业可持续发展的立身之本。

第三节 创新体系的内涵及构成

一、创新体系内涵

创新体系实质上是促进科技创新的制度。一般而言，科技创新体系具有如下几个特征：第一，创新体系具有制度属性，目的是通过政府的作用，推进以科技为支撑的经济产业的发展；第二，创新体系具有理论兼容性，因为制度性具有普遍适用性，能够统筹系统各个资源单位和资源使用方的关系，能够实现不同主体间的兼容发展；第三，创新体系具有政策可行性或可操作性，能够帮助技术知识的流动，加快创新知识的传播，提高科技资源的使用效率等，其可行性与操作性自然非常重要。

创新体系包括国家创新体系和区域创新体系，发挥国家各级创新力量能够快速推进创新型国家的建设进程。国家创新体系由美国创新经济学家弗里曼和理查德·纳尔逊在20世纪80年代后期提出和发展。弗里曼在1987年出版的《技术和经济运行：来自日本的经验》中提出国家创新体系是由公共部门和私营部门中各种机构组成的网络，这些机构的活动和相互影响促进了新技术的创造、引入、改进和扩散”。区域创新体系是国家创新体系的重要组成部分，是指在一个国家范围内的一定区域中，将新的经济发展要素或者要素的组合引入这个区域之中，产生一种新的效果更加明显的资源配置方式，实现新的系统功能，使本区域经济资源得到有利的利用，进一步提高区域内企业的创新能力，推动经济结构调整和产业升级，促进经济跨越式发展。

二、创新主体构成

从创新体系的概念和内涵分析得知，创新体系是由创新主体、创新要素、区域创新组成的空间网格结构。

我国的国家创新体系的构成主体包括政府部门、高校和科研机构、科技中介机构、企业等部门，这些部门的作用和定位各有不同(图1-1)。

政府是制度创新的主体，在国家创新体系中，政府作为制度安排的主要实施者，其职能体现在协调创新活动、制定战略性研究开发活动，引导企业的技术创新和产业发展，建设科技基础设施等方面。另外，制定并实施与社会经济发展相适应的国家科技发展规划或计划，组织实施并进行监督、评价和宏观调控也是政府的重要职能。政府作为国家职能的主要体现者和执行者，必须主动介入和干预，通过制度创新，加强对国家创新体系各主体的引导和调控，切实提高国家创新体系的效率。

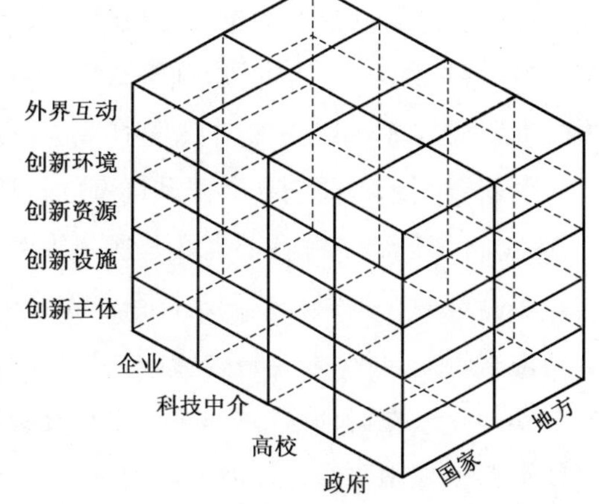

图1-1 国家创新体系构架立体图

高校与科研机构是知识创新的主体。高校与科研机构作为国家创新体系的主体，其职能主要是进行知识创新、培养科技人才和提供创新技术。一方面，高校与科研机构是重要的创新源和知识库，它们具有大量的高层次人才、丰富的信息资料、领先的学科环境和宽松的学术氛围等突出优势，适合进行基础研究。基础研究作为新知识产生的源泉、新发明创造的先导和培养创新性人才的摇篮，是支撑国家科技可持续发展的基石，也是建设国家创新体系的必要条件。另一方面，高校和科研机构还承担着教育和培训的职能，通过教育、培训以及成果转化等方式，有效地促进创新网络中知识、信息、技术等扩散，为企业技术创新的实现提供智力和人才支持。另外，高校和科研机构还可以通过与政府和企业的合作，充分发挥其创新源作用，促进技术创新和产业发展。

科技中介机构是服务创新的主体，是市场机制的重要载体，在促进科技成果转移、实现产业化以及传递科技知识需求与供给等方面发挥重要的纽带作用。一方面，作为政府与市场和社会的中介，科技中介机构的功能主要是在各类市场主体中推动技术扩散，促进科技成果转化，开展科技评估、创新资源配置、创新决策和管理咨询等专业化服务，目标是实现"科技创新要素的优化组合"。另一方面，作为各类科技资源的市场中介，其功能是提供综合服务，促进生产要素的有序、合理流动，实现科技要素资源的优化配置。可见，在国家创新系统中科技中介机构具有其他任何社会组织难以替代的重要作用。

企业是技术创新的主体，其地位和作用主要体现在三个方面：首先，企业是研发投入的主体；其次，企业是技术创新活动的主体；最后，企业还是创新成果应用的主体。可见，作为技术创新的主体，企业的主导作用要贯穿于技术创新全过程。

三、创新基本要素

创新要素由创新主体、创新设施、创新资源、创新环境、外界互动5个基本要素构成。

创新主体是具有创新的动力和能力的、创新投入、活动和收益的承担者。将创新作狭义理解，即技术创新时，一般认为企业是创新主体。按照创新主体在进行创新活动时所采取的形式来分类，可以分为个体主体、群体主体和国家主体；如果按照创新主体所完成的创新内容来分类，可以分为理论创新主体、技术创新主体、制度创新主体、文化创新主体等。

创新设施是为创新活动提供的便利条件，这些条件是创新活动必需但不能由企业自行解决的基本条件，包括国家科技基础设施、教育基础设施、情报信息基础设施等。创新基础设施的基本内容包括：建立与国际接轨的"现代企业化科研机构体制"，包括国家科研机构和部门科研机构；建立现代科研院所管理制度；调整结构，集中力量，重点建设一批国际知名的国家知识创新基地，包括一批国立科研机构和若干所教学科研型大学；创造有利于知识创新的良好环境，提高知识创新的效率；培养具有创新意识和能力的高素质人才，不断取得重大科技成果，提高国家知识创新能力。

创新资源。科技创新资源是从事创新活动的人力、财力、物力、信息、组织以及成果等多种要素的总和，是由科技创新资源各要素及其次一级要素相互作用而构成的完整系统；此外，还包括创新服务的资源。创新资源在国家科技创新体系的建设中具有重要的作用。我国科技资源存在着很大程度的重复购置与浪费现象，各个地方科技资源共享与服务情况发展很不均衡，只有个别省市出台了促进科技创新资源共享的立法性文件，各地的科技创新资源服务平台建设也多是以科技基础条件平台建设为主，忽视了科技资源的利用对经济发展的推动作用。国家层面也以科技资源基础条件平台的建设为主，虽然在推进技术科技创新服务平台的建设，但是其建设模式和运行机制都处于研究探索阶段。所以，如何通过加快科技资源共享构建创新资源服务平台，发挥创新资源服务社会经济发展的能力，成了我国目前科技创新政策与科技创新资源管理研究的重要内容。

创新环境。党的十八届五中全会明确提出，我国经济发展进入新常态，关键是要实现发展动力由主要依靠要素投入转向创新驱动。实现这一目标，重要的是激发全社会创业创新热情。政府对创业创新生态环境的营造，是对社会创业创新热情的最大释放。2015 年 9 月，中共中央办公厅、国务院办公厅印发了《深化科技体制改革实施方案》，明确提出进一步形成有利于创新创业的体制机制。《关于深化科技体制改革加快国家创新体系建设的意见》（中发〔2012〕6 号）、《国务院关于改进加强中央财政科研项目和资金管理的若干意见》（国发〔2014〕11 号）等系列政策举措，构建了具有鲜明特色导向、坚持法治保障的创新政策体系与环境。另外，还需要完善以下几个方面：一是成果政策，将过去的成果鉴定改为项目评估，综合评定项目的研究过程、创新情况、开发前景、市场价值等，要完善对成果完成人在专利权及其转让收入方面的激励政策，可以鼓励科研人员以本人完成的成果创办企业；二是职称政策，逐步改革专业技术职务的评定方式，淡化其对岗位及收入的影响；三是社会保障政策；四是人事、分配政策，给予科研院所和大学用人自主权；最后要完善国家科技创新法律体系。

外界互动就是按照政府推动与市场调节相结合，发展与规范相结合，全面推进与分类指导相结合，专业化分工与网络化协作相结合的原则，以促进科技成果转化和加强创新服务为重点，建设社会化、网络化的科技中介服务体系。制定出台支持科技中介机构发展的税收政策，建立有利于各类科技中介机构发展的运行机制和政策法规环境。鼓励多种所有制投资主体参与科技中介服务活动，充分发挥高等院校、科研机构和各类社团在科技中介服务中的重要作用。把依靠中介机构完善管理和服务作为转变政府职能的重要内容，对科技中介服务能够承担的工作，积极委托有条件的科技中介机构组织实施。通过任务委托等方式，培育骨干科技中介机构，发挥示范带动作用。大力开展培训工作，提高科技中介机构从业人员的业务水平和素质。加强行业协会建设，充分发挥行业协会在推动技术创新中的服务和协调功能。加强先进适用技术推广应用，加快技术推广体系改革和创新，鼓励各类科教机构和社会力量参与多元化的技术推广服务。

第二章　我国科技创新体系建设的发展历程及趋势

第一节　我国现代科学技术体系的建立

我国现代科学技术体系是在新中国成立之后才真正建立起来的。1949年10月，中华人民共和国成立，同年11月，中国科学院成立。随后，政府部门的科研机构、企业的科研机构、大学的科研机构、地方科研机构都相继建立。由相关大学、国防部门、工业部门、地方政府相继建立了一批实验室和研究院(所)，从而形成了由中国科学院、大学、国防科技研究院(所)、工业部门研究院(所)、地方研究院(所)"五路大军"构成的科学技术体系。改革开放以来，我国的创新系统在不断发展演化。从总体上看，随着我国现代化建设不断向纵深推进，我国的国家创新体系不断完善和加强，大致上可以分为以下几个阶段。

一、国家科技体系的形成阶段

我国科技体系的形成阶段是1949—1977年，主要特征是建立各类科研机构，制定国家科技发展计划，逐步形成国家创新体系。这一阶段为了国防安全的需要，中国的高新技术发展倾向于军事方面，在高能物理、化学物理、近地空间海洋科学等方面进行了不懈努力，"两弹一星"的研制成功是其重要的标志。这些科技的成就，不但大大提高了中国的国际威望，而且促进了此后中国高新技术的建立和发展。此时的国家创新模式主要是"政府主导型"，由政府直接控制，相应的组织系统按照功能和行政隶属关系严格分工，创新动机来源于政府认为的国家经济、社会发展和国防安全需要等；创新各级政府制度，政府是资源的投入主体，资源严格按计划配置，创新的执行者或组织者进行创新是为了完成政府任务，其利益不直接取决于它们的现实成果，同时也不承担创新失败的风险和责任。

二、国家科技体系的发展阶段

1978—1995年是我国科技体系的发展阶段，主要表现是探索国家创新系统的发展模式和创新政策，出台了改革政策和措施。在这一时期，创新模式主要是计划主导模式，即设立国家科技计划，在国家科技计划中引入竞争机制。这种模式的形成是伴随着中国改革开放的进程而出现的，随着国有企业自主权的不断扩大，市场对企业的调节作用不断增强。通过改革拨款制度、培育和发展技术市场等措施，科研机构服务于经济建设的活力不断增强，科研成果商品化、产业化的进程不断加快，这一切都加速了我国国家创新体系的发展。在这一时期，国家科研经费大多以国家科技计划的形式出现，政府工作人员管理着科研经费的配置。国家先后出台了一系列的计划：国家重点科技攻关计划、高技术发展计划(863计划)、火炬计划、星火计划、重大成果推广计划、国家自然科学基金、攀登计划等。与此同时，为迎接世界高新技术革命浪潮，中国也像许多国家一样兴办了许多科技园区。自1985年7月中国第一个高科技园区——深圳科学工业区成立以来，截至2014年，中国已建立起国家级高新技术园区108个。

三、国家技术创新体系的形成阶段

1995—1998 年是国家技术创新体系形成的重要阶段，其显著特点是重点突出了企业的技术创新模式，确立了市场经济的目标，从企业做起，进行企业制度和产权制度的改革，强化企业的创新功能。宏观管理体制也发生了重大变化，政府制定重大科技计划逐步由科技和经济主管部门联合制定，出现了新的参与对象，如国家工程中心（含国家工程研究中心、国家工程技术研究中心等）、生产力促进中心等，加快了科技成果的商品化、市场化。1995 年国家启动了"科教兴国"战略，1996 年国家决定启动"技术创新工程"，重点是提高企业的技术创新能力。

四、国家创新体系的形成阶段

从 1998 年至今，我国国家创新体系逐步形成。1997 年 12 月，中国科学院提交了《迎接知识经济时代，建设国家创新体系》的报告。该报告提出了面向知识经济时代的国家创新体系，具体包括知识创新系统、技术创新系统、知识传播系统和知识应用系统，报告受到了国家领导人高度重视。1998 年 6 月，国务院通过了中国科学院关于开展知识创新工程试点工作的汇报提纲，决定由中国科学院先行启动知识创新工程，作为国家创新体系试点。之后，在"十五"计划纲要中首次提出"建设国家创新体系"、"建立国家知识创新体系，促进知识创新工程"、实施"跨越式发展"的宏伟战略。

国家创新体系是我国社会经济可持续发展的引擎和基础，是培养造就高素质人才，实现人的全面发展、社会进步的摇篮，是综合国力竞争的灵魂和焦点，其主要功能是知识创新、技术创新、知识传播和知识运用。《国家中长期科学和技术发展规划纲要（2006—2020 年）》中对国家创新体系给予了明确定义：国家科技创新体系是以政府为主导、充分发挥市场配置资源的基础性作用、各类科技创新主体紧密联系和有效互动的社会系统。目前，我国基本形成了政府、企业、科研院所及高校、技术创新支撑服务体系四角相倚的创新体系，我国科技体制改革紧紧围绕促进科技与经济结合，以加强科技创新、促进科技成果转化和产业化为目标，以调整结构、转换机制为重点，取得了重要突破和实质性进展。

第二节　我国科技体制改革的主要阶段

根据科技创新的结合形式、不同时代的科技政策等将我国科技体制改革发展划分为三个阶段（表 2-1）。第一个阶段是始于 1985 年的"科学技术是第一生产力" 战略导向下的中国科技体制改革；第二个阶段是始于 1999 年加速科学技术进步的"科教兴国"战略导向下的产学研联合阶段；第三个阶段是始于 2006 年"建设创新型国家"战略导向下的国家中长期科学和技术发展规划纲要阶段。

表 2-1　我国科技体制改革发展历程

分析要素	第一阶段	第二阶段	第三阶段
时间	1985—1998 年	1999—2005 年	2006 年至今
聚焦	技术转移：促进科研院所向产业的技术转移	技术创新：建设以企业为中心的技术创新体系	自主创新：突破产业前瞻性技术和核心技术
主要政策背景	1985 年：中共中央关于科学技术体制改革的决定	1999 年：中共中央国务院关于加强技术创新发展高技术实现产业化的决定	2006 年：国家中长期科学和技术发展规划纲要（2006—2020 年）

续上表

分析要素	第一阶段	第二阶段	第三阶段
基础设施发展	技术市场高新技术产业开发区	大学科技园技术市场风险投资	全面发展
企业消化吸收能力	低(研发强度 0.5%～0.55%)	中等(研发强度 0.6%～0.83%)	较高(研发强度 0.77%～0.96%)
大学特点	研究开发能力中等	独立知识产权研究开发能力较强	科学研究和技术创新的生力军
公共研究机构特点	研究开发能力中等	独立知识产权研究开发能力较强	科学研究和技术开发的生力军
主要产学研联合模式	衍生企业技术转让合同研究	合作研发产业工程研究中心技术转让合同研究	产业技术创新战略联盟专利许可合作研发技术转让合同研究

一、第一阶段:科技体制改革

1984 年中共中央通过《关于经济体制改革的决定》后,1985 年 3 月 13 日,又通过了《关于科学技术体制改革的决定》,标志着科技体制改革由 1978 年以来科技界自发进行的探索试点工作进入到有领导有步骤有组织全面展开的阶段。决定确立了"经济建设必须依靠科学技术、科学技术工作必须面向经济建设"的战略方针,纠正科技与经济存在着"两张皮"的现象。改革的重点是废除行政事业拨款,实行课题合同制。根据 1983 年国家科委《关于当前整顿自然科学研究机构的若干意见的通知》《关于开发研究单位由事业费开支改为有偿合同制的改革试点意见的通知》等文件精神,部分企业由事业费拨款改为有偿合同制,从此打破了"大锅饭",职工个人收入与完成任务情况和经济效益挂钩起来。对外实行有偿合同制,对内实行课题组科研承包责任制,同时制定和完善各种相应的管理制度及岗位责任制,实行奖勤罚懒、按劳分配的奖惩办法。在此基础上,1987—1988 年国务院出台了《关于进一步推进科技体制改革的若干规定》等一系列加快改革的新政策,主要集中在放活科研机构、放活对科技人员的管理等方面。

相对于改革前科技工作主要定位于军用和国防领域,《关于进一步推进科技体制改革的若干规定》代表了中国科技工作的巨大转型。显然,产学研联合工作也必须面向经济建设。决定还提出"技术市场是我国社会主义商品市场的重要组成部分","促进技术成果的商品化,开拓技术市场,以适应社会主义商品经济的发展"。为了解决技术市场中出现的问题,1989 年 3 月,《技术合同法》颁布。1988 年开始实施火炬计划,在全国建立了 53 个国家级高新技术产业开发区。

(1)大学特点

在改革前,大学的主要任务是开展教育,除了极少数顶尖大学,一般不开展研究活动。改革后,在各种科研计划培育以及产业需求下,大学的研究开发能力逐渐建立起来。特别是 1995 年实施 211 工程以来,大学的研究开发能力获得了显著的提高。

(2)公共研究机构特点

由于改革前就是研究开发的主力,因而公共研究机构有着较强的研究开发能力。公共研究机构包括三类。第一类是中科院所属的研究所。1985 年,存在 122 个这样的研究所。每个研究所聚焦在一个特定领域,比如物理、数学、半导体、化学等,这些研究所主要开展基础和应用研究。第二类是国家部委所属的研究所。1985 年,超过 50 个国家部委下属有 622 个国家级的研究所,这些研究所主要开展其相应产业的实验开发工作。第三类是省属研究所。1985 年全国有 3946 个这样的研究所,其定位是提供研发、工程设计和技术转移的服务。

(3)企业技术消化吸收能力

在改革前的计划经济体制下，企业只专注于生产活动，几乎不开展科研活动，因而企业的吸收能力极低，这种情形短期内很难改变。

(4)产学研联合模式

由于研究开发力量主要聚集在大学和公共研究机构，政府的策略是通过促进科研院所向产业进行技术转移，从而实现科技经济相结合的目标。具体的措施是：一方面，改革对研究机构的拨款制度，降低对科研机构的直接资助，促使其不得不从市场寻求经费支持；另一方面，建立技术市场，疏通技术成果流向生产的渠道，促进科研机构科技成果商品化。1992年，为了提高中国综合国力和企业的核心竞争力，解决长期面临的科技和经济结合难、科技成果产业化程度低等问题，国务院生产办、国家教委和中国科学院提出倡议并于1992年在全国共同组织实施了"产学研联合开发工程"。

经过这些努力，技术转让、合同研究等产学研联合模式增长较快。1987年，全国技术市场成交额为33.52亿元，1998年增加到435.82亿元。企业希望科研机构提供的技术马上可以使用，但是由于企业吸收能力很低，缺少在转让技术基础上进一步开发的能力，同时技术市场并非十分有效，因此科技经济相结合的问题仍然没有得到有效解决。由于产业界技术消化吸收能力低，不能完全发挥出科研机构开发的技术成果的价值，导致技术转移很难成功。同时，由于外部市场环境、技术设施条件以及中介机构发展都还不完善，科研院所只能选择衍生企业这一种产学研联合的内部化模式。

此阶段的科技管理模式是一个相对封闭的垂直结构体系，科技与经济存在着"两张皮"的现象；其次，缺乏知识产权的观念，缺少科技成果有偿转让机制，技术扩散存在障碍；再次，在科研院所内，行政手段直接管理过多，"平均主义"现象严重，不利于调动科研机构的主动性与积极性。这些弊端不利于科学技术的进步和发挥科技对经济的促进作用。因此，科技体制改革被提上了议事日程。归纳起来，该时期科技体制的特点表现在：一是计划色彩浓厚，一切有关科技的机构、资金都按照计划形式进行运作、管理；二是当时全国所有的科技资产都是国有的，没有私人与私营机构参与的份额；三是科技与经济相分离，科技对经济的促进作用没有得到充分发挥。

二、第二阶段：产学研联合

为进一步完善社会主义市场经济，国家科委1992年5月发布主要面向科研院所、高等院校的科技体制改革《一九九二——一九九三年科技体制改革要点》，要求对科研机构进行分类管理，对技术开发型机构，事业费减拨到位后继续引导其转轨变型，以多种形式进入经济、长入经济。对社会公益型机构和科技服务型机构，要在完善经费管理制度的同时，根据其研究工作的性质和成果商品化的程度，逐步引入科学基金制和技术合同制，鼓励通过社会技术服务获得收益，以弥补科研经费的不足。1999年8月20日，全国技术创新大会发布了《中共中央、国务院关于加强技术创新，发展高新技术，实现产业化的决定》。决定提出，"促进企业成为技术创新的主体，全面提高企业技术创新能力"、"大中型企业要建立健全企业技术中心"、"要加强企业与高等学校、科研机构的联合协作"等意见。和以前仅关注国有企业不同，决定还提出"支持发展多种形式的民营科技企业"。1999年科技部、教育部《关于开展大学科技园建设试点的通知》批准15个国家大学科技园建设试点。

(1)大学特点

在第二阶段，大学的研究开发能力进一步提高。此外，大学的知识产权政策得到了改革，大学对国家资助的科研项目拥有所有权。2002 年 3 月 5 日，科技部和财政部发布《关于国家科研计划项目研究成果知识产权管理的若干规定》。规定指出，“对以财政资金资助为主的国家科研计划项目研究成果及其形成的知识产权，除涉及国家安全、国家利益和重大社会公共利益的以外，国家授予科研项目承担单位。项目承担单位可以依法自主决定实施、许可他人实施、转让、作价入股等，并取得相应的收益。”这一政策大大刺激了科研机构进行技术商业化的动力。

(2)公共研究机构特点

1998 年底，国务院决定对国家经贸委管理的 10 个国家局所属 242 个科研院所进行管理体制改革，通过转制成为科技型企业或科技中介服务机构、进入企业等方式，实现企业化转制。2000 年科技部、中编办等 12 个部门发布了《关于深化科研机构管理体制改革的实施意见》，提出要对不同类型、分属不同部门的科研机构实行分类改革。2001 年，大约 1 200 家研究所重新登记企业类型。超过 300 家合并成企业，600 多家变成企业，还有一些变成大学。

(3)企业吸收能力

经过第一阶段的技术转移和能力建设，第二阶段中企业的吸收能力大幅提升，大量研究所转制为企业带来实实在在的效益。

(4)产学研联合模式

随着衍生企业的发展，诸多问题也浮出水面，比如产权关系不明晰，管理体制不规范，投入撤出机制不完善。2001 年科技部、原国家经贸委颁布《关于推进行业科技工作的若干意见》，提出“在国家行业技术开发基地、国家工程技术研究中心组建完善过程中，积极推动企业与大学、企业与科研院所联合建立专业或综合性的行业工程技术中心”，因而产业工程研究中心也成为政府推动的产学研联合模式。主要措施有：①改革拨款制度。依据科技活动特点与分工对全国各类科研机构的科研事业费实行分类管理。②促进技术成果的商品化，开拓技术市场。③调整科学技术系统的组织结构。④扩大研究机构的自主权，改善政府机构对科学技术工作的宏观管理。⑤科学技术要积极与国外联系。把引进技术放在发展生产技术、改造现有企业的重要位置上来。⑥改革科学技术人员管理制度。

这一阶段的主要问题在于国家宏观科技管理体制滞后，具体表现为科技资源高度分散，科技资产利用率低下，科技积累效应差等。另一方面，科技预算、执行和监督 3 个分立的体系还没有建立起来。在此阶段，政府投入是科技活动资源的重要来源，但由于缺乏一个科学、独立的对科技计划和项目进行评估监督的机制，许多科技经费的使用得不到应有的监督，造成相当大的浪费。许多重大的国家计划都是部门自己立项、自己验收，没有与其他部门进行协商，也缺乏事后的评价。科技成果转化率依然低下。由于企业到高校寻找科技依托的很少，同时，科研机构、高校自身缺乏资金以及社会风险投资基金尚未建立，资金短缺使得科技成果产业化很难实施。

三、第三阶段：国家中长期科学和技术发展规划纲要

2006 年中共中央、国务院召开全国科学技术大会，做出《关于实施科技规划纲要，增强自主创新能力的决定》，发布了《国家中长期科学和技术发展规划纲要(2006—2020)》，明确提出了“自主创新、重点跨越、支撑发展、引领未来”的新时期科技工作方针，对未来 15 年中国科技改革发展做出全面部署。党的十七大高度重视科技进步和自主创新，十七大报告把自主创新能力显著提高、科技进步对经济增长贡献率大幅提升和进入创新型国家行列作为实现全面建设小康社会奋斗目标的新要求。

(1)大学特点

大学成为科学研究和技术创新的生力军。2008 年大学研究人员 22.7 万人,研究经费支出 390 亿元,占全国研究与试验发展经费支出总额的 8.5%。63%的国家重点实验室和 36%的国家工程研究中心都建在大学。

(2)产学研联合模式

2006 年 12 月,科技部、财政部、教育部、国资委、全国总工会、国家开发银行等六部门成立了"推进产学研结合工作协调指导小组",体现了国家宏观管理部门管理机制的创新,从宏观层面统一加强了对产学研结合工作的指导,为开创我国产学研结合工作的新局面提供了重要的体制保障。2007 年"推进产学研结合工作协调指导小组"在钢铁、煤炭、化工和农业装备 4 个领域,组建 4 大产业技术创新战略联盟,标志着产学研联合发展至国家战略高度。

此外,科技创新模式保持多样化特点,专利许可、合作研发、技术转让、合同研究等都有长足的发展。比如技术市场,截至 2010 年底,全国已成立技术交易服务机构 2 万余家,常设技术交易市场近 200 家,国家技术转移示范机构 134 家,从业人员近 50 万人。全国共成交技术合同 229 601 项,成交金额 3 906 亿元。

第三节　新形势下我国科技体制改革的趋势

一、中央财政科技计划管理改革向纵深推进

(一)改革背景

科技计划(专项、基金等)是政府在科技创新领域发挥引领和指导作用的重要载体,对全社会的科技创新具有风向标的作用,同时对于体现国家在有中国特色自主创新道路上的政策取向、战略布局、发展重点以及科技创新规律特点等方面也具有重要作用。科技计划(专项、基金等)的实施成效,直接关系到创新驱动发展战略能否真正落实好、推进好。

新中国成立后,"六五"时期我国就设立了第一个国家科技计划,"六五"科技攻关计划。改革开放以来,相继设立了星火计划、国家自然科学基金、863 计划、火炬计划、973 计划、行业科研专项等,这些计划的设立和实施凝聚了几代领导人的远见卓识以及各个时期科技工作者的智慧和心血。事实证明这些科技计划不负使命,取得了一大批举世瞩目的重大科研成果,培养和凝聚了一大批高水平创新人才和团队,解决了一大批制约经济和社会发展的技术瓶颈问题,全面提升了我国科技创新整体实力,强有力地支撑了我国改革与发展的进程。

同时,由于各科技计划(专项、基金等)在不同时期分别设立,且越设越多,缺乏顶层设计和统筹考虑,其产出与国家发展的要求相比还远远不够,很多重要领域都亟需真正具有标志性、带动性,能够解决制约发展"卡脖子"问题的重大科学技术突破。产生这种差距的根源之一是管理体制,现行的科技计划体系庞杂、相互交叉、不断扩张,管理部门众多,各管一块,各管一段,项目安排追求"大而全"、"小而全",造成科技资源配置分散、计划目标发散、创新链条脱节,概括起来就是科技计划碎片化,科研项目取向聚焦不够。解决这些问题对当前实施好创新驱动发展战略,发挥好科技对经济社会发展支撑引领作用十分重要。

因此,深化中央财政科技计划(专项、基金等)管理改革是当前一项重大而紧迫的任务。2014 年科学技术部、财政部报请国务院印发了《关于改进加强中央财政科研项目和资金管理的若干意见》(国发〔2014〕

11号),提出对中央各部门管理的科技计划(专项、基金等)进行优化整合。为落实相关工作,科技部、财政部建立了联合工作机制,密切配合,全面梳理分析当前我国科技计划布局和管理现状,总结成功的经验,分析面临的问题,学习借鉴发达国家有关调整科技创新战略和加强科研资源集成的政策,研究提出了改革思路和举措。

(二)改革的主要内容

1.总体目标

此次改革的总体目标是强化顶层设计,打破条块分割,加强部门功能性分工,建立具有中国特色的目标明确和绩效导向的科技计划(专项、基金等)管理体制,更加聚焦国家目标,更加符合科技创新规律,更加高效配置科技资源,更加强化科技与经济的紧密结合,最大限度激发科研人员创新热情。

2.基本原则

基本原则包括五个方面:一是转变政府科技管理职能。政府各部门不再直接管理具体项目,建立统一的宏观管理和监督评估机制,破除条块分割,解决科技资源配置“碎片化”问题。二是聚焦国家重大战略任务。面向世界科技前沿、面向国家重大需求、面向国民经济主战场,优化科技计划(专项、基金等)布局,确定主攻方向,解决目标分散问题。三是促进科技与经济深度融合。围绕产业链部署创新链,围绕创新链完善资金链,使科技创新更加主动地服务于经济发展方式转变和经济结构调整。四是明晰政府与市场的关系。政府重点支持市场不能有效配置资源的公共科技活动,并以普惠性政策和引导性为主的方式支持企业技术创新活动和成果转化。五是坚持公开透明和社会监督。加强科技计划(专项、基金等)全过程的信息公开和痕迹管理,接受社会监督。

3.主要内容

建立公开统一的国家科技管理平台,是本次科技计划管理改革的亮点。各政府部门通过统一的科技管理平台,构建决策、咨询、执行、评价、监管等各环节职责清晰、协调衔接的新管理体系。具体内容包括:联席会议制度(一个决策平台),专业机构、战略咨询与综合评审委员会、统一的评估和监管机制(三大运行支柱),国家科技管理信息系统(一套管理系统)(图2-1)。

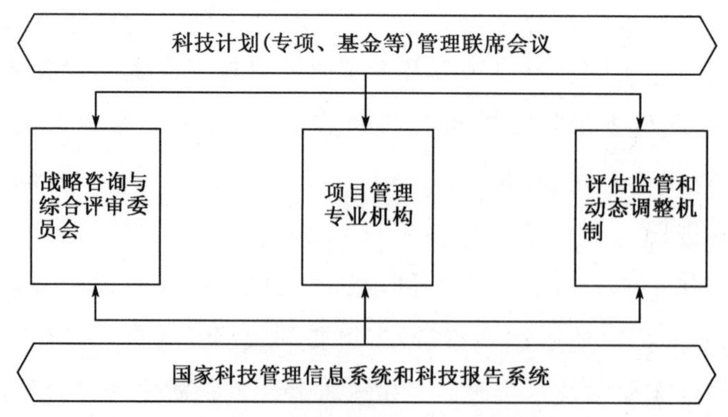

图2-1 国家科技管理平台总体架构

联席会议制度由科技行政主管部门牵头,财政、发展改革等相关部门参加,充分发挥各部门的作用,形成统筹协调与决策机制。联席会议是实现对科技计划(专项、基金等)统一管理的关键。其主要作用体现在:首先是形成相关各方的合力,科技行政主管部门与相关行业主管部门和地方加强沟通协调,围绕国家科技发展重大战略任务、行业和区域发展需要,研究凝练形成科研任务需求,经联席会议充分讨论后按程序确定，相关各方在科研任务组织实施过程中及时跟进，产生的科技成果在行业和区域内应用示范。其次是建立共同参与、共同决策的议事机制，联席会议由各相关部门共同组成，共同审议科技发展战略规划、科技计划（专项、基金等）的布局与设置、重点任务和指南、战略咨询与综合评审委员会的组成、专业机构的遴选择优等事项。第三是形成统一的决策程序，一般事项经联席会议议定后即可实施；重大事项需经国家科技体制改革与创新体系建设领导小组审议，按程序报国务院，特别重大事项报党中央，确保科技计划（专项、基金等）的实施符合国家重大战略需求。

政府职能发生了重大转变，从项目的日常管理和资金的具体分配中解放出来后，将依托专业机构具体管理项目。对专业机构的遴选主要是对现有具备条件的科研管理类事业单位进行改造，形成若干符合要求的规范化的项目管理专业机构，并鼓励具备条件的社会化科技服务机构参与竞争，推进专业机构的市场化和社会化。专业机构的任务是通过统一的国家科技管理信息系统受理各方面提出的项目申请，组织项目评审、立项、过程管理和结题验收等，对实现任务目标负责。

首次提出在国家层面设立战略咨询与综合评审委员会，充分体现了科学决策、民主决策的原则。委员会的组成具有代表性，不仅有科技界的专家，也有产业界和经济界的专家，反映各方面对科技创新的需求。委员会要有战略高度，跟踪国际科技发展和产业变革趋势，对科技发展战略、规划、重大任务和重大科技创新方向的选择等方面提出咨询意见，为联席会议提供决策参考。另外，委员会对制定统一的项目评审规则、建设国家科技项目评审专家库、规范专业机构的项目评审等工作也要提出意见和建议，还可以接受联席会议委托，对特别重大的科技项目组织开展评审。

政府部门在简政放权的同时，也进一步加强对科技计划（专项、基金等）的实施绩效等组织评估评价和监督检查。具体举措包括：科技行政主管部门和财政部门对科技计划（专项、基金等）的实施绩效、战略咨询与综合评审委员会和专业机构的履职尽责情况等统一组织评估评价和监督检查，并根据结果提出动态调整意见，经联席会议审议后按程序报批；完善科研信用体系建设和"黑名单"制度，建立对主管部门和专业机构工作人员的责任倒查机制，开展"一案双查"，即在查处追究有关承担单位和个人责任的同时，倒查主管部门和专业机构是否存在管理漏洞，是否有工作人员在项目管理中存在渎职或以权谋私等行为；各有关主管部门要负起责任，对所属单位承担科技计划（专项、基金等）任务的执行情况和资金使用情况加强日常监管；加强对科技计划（专项、基金等）财政资金管理使用的审计监督，对发现的违规违法行为严肃查处，并将查处结果向社会公开。

此外，改革明确要求要通过统一的国家科技管理信息系统，对中央财政科技计划（专项、基金等）的需求征集、指南发布、项目申报、立项和预算安排、监督检查、结题验收等全过程进行信息管理，并按相关规定主动向社会公开信息，接受公众监督，让资金在阳光下运行。分散在各相关部门、尚未纳入国家科技管理信息系统的项目信息要尽快纳入，已结题的项目要及时纳入统一的国家科技报告系统。不纳入国家科技管理信息系统和国家科技报告系统并向社会公开的，中央财政将不予以资助。

（三）改革带来的主要影响

本次改革将中央财政各类科技计划统一整合为5类计划，建立公开统一的国家科技管理平台，建立部际联席会议制度，依托专业机构管理科技项目，发挥战略咨询与综合评审委员会对科技发展的决策咨询作用，建立统一的评估和监管机制，建立动态调整机制，完善国家科技管理信息系统，对科技计划（专项、基金等）的需求征集、指南发布、项目申报、立项和预算安排、监督检查、结题验收等全过程进行信息管理。在改革带来的影响上，主要有6个方面：

一是倒逼政府转变职能。不再直接管项目，管宏观、管规划、管政策、管布局、管监督。

二是倒逼围绕国家目标提出科技需求。国家科技计划要解决国家重大科技问题。要求科研人员要从国家需求的角度思考科技问题。

三是整合了中央财政科研经费。整合分散科研经费，激活中央财政科技经费存量，集中力量办大事。

四是倒逼形成更加完善的组织管理制度。改革导致组织协调力度加大，要构建更加科学、公开、透明、高效的工作制度，以防范改革风险，包括廉政风险。

五是倒逼加快协同推进相关改革。科技计划是政府引领和指导科技创新的重要载体，具有风向标作用，体现了国家政策取向、战略布局、发展重点，新的改革需要其他科技改革协同配合推进。

六是促进了科技服务业发展。委托专业机构管理科研项目，并鼓励具备条件的社会化科技服务机构参与竞争，推进专业机构的市场化和社会化，有利于促进提供专业科技管理的服务业发展。

二、新型科技计划（专项、基金等）体系逐步完善

根据新科技革命发展趋势、国家战略需求、政府科技管理职能和科技创新规律，改革中提出了优化中央财政科技计划（专项、基金等）布局，整合形成5类科技计划（专项、基金等）。

（1）国家自然科学基金。主要是资助基础研究和科学前沿探索，支持人才和团队建设，增强源头创新能力。进一步完善管理，加大资助力度，向国家重点研究领域输送创新知识和人才团队；加强基金与其他类科技计划的有效对接。

（2）国家科技重大专项。聚焦国家重大战略产品和产业化目标，解决"卡脖子"问题。进一步改革创新组织推进机制和管理模式，突出重大战略产品和产业化目标，控制专项数量，与其他科技计划（专项、基金等）加强分工与衔接，避免重复投入。

（3）国家重点研发计划。针对事关国计民生的重大社会公益性研究，以及事关产业核心竞争力、整体自主创新能力和国家安全的重大科学技术问题，突破国民经济和社会发展主要领域的技术瓶颈。将科技部管理的国家重点基础研究发展计划、国家高技术研究发展计划、国家科技支撑计划、国际科技合作与交流专项，国家发展改革委、工信部共同管理的产业技术研究与开发资金，农业部、卫计委等13个部门管理的公益性行业科研专项等，整合形成一个国家重点研发计划。

当前，从"科学"到"技术"到"市场"演进周期大为缩短，各研发阶段边界模糊，技术更新和成果转化更加快捷。为适应这一新技术革命和产业变革的特征，新设立的国家重点研发计划，着力改变现有科技计划按不同研发阶段设置和部署的做法，按照基础前沿、重大共性关键技术到应用示范进行全链条设计，一体化组织实施。该计划下，将根据国民经济与社会发展的重大需求和科技发展优先领域，凝练设立一批重点专项，瞄准国民经济和社会发展各主要领域的重大、核心、关键科技问题，组织产学研优势力量协同攻关，提出整体解决方案。

（4）技术创新引导专项（基金）。按照企业技术创新活动不同阶段的需求，对国家发展改革委、财政部管理的新兴产业创投基金，科技部管理的政策引导类计划、科技成果转化引导基金，财政部、科技部等四部委共同管理的中小企业发展专项资金中支持科技创新的部分，以及其他引导支持企业技术创新的专项资金（基金）进行分类整合。现阶段，我国企业的创新能力依然薄弱，尚未真正成为创新决策、研发

投入、科研组织和成果应用的主体，政府应当充分发挥市场配置技术创新资源的决定性作用，通过技术创新引导专项（基金），采用天使投资、创业投资、风险补偿、后补助等引导性支持方式，激励企业加大自身科技投入，促进科技成果转移转化，不断提高企业技术创新能力。

（5）基地和人才专项。对科技部管理的国家（重点）实验室、国家工程技术研究中心、科技基础条件平台、创新人才推进计划，国家发展改革委管理的国家工程实验室、国家工程研究中心、国家认定企业技术中心等合理归并，进一步优化布局，按功能定位分类整合。加强相关人才计划的顶层设计和相互衔接。在此基础上调整相关财政专项资金。基地和人才是科研活动的重要保障，相关专项要支持科研基地建设和创新人才、优秀团队的科研活动，促进科技资源开放共享。

整合形成的新五类科技计划（专项、基金等）既有各自的支持重点和各具特色的管理方式；又彼此互为补充，通过统一的国家科技管理平台，建立跨计划协调机制和评估监管机制，确保五类科技计划（专项、基金等）形成整体，既聚焦重点，又避免交叉重复。当前及未来一个时期，将按照上述五类新科技计划体系对所有实行公开竞争方式的中央财政科技计划（专项、基金等）进行优化整合，不包括哲学社会科学和对中央级科研机构、高等院校等实行稳定支持的专项。

三、科技成果转化政策突破带来的发展契机

2015 年 2 月 25 日，《促进科技成果转化法》修正案草案首次提交全国人大常委会进行审议。这也是该法律施行近 20 年来，首次进行修订。国务院关于印发实施《中华人民共和国促进科技成果转化法》若干规定的通知（国发〔2016〕16 号）。与之前相比，我国在科技成果转化政策上主要有如下 4 个方面的突破：

（1）把处置权和收益权下放给科研团队。国家设立的研究开发机构、高校对其自有的科技成果可以自主决定转让、许可和作价投资。通过协议定价、在技术市场挂牌交易、拍卖等方式确定价格。转化科技成果获得的收入全部留归本单位。同时还明确，科技成果完成单位可以规定或者与科技人员约定奖励报酬的方式和数额，没有规定或者约定的，按照法定的最低标准给予奖励和报酬。

（2）改革科技人员考核评价体系。国家设立的研究开发机构、高校要建立符合科技成果转化工作特点的职称评定、岗位管理、考核评价制度，完善收入分配激励和约束机制。要研究有利于促进科技成果转化的绩效考核评价体系。

（3）完善企业参与科研组织制度。完善企业参与科研组织、实施的制度，对利用财政资金设立的具有市场应用前景、产业目标明确的科技项目，发挥企业在研究开发方向选择、项目实施和成果应用中的主导作用。推进产学研合作，规定国家鼓励企业与研究开发机构、高校及其他组织采取联合建立研究开发平台、技术转移机构或者技术创新联盟等产学研合作方式，共同培养专业技术人才和高技能人才。

（4）支持建设公共研究开发平台。国家培育和发展技术市场，鼓励创办科技中介服务机构，为技术交易提供交易场所、信息平台以及信息加工与分析、评估、经纪等服务；国家支持根据产业和区域发展需要建设公共研究开发平台，为科技成果转化提供技术集成、共性技术研究开发、中间试验和工业性试验、科技成果系统化和工程化开发、技术推广与示范等服务；国家支持科技企业孵化器、国家大学科技园等科技企业孵化机构发展，为初创期科技型中小企业提供孵化场地、创业辅导、研究开发与管理咨询等服务。

第三章　典型国家交通运输科技创新的经验借鉴

第一节　美　　国

一、美国交通运输科技发展的目标导向

（一）遵循联邦运输部的战略目标

联邦运输部2013—2018年科技战略规划遵循联邦运输部5大战略目标，并支持这些战略目标的实现。5大战略目标包括：

保障安全：减少交通事故伤亡人数，增进公众健康与安全。

良好维护：确保国家关键交通运输基础设施得到良好维护。

经济竞争力：推进交通政策实施与投资，为国家和公民带来持续、合理的效益。

宜居社区：通过整合交通运输政策、规划和投资，协调住房和经济发展政策，促进宜居社区的建设，增加所有用户的运输选择和对运输服务的享用。

环境可持续性：改善环境可持续发展政策，增加环境方面的投资，减少来自交通运输的污染排放和其他有害排放。

（二）响应国会关注的重点问题

在联邦运输部2013—2018年科技战略规划中，还结合了国会在“面向21世纪的进程”法案（MAP-21）第52013章节中有关社会发展和技术发展的重点问题：

（1）促进安全；

（2）减少拥堵并提升机动性；

（3）保护环境；

（4）维护现有运输系统；

（5）提高基础设施的耐久性，延长交通基础设施的使用寿命；

（6）改善货物运输。

在此规划中，联邦运输部5个战略规划目标和国会研发（RD&T）6个重点问题被整合成5个RD&T重点领域，分别如下：

（1）促进安全；

（2）维护现有交通运输系统，延长未来交通运输系统的使用寿命；

（3）提升经济竞争力，改善货物流动；

（4）打造宜居社区，减少拥堵，提升机动性；

(5)提高环境可持续性，保护环境。

考虑到美国社会公众的权益，规划中的5个重点研究领域的研究资金和实施都保持透明度，并以绩效为基础，在促进公共投资价值最大化的同时集中力量实现最理想的成果。

(三)应对世纪面临的挑战

20世纪以来，美国公路、公共交通、海运以及航空网络为经济发展带来了前所未有的繁荣，增强了个体的机动性，将美国与世界各地紧密地联系在一起。美国交通运输基础设施为社会提供了良好的服务保障，包括公路、航空、铁路网络以及港口、航道、管道和公交系统。

进入21世纪，美国交通运输系统必须适应不断变化的社会、环境、能源和经济需求，同时联邦运输部还面临着前所未有的财政挑战，即：当前专用的财政收入来源已经不足以运营和维护美国现有的基础设施，并且也无法对未来设施建设需求进行进一步的投资。

二、美国交通运输科技发展的使命愿景

在新的形势下，联邦运输部不得不采取革新性的方案来解决未来的问题，以使有限资金的效益最大化。在该方案下，联邦政府在交通运输RD&T中的投资可以促使新材料的产生、创新生产方法、开发强大的设计和规划工具。同时，它也为决策者提供信息和知识，帮助决策者做出更好的决策，并为运营商提供有效的技术和工具，帮助其解决现实的问题和提高运输系统的性能。

由于联邦政府对美国国家交通运输系统的拥有权和运营权有限，因此通过对科技研发的投资是联邦政府能够改善美国运输系统最有效的方法之一。联邦RD&T规划在克服美国国家运输系统面临的挑战中起到独特而关键的作用。该规划的主要使命包括：

(1)制定交通运输发展政策；

(2)建立跨运输方式协作的激励机制，重视跨运输方式的研究课题；

(3)筹备未来交通运输人才队伍，应对21世纪交通运输网络化的挑战；

(4)鼓励开展多学科交叉研究；

(5)刺激交通运输服务和产品的创新；

(6)支持长期探索性研究以及短期应用性研究；

(7)识别、促进、支持新兴技术，部署最佳方案；

(8)开发、推广新工具和新技术，促进技术和创新得到更广泛、更有效地利用。

三、美国交通运输科技发展规划的实施

(一)规划实施的步骤

美国交通运输科技发展规划的实施包括四个步骤：

(1)确定方案重点；

(2)基于绩效评估对研究成果进行判定；

(3)修改战略规划的研发重点；

(4)更新绩效评估。

联邦运输部通过成功实施这个过程，确保RD&T规划符合以下要求：

(1)能够有效资助和开展相关研究；

(2)能够开展高质量、经过业界评审的研究；

(3)能够通过技术转让和利益相关方宣传来传播研究成果；

(4)能够帮助新技术或新工艺的有效应用。

规划实施的主要流程如下：

1. 确定项目重点

基于规划中描述的预期目标，每个管理部门制定自己的战略规划或路线图，作为分配研究资源和制定研究规划的指南。规划团队将利用联邦运输部研究中心、研究和创新技术管理局通过跨方式协作研究的方式确定、促进多式联运的研究。该规划团队在确保可行性的前提下，发现并确定众多研究主题中具备潜力的领域，这些领域基本都涉及跨不同运输方式之间的协作。研究中心通过此工作识别并去除任何不必要的重复工作，以提高各个运营管理部门内制定实施规划的效率。

2. 基于绩效评估对研究结果进行判定

RD&T 规划团队每年都利用该研发战略规划中列出的绩效评估指标来审查研究进展是否符合战略成果目标要求。

3. 修正战略规划的研发重点

根据需要，RD&T 规划团队将以该战略规划年度审查为基础，修正 RD&T 重要领域，这可能导致研究方案在研究方向上的变化，尤其是在跨运输方式层面上。

4. 更新绩效评估

在研发的重点领域被修改，或者有新的成熟数据源被认可并被应用的时候，RD&T 规划团队将对绩效评估进行复审并进行更新。

(二)项目水平评价

项目评估是《政府绩效与结果法案》不可缺少的组成部分。该法案要求各机构运用项目评估来确定实现方案预期目标的方式和程度；各机构需注明，无论评估工作完成与否，对项目评估结果的结论性意见都要写入《绩效与问责报告》；各机构还需提出《战略方案》中未来项目评估的时间规划表。该规划采用针对 GPRA 目标的“五步骤”项目评估程序，具体如下：

1. 识别并选择重点

管理部门将基于联邦运输部研发战略规划、部门的研发战略规划、研究路线图以及与国家和国际利益相关者之间的相互影响等因素，制定研究规划和项目。这样做的目的是实现联邦运输部研发战略规划中所列的战略目标。

2. 选择最好的研究团队

选择执行特定研究项目的研究人员，并督促其遵循科研界的最佳做法来开展相关工作，包括公开竞争和同行评议等。对于联邦运输部资助的项目来说，选择合格的、有能力的、负责任的研究人员或研究团队来执行这些项目研究是至关重要的。UTC 项目是联邦运输部利用这些做法的典范。从 2013 至 2014 年的经费获取来看，这是一个竞争性的过程，经费提出的依据是联邦运输部的内外专家，以及相关参与项目审查的财团的建议。

3. 保证绩效

要求合格的项目管理人员监管研究工作进程，确保及时获得研究成果，同时还确保联邦运输部资金的有效利用。这种监控程序包括定期深入审查研究进展情况，必要时由研究人员进行项目进展介绍等。

4. 审查和实施研究成果

不仅是项目经理和联邦运输部专家，同行和终端用户都必须审查已完成研究项目的成果。对于保证项目研究的质量和完整性，并且将研究过程中应用的任何新的技术或者研究过程引入具体的成果而言，这些审查都是至关重要的。在审查中，需注意在开发新技术或工艺时，并非所有研究都能带来积极的结果。一般而言，研究成果欠佳的情况经常会出现，有可能得出的结论是该项技术或工艺不可行或不起作用。即使没有付诸实施，这种审查反馈的信息仍然非常重要，必须加以正确引导，取消任何有可能引起重复工作的未来研究。实施新技术和新工艺需要联邦运输部在政策和资金方面做出郑重承诺。在与基础设施业主和运营商合作中，联邦运输部将制定措施，简化审批程序，确定资金来源，以应对实施新技术或工艺的较高初始成本。

5. 衡量产出成果

这个环节主要是针对重点绩效领域进行评估，衡量实施产出成果的成功与否。这些结果作为年度审查的一部分，在研究开发和技术战略规划中，可以基于这些审查结果对战略成果或 RD&T 重点领域进行更新。由于这些评估决定了研发重点的设置，所以不再对项目评估进行反馈，并重新开始一个新的循环，此研发战略规划每年都要进行审查。由于许多研究成果或产品产生的最终影响，多年都不会生效，这就意味着在前两三年内基本不用调整重点领域，但是多年后，更多的数据可能会在战略成果和 RD&T 重点领域中进行应用并发生重大调整。需要指出的是，这并不意味着不应在早期进行研发战略规划的审查，实际上，联邦运输部在第一年内就必须进行审查，以保持研发战略规划的有效性和实用性。

第二节　韩　　国

一、韩国交通运输科技发展的目标导向

2014 年 7 月 30 日，经韩国政府联合国家科学技术审议会审议，表决通过《国土交通研究开发中长期战略(2014—2023)》。该战略旨在促进韩国国土交通产业发展，保障公共基础设施的有效利用，营造安全的国土空间，从而进一步促进创新型经济发展，实现公民幸福。

《国土交通研究开发中长期战略(2014—2023)》通过分析宏观政策及趋势、动向等，制定“创新经济”与“人民幸福”两个中长期战略基本方向。

创新经济：增强国土交通技术的竞争力，力争使韩国经济潜在增长率提升至 4%，起到可持续成长动力的作用。20 世纪 80 年代，韩国的潜在增长率达到 9.1%，2012 年大幅跌落至 3.8%，预计 2031 至 2050 年的潜在增长率将下跌至 1%，韩国将成为 OECD 国家中经济潜在增长率最低的国家。

人民幸福：在发生灾害和灾难时保护人民的生命和财产安全，积极发展国土交通技术，使人民生活更加便利，增加住宅、交通福利。

二、韩国交通科技发展的核心战略

韩国交通科技发展是预测政治、经济、社会、技术等未来变化方向，研究其与国土交通技术领域的关

联度，制定四大核心战略（表 3-1）。

表 3-1 韩国交通科技发展的四大核心战略

方　　向	四 大 战 略	定　　义
创新经济	全球市场的引领者	可在全球市场占据优势并增强竞争力的技术
		通过研发提高国家竞争力，实现创新型经济
	奠定复合型新型产业基础	创新地将其他领域的技术（如 ICT 等）与国土交通技术结合应用
		奠定全新的基础设施及市场基础
人民幸福	营造安全便利的国土空间	开发可事先应对灾害和灾难并保障人民安全的公共技术
		营造安全的国土空间
	提高人民生活福利	满足人民在健康、福利、改善生活等方面的需求
		鼓励开发与人民生活密切相关且能够解决实际问题的技术

三、韩国交通运输科技规划的实施

（一）总投资规模

在韩国第三次国家交通技术开发规划期间（2014—2018），国家交通技术研究开发的总投资为 3.551 5亿韩元。其中道路和汽车 1.100 6 亿韩元（31.0%），物流 0.110 5 亿韩元（3.1%），铁路 1.073 8 亿韩元（30.2%），航空（23.9%）0.849 4 亿韩元，海运和港口 0.417 2 亿韩元（11.7%），具体投资计划见表 3-2。

表 3-2 2014—2018 年分部门交通技术研发投资计划　　（单位：百万韩元）

部门	2014 年	2015 年	2016 年	2017 年	2018 年	总计
铁路和汽车	293 880	261 082	184 420	167 251	193 950	1 100 583
物流	19 600	22 300	22 500	22 900	23 200	110 500
铁路	136 633	194 618	225 552	239 257	277 785	1 073 845
航空	49 864	125 533	196 735	246 436	230 800	849 368
海运和港口	26 425	64 570	99 475	122 250	104 525	417 245
合计	526 402	668 103	728 682	798 094	830 260	3 551 541

注：以上预算有可能根据各年度预算审议过程进行调整。

2014—2018 年，研发投资每年将增长 12.0%，其中航空增长 46.7%，位居首位，海运和港口增长 41.0%，铁路增长 19.4%，物流增长 4.3%，但道路和汽车的研发投资不增反降，降幅达 9.9% 。

（二）分主体、分年度投资计划

在第三次国家交通技术开发规划的投资资金构成中，国土交通部占 67.1%，产业通商资源部占 18.8%，海洋水产部占 11.7%，环境部占 2.3%。其中，74.8%的研发投资由政府负担，民间投资占 25.2%。具体投资计划见表 3-3。

表 3-3 2014—2018 年分部门、分主体交通技术研发投资计划　　（单位：百万韩元）

类　　别		2014 年	2015 年	2016 年	2017 年	2018 年	总计
国土交通部	政府	182 275	300 217	386 414	440 571	474 242	1 783 719
	民间	60 722	95 234	129 673	147 622	164 743	597 994
	小计	242 997	395 451	516 087	588 193	638 985	2 381 713

续上表

类别		2014 年	2015 年	2016 年	2017 年	2018 年	总计
产业通商资源部	政府	161 588	136 782	68 110	52 071	52 500	471 051
	民间	77 193	56 624	28 259	18 830	17 500	198 406
	小计	238 781	193 405	96 370	70 901	70 000	669 458
环境部	政府	12 200	9 450	10 000	10 000	10 000	51 650
	民间	5 999	5 226	6 750	6 750	6 750	31 475
	小计	18 199	14 676	16 750	16 750	16 750	83 125
海洋水产部	政府	22 500	52 595	87 450	108 550	79 625	350 720
	民间	3 925	11 975	12 025	13 700	24 900	66 525
	小计	26 425	64 570	99 475	122 250	104 525	417 245
合计	政府	378 563	499 044	551 974	611 192	616 367	2 657 140
	民间	147 839	169 059	176 707	186 902	213 893	894 401
	小计	526 402	668 103	728 682	794 094	830 260	3 551 541

(三)使投资更有效率的方案

为了能更好地主动应对技术和社会变化，持续推进技术开发战略，需要通过滚动式规划(Rolling Plan)，不断修改和完善投资计划。

为有效推进研发，强化规划功能，应强化事先规划功能，提前摒弃重复性内容，有效推进现有项目的结构调整。通过技术开发成熟度(TRL)进行研发成果管理，按照研究阶段持续推进研发。

推进体现课题特性的研发。根据课题规模(大型、中型、小型)和课题类型(政策制定、指定研究、自主研究)分配预算，课题推进多元化。

改善研发评估体系制度。考虑由规划—执行—成果—循环组成的整个周期性研发，引进评估制度，根据评估结果制定预算。通过持续监督强化评估及成果管理。研发失败后对整个评估系统进行改善(科学的成果管理及研究题材、参与限制、款项回收等)，重新研究相关制度。

扩大预备可行性调查对象范围。研究开展 300 亿韩元以上的大型课题的可行性，通过持续的可行性分析对预算进行分配和调整。

第三节 日 本

一、日本交通运输科技政策的制定原则

日本在发展过程中，地震、洪水等自然灾害时有发生，国家面临战争、环境污染、能源等问题、难题，在解决问题过程中，采用土木、建筑、机械、电力、通信等各领域科技成果，推动相关科技发展。在完善各个时代的社会习惯、制度等社会体系的同时，使全体国民享受安全、放心的生活。为此，日本科技政策的基本方针包括以下四个方面。

(一)推进科技研发、有效利用新技术与现有技术

1. 一体化推进科技研发、相关业务、具体措施

开展科技研发工作时，根据社会需求及新技术设定适当的对象，在与企业、科研机构、政府分工合作

的基础上，通过全面推进合作项目、跨领域融合，提高科技项目成果。

2. 重点项目的推进

在开展科技研发工作时，对照社会需求，尤其是需要优先解决的政策问题，将跨领域的一系列问题定位为重点项目，重点推进。

3. 通过企业、科研机构开展科技研发

为了通过企业、大学等促进和引导有效、高效的科技研发工作，国家采取了科技规范的制定、公开公共数据、科技研发奖励等措施。

4. 有效利用新技术与现有技术

当有问题需要解决时，不应局限于新技术的开发与引进，还应充分有效利用传统的技术以及其他领域的现有技术，或通过实现新技术与现有技术的融合利用，实现效果最大化。

(二)通过国土交通领域的科技成果开拓国际市场

日本国土交通科技水准在安全、高效、环境等方面处于国际领先地位，为了推广这些技术，需推动国际规范及国际标准化工作，并提升国际威望。因此，需要从战略的高度支持科技研发，通过招聘或接收海外科技人员实现技术的转移，构建人际网络等。

(三)支持科技政策的人才培养

为使支持科技政策的企业、科研机构、政府充分发挥各自的强项，扩大科技成果，需要推进人才培训计划，在培养各领域专业人才的同时，发现在多领域具有广泛知识结构与理解能力的人才。

(四)确保社会对技术的信任

向国民讲解科技在社会发展当中所发挥的作用、技术的临界点以及相应的风险等，提高社会对技术的认知，确保对技术的信赖。此外，在对技术相关的各种信息进行知识产权保护的同时，积极地进行公开，促进企业等开展技术研发，促进产业的发展。

二、日本交通运输科技研发的实施方针

(一)通过对社会需求的准确把握，设定科技研发对象

为实现“确保安全性、放心度”以及“建立可持续发展且充满活力的国家、地区，激发经济活力”等科技政策方向性目标 ，准确把握社会对各项技术研发的需求，以及与之相关的具有革命性、创造性、尚处于萌芽状态的新技术。

为创新、实现更高的社会价值，设定技术研发对象并制定时间表。

对于应实现的目标，除了计划期内的短期与中期目标之外，还应当适当明确超出计划期限的长期目标或展望。

(二)注重与相关举措的联动

为使技术研发成果迅速转化为社会成果，开展研究阶段的验证试验、实用化阶段的试运行试验等与相关政策、措施的联动机制。

在国土空间或交通运输系统方面，为了应对新的问题与困难，跨领域采取科技的整合、融合、组合等

综合举措，以求取得更佳的效果[1]。尤其是在解决地域问题时，需考虑地域特征、地域体制、科技能力等因素、运用有效技术，以求与城市规划协调统一。

（三）确保与各主体的合作与推进机制

在推进技术研发时，相关省厅、地方政府的相关人员、企业、研究机构相关人员应发挥各自优势，通过制作合作机制图，共同完善技术研发的环境，并积极、有效利用相关数据。

在实施时，应当意识到以下3种关系：

一是与相关司局建立跨领域的合作关系（"横向"关系）。

二是与当地共同推进技术研发（"纵向"关系）。

三是有效利用企业、大学等外部技术力量（"外部"关系）。

在开展技术研发时，不仅仅由从事专业技术工作的研究、技术人员完成，必要时，还应当邀请广大人文社会科学研究人员的参与，力争使研发成果被全社会广泛使用。

作为有效利用企业、科研机构等外部卓越技术的手段，努力推进PPP[2]（Public Private Partnership）/PFI[3]（Private Finance Initiative）模式，以及按性能规格下单的采购方式[4]的采用与透明化管理。

三、日本促进交通运输技术研发的措施

（一）发挥产业、学院、政府在技术政策上的作用

国土交通省的技术政策由产业、大学、政府各主体的相互配合而支配着，在此首先揭示产业和学院所发挥的作用，然后再揭示国土交通省所发挥的作用。

1. 民营企业的作用

作为"产业"的民营企业，担负着在经济活动中与国内外竞争对手相互切磋技能、独自摸索创新以提供更优良的产品或服务的作用。例如公共事业领域中，在调查、测量、设计、制造、施工、维护保养等各个阶段，担负着有效运用每个职业的专业性、在确保安全与质量的同时，更高效地完成实际业务的作用。尤其是当发生灾害时，在土方塌方现场开展打通道路等紧急复原作业的过程中，民营企业所发挥的作用是不可或缺的。此外，在交通与运输服务领域，民营交通企业作为公共交通领域的中坚力量，与运输设备生产企业合作，在保证安全的前提下，主动为提高服务质量采取相应的举措，并在提高交通与运输方面的技术，提高技术人员的素质，推进技术政策方面发挥着重要的作用。各民营企业在国际上运用专业技术所采取的措施，有望为交通行政工作实施海外拓展做出贡献，并在具体技术的适用性等方面起重要作用。

2. 大学等的作用

作为"学"的大学等，除了要持续构建作为技术基础的理论体系，还要在独创性且自由构思的学术研究环境下起到让未来的创新活动能够发芽成长的作用。通过与国土交通省及地方公共团体的人事交流等方式，起到向社会输出技术研发成果的作用。此外，小学、中学、高中和大学等学校，还要起到通过各

[1] 整合、融合、组合大致分为两类，适用于从技术研发阶段的跨领域整合、融合、组合，各领域技术研发成果的实用化阶段的整合、融合、组合。

[2] 指将民营企业的资金和技术、专有知识纳入由国家与地方政府提供的公共服务体系。

[3] 指有效利用民营企业的资金、经营能力与技术研发能力开展公共基础设施的建设、维护管理、运营等方面的新方法。

[4] 采购时不规定形状和数量等规格，而是规定性能的下单方法。

自的教育课程，使支持技术政策的人才掌握基础性知识和思维方式的作用。

相关国土交通行政的土木工程学、建筑学、机械工程学、电气工程学等学会，作为一种组织体制，由产业、学院、政府的各种人员构成。因此，学会的作用不仅限于促进学问的发展，还在于将取得的学术成果有效应用于实际业务中，使其与国土交通行政形成紧密合作的关系，同时为社会做出贡献。

这些大学和学会自身的国际性举措，为交通行政开展海外拓展，并为国际社会做出贡献等国际性举措带来积极的影响。

相关非盈利性法人，起到作为产业、学院、政府的中间性组织的作用，并与民营企业、大学及国家机构所实施的工作进行比较，为促进更有效、更高效的技术政策起到积极的作用。

3. 公共部门机构的作用

对于作为"官"的国家和地方公共团体等主体，重要的是依据各自所发挥的作用，在技术政策层面上尽到自身的义务。其中，当国土交通省主导推进国土交通行政的技术政策时，国土交通省应认识到产学官各主体所应发挥的作用、各自的强项与弱项，据此构建适当的责任分配与合作机制。

国土交通省应构建与省厅及地方公共团体相关的、适当的责任分配与合作体制。由于技术政策支持建基于社会需求之上的行政事业及措施，因此"官"应为技术政策的方针及举措提出方向，促进负责技术政策的产学官达成共识，促进各主体举措的推进，并构筑适当责任分配与合作体制。

促进技术的研发工作时，对于那些制定安全规范、研发防灾对策等公益性较高的技术研发工作，收益率较低的技术研发工作等民营企业无法开展的技术研发工作，由国家部门和主管这部分工作的研发独立行政法人牵头实施。另一方面，对于那些从效率和专业角度看适于由民营企业和大学等主体牵头实施的研发工作，国家通过指出中长期的技术目标及方向，修订和完善有关设施、机器的技术规范，建立监管措施与奖励机制等，借助民营企业和大学开展技术研发工作，同时引进产学开发的技术，并实现其实用化。

(二)通过产学等促进和支持技术研发

1. 基本思路

在支持国土交通省的技术政策时，为了适应多样化和尖端化的技术，产学官应在有效利用各自的强项的同时，进行有机的合作。

民营企业要在国际竞争环境中不断应对巨大的挑战，同时也承担了建设国家经济社会的一部分责任，成为国力之基础。在不断提高这种产业竞争力的过程中，非常重要的是，要提高民营企业的技术实力。企业推动着社会的进步，因此需要通过企业将技术作为一种产品或服务回馈给社会，使国民生活和产业活动更上一层楼。

通过产学促进技术研发工作，选择研发对象时，国家要在基础、应用、实用化、推广的过程中提供必要的支持。在技术研发的选定过程中，通过提出基于社会需求的技术研发方向，或通过提出事业及措施的中长期计划，促进产学实施主动且有效的技术研发工作，并通过提供竞争性资金等赞助制度支持国家理应支持的重要技术研发工作。

在研发的实施阶段，通过有效利用实施事业及措施的现场，对技术研发进行验证，提高技术研发工作的效率和准确性。在实用化阶段，对没有绩效的技术进行积极的试行与评估，以期日后得到广泛的应用。在推广阶段，通过对被开发出来的技术进行评估，根据其有效性，考虑市场性，将其反映到采购时的规格和技术规范上，并进行标准化建设。海外有现场需求时，根据国际标准对其进行改善。

对于那些在社会资本建设与交通运输系统建设等方面遇到困难的地方公共团体，要促进其相互间从政策到现场各阶段的合作，还要在制度、技术及人才等方面给予必要的支持。

2. 具体行动

基于上述内容，在技术研发的过程中所采取的支持措施如下：

(1)扶助技术研发工作。根据社会需求开展必要的技术研发工作，或为中长期的事业及措施开展技术研发工作时，鼓励借助大学和民营企业的力量研发先进的技术，加速推进这项工作，加大对技术研发工作的扶助。此时应留意技术研发的基础、应用、实用等不同阶段，其创新性、可行性等，必要条件各不相同，要对各阶段提供必要的支持。尤其是要构筑一种可将实用化阶段的技术研发成果稳步转移到事业及措施上的机制。

(2)有效利用实施事业及措施的现场。有效利用完成事业及采取措施的现场，对技术研发进行验证，促进基于现场需求的迅速而准确的技术研发工作。例如，在没有安全问题的情况下，将建设社会资本的施工及管理现场作为一种技术研发的试验场地加以有效利用，促进符合现场需求的技术研发工作的开展，并将其应用到基于技术研发工作的事业及措施中。

(3)为向国际社会拓展技术采取的举措。通过准确地把握海外需求和市场动向，采取战略性措施，从知识产权战略出发促进技术研发工作。另外，有效利用国际拓展中所需的人才、资金、材料、信息(当地法令与规范、习惯、专有技术等)，进行体制整顿。

(4)通过有效利用在公共采购过程中的民间技术能力以及推进开放型政府的建设，促进技术研发。PPP/PFI、规划竞争、按性能规格下单的采购方式等是在公共采购过程中，能够有效地利用民营企业的技术及窍门的机制，因而要有效利用这些机制促进民营企业开展技术研发工作。此时重要的是，在选定对象和设定发包规格时，要考虑技术研发的空间、市场性、盈利性等因素，并留意如何有效、高效地运用民营企业等的技术及窍门。

对于国土交通省所掌握的信息，先将能够开展工作的信息予以及时的公开，使信息得到有效的利用，进而以能够二次利用的形式公开公共数据和程序。而对于建设开放型政府这个提高公共服务水平的举措，及通过产学等各种主体打造出新型服务的举措，通过与相关省厅合作的方式予以积极推进。为此，需要进行与之配套的环境建设，制定必要的规则。例如，公开数据时的著作权及隐私信息的处理等，要考虑使用人的便利性，也要保护权利人的权利，同时有效地利用该数据。

四、日本对交通运输技术研发的评估

(一)基本思路

评估技术研发工作时，应根据技术研发的特性(基础、应用、实用化、推广等)、领域、政策上的定位、规模等，正确地设立评估项目和设定评估规范。评估与技术研发有关的工作既要考虑评估工作要承受的负担，也要不断做出改善，以便有效、高效地推动有助于社会经济发展的技术研发工作。同时，不应千篇一律地评估所有的技术研发工作，而应根据技术研发的内容与目标分别进行评估，以便分别改进各项举措。

(二)具体行动

应适当评估如下举措：在技术研发的初始阶段，具有先进性或挑战性的举措；在中期阶段，以实用化

为目标采取的举措;后期阶段,以实现发展与推广为目标的举措;上述各阶段之间的过渡问题。具体的评估举措如下:

1. 根据技术研发的不同阶段实施评估(引进不同阶段的评估制度)

对初始阶段的评估,以评估具有先进性或挑战性的举措为目标,对其所应具备的创新性等进行重点评估。

对中期阶段的评估,以评估面向实用化所采取的举措为目标,对实效性及可行性进行重点评估。

对后期阶段的评估,以评估实现发展和推广所采取的措施为目标,并针对市场动向的掌握情况及事业化计划的有效性等进行重点评估。

2. 评估技术研发各阶段的过渡问题

技术研发工作从初始阶段过渡到中期阶段,再从中期阶段过渡到后期阶段时,根据在不同阶段取得的技术研发成果,对其是否要过渡到下一个阶段进行适当的评估。

从初始阶段过渡到中期阶段乃至后期阶段,意味着要取得更加可靠的成果。因此,从重视费用效果比的角度出发,对其进行严格的评估,同时纳入中途停止研发的程序,以便根据技术研发的进展情况、社会情况等,中途停止被认为不适合继续做研究开发的工作。

进行评估的重要事项如下所示:

对于以解决社会性课题为目标的举措,应引进与事业及措施为一体的评估制度。

不应局限于对技术研发阶段的评估。对于已实现实用化或应用到事业及措施阶段的技术,在评估其给社会带来的影响时,应通过积累试验性评估事例确立评估方法,明确技术功能、技术研发的必要性及其应用到社会中的方式。

在评估技术研发工作时,明确课题及其存在的问题,并将其反映到下一阶段的发展中。

对于如何改善评估工作,应重新审视“关于评估国家研发的大纲性指针”(2008 年 10 月 31 日内阁总理大臣决定),就本计划所规定的事项,与相关部门进行协调,并重新对“国土交通省研发评估指针”(2010 年 3 月修订)进行必要的审视。

第四章　我国交通运输行业科技创新的现状

第一节　交通运输行业科技创新模式

交通运输行业科技创新模式，是20世纪初形成并沿袭下来的，该模式的特点是以政府为主导，以科研院所、大企业等为主体，围绕科技立项、研发、资金配置、示范应用、成果推广、标准制定等一系列科技活动，形成闭环的创新链条，按照国家战略需求和行业科技自身发展规律，聚焦重大研发方向、重点，发布科技创新目录，形成科技创新布局，提升科技创新能力。“十五”、“十一五”和“十二五”期间，这种创新模式充分发挥了科研院所和企业在创新活动中的中流砥柱作用，行业科技发展取得了显著成效，在跨江跨海和山区复杂条件下大型桥梁建设、复杂地形地质条件下山区高速公路建设、公路隧道建设等关键技术研发中取得了重大突破。

一、创新主体

交通行业科技创新整体格局呈现金字塔形式，形成了几个界限分明的创新梯队(图4-1)。最上层的是部直属科研院所以及跨领域、跨区域的大型企业，即所谓的“国家队”，肩负着行业科技创新的使命；中间层是省属的科技研发院所、高速建设集团、勘察设计院(集团)、路桥集团、运输集团等大型企业，主要面向本省的交通运输科技创新需求为主，但也有一些已经跻身于国家队，即所谓的“省队”；最下层是众多的施工企业、物流企业等中小企业，由于创新能力和条件匮乏，基本与创新无缘，称为“散队”。

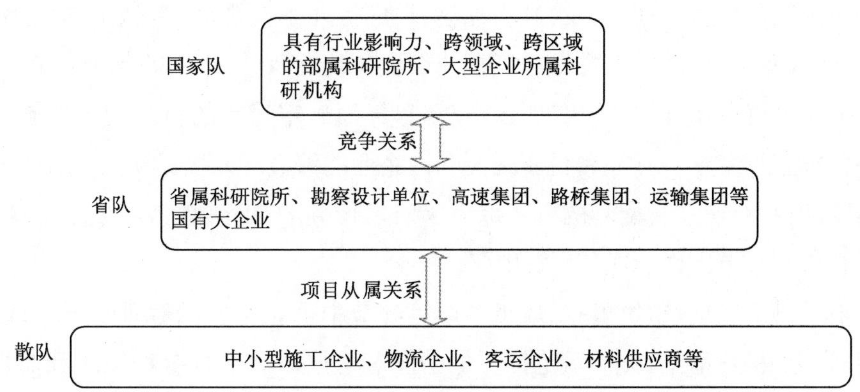

图4-1　交通运输行业科技创新格局

具有行业影响力的“国家队”无疑是行业科技创新的中流砥柱，无论是部直属科研院所还是省属科研机构、大企业等都有自己的科研定位，能够利用规模经济优势而采用先进、高效的技术装备，大量的投资而且存在相当风险的基础性研究和前瞻性研究也只有大单位、大企业能够承担，毕竟其资金雄厚，风险承受力比较强，同时，与政府之间长期形成的密切伙伴关系使得政府为其排忧解难成为可能。由于有资质门槛的限制，在大项目和高技术领域竞争并不激烈，并且很多科研项目是为大单位、大企业量身定做的，其他创新主体根本不具备竞争条件。

“省队”能够利用自身优势，立足本省的科技创新需求，其可观的市场空间不言而喻，尤其是交通大建设阶段，蓬勃的交通大建设使交通勘察设计、施工、装备、材料等技术得到大幅度提高，是省交通运输科技发展的中坚力量。“省队”与“国家队”服务领域不同，但在争取市场空间中存在一些竞争关系。

“散队”是众多的中小型交通企业，基本是创新主体中的最弱势群体，基本没有创新资金保障，由于企业规模小，创新能力和话语权有限，几乎难以争取到创新项目。

二、创新过程

创新过程是围绕着创新活动开展的，基本是以政府主导，以科研院所和大单位、大企业（即“国家队”和“省队”）为主体，整个创新链条自成体系，形成闭循环（图 4-2）。

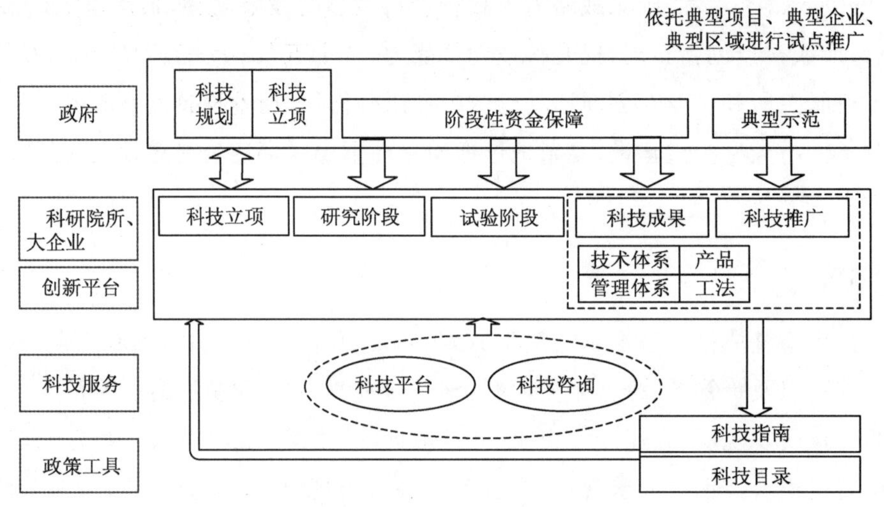

图 4-2　目前交通运输行业创新链条闭循环

“整个创新链条围绕着科技规划、研发、试验、成果推广等几个关键环节，从上图中不难看出在以部属科研院所、大企业（或者创新平台）为主体进行科技创新时，政府在链条中的各个环节均发挥着作用”。首先，政府会每隔五年进行科技规划，并根据科技规划目标而确定每年的科技规划实施方案，并在行业内征求意见（这些征求意见基本只有部属科研院所和大企业能够看到），由此确定具体的科技项目，在研发和实验阶段来自政府和企业自身配套的资金保障了研发任务的具体执行，形成了一个科技创新链条的“小闭环”，而非在全社会范围内形成的“大闭环”。

不难看出，政府对科研立项、组织审查、成果推广等环节中承担主要的管理责任。政府利用科技政策、科技项目、科技资金、科技指南目录、示范推广等手段对科技活动进行全程组织和监督，政府与大单位、大企业之间形成了比较亲密的指导—依赖关系，这种关系对于落实国家战略、满足重大交通运输科技需求等方面都起到了重要的积极作用，但是也逐渐暴露了诸多问题，即把中小型企业、基层科研人员排除在科技创新体系之外，而这一部分单位和人员往往是科技创新的源头所在。当释放出企业尤其是中小型科技企业的创新潜力之后，中国才有可能真正由科技大国走向科技强国，真正跨入创新型国家行列。

三、典型特征

交通运输行业与国民经济中大部分产业不同，既是基础设施行业，又是服务行业。其主体结构包括两部分:一是交通基础设施,公路、桥梁、航道等,为生产服务;另一方面是交通运输管理与服务,即通过工具装备来实现物体的移动,不消耗物质,只消耗能量。它的最终社会职能不是物的直接生产,而是物或人的流动。产品形式和生产方式的特殊性决定了交通运输科技创新活动的特殊性。综合看来,交通运输科技创新呈现出以下特点。

(一)创新主体具有复杂性和多元性

交通运输体系由多种运输方式共同组成,每一种运输方式自身又是一个独立的系统,各有自己的结构和功能。具体到行为主体,不同运输方式内部又包括了政府管理部门、基础设施建设企业和运输企业等。这些决定了交通运输科技创新体系本身的复杂性。这些部门的技术创新工作交织在一起,这决定了其创新主体不仅有建设和运输企业,还涉及交通运输主管部门、行业科研院所和相关高校等。不同主体因为定位和任务不同,在创新方面也有着不同的需求。

交通管理部门的地位比较特殊,在技术创新中所要解决的核心问题是:如何实现建设规划的技术创新,如何通过服务方式和服务手段的改进使基础设施能够得到高效的利用,同时又确保运输安全、畅通。而运输企业的技术创新能否获得积极性和管理部门的服务方式和手段也有直接关系。

基础设施建设企业的技术创新所要解决的核心问题是:如何通过改进技术提高建设质量和工作效率。由于建设企业本身就是利益主体,因此通过正确的导向使他们意识到唯有技术创新才能获得更高的经济效益时,自然就会有开展技术创新的积极性。

运输企业的技术创新所要解决的核心问题是:在行业管理及市场运作日趋规范的大趋势下,如何通过建立灵活、便捷的信息网络和运输技术、设备的改进提高运输效率,从而使企业获得更多的经济利益。

高校和科研院所技术创新所要解决的核心问题是:如何在基础性、前瞻性研究和共性关键技术研发方面发挥创新示范作用,并且如何积极与企业紧密合作,大力开展交通运输领域的技术应用及推广研究。

(二)创新利益追求具有分离性

交通运输行业并非是单纯的谋利性行业,而是带有半公益的性质,为其他社会产业和民众出行提供运输服务。其中,基础设施主要是由国家投资兴建、有计划兴建的,绝不是简单的市场调节。另一方面,具体建设企业主要采用的是包括投标在内的市场化运作方式,但其面对的市场是不完全竞争的市场,其服务的委托方为不以经济利益为追求的政府部门。因此这些企业为了获得较大的经济利益,在很大程度上需和政府部门博弈。其经营中能否获得最大的利润,并不完全取决于是否采用新技术,提高劳动生产率,而是一定程度上取决于与政府博弈的结果。如果不靠技术创新,企业同样可以获得经济利益,他们自然不会有技术创新的积极性。

对于运输企业来讲,其性质则更加单纯一些,他们所追求的就是直接的经济利益,拉得多、运得快就能获得更多的利益,这就刺激了他们技术创新的积极性。但从行业现状来看,部分运输业务存在收入稳定固定化、现金流充足、运营成本低等特点(如公路),使得经营企业成长性略显不足,并缺乏微观主体技术创新的动力,对企业研发能力投入不足。因此如何运用市场杠杆调动其开展自主创新的积极性,把市场的压力真正变成具体企业进行技术创新的动力,是在技术创新体系建构中必须注意的。

由于地域的差别,导致相同的科技创新要素投入可能在不同的地区、城市或乡村产生不同的创新收益。落后地区交通投资的直接经济效益通常是很低的,但是这类投资往往具有很高的社会效益和外部效益，如促进当地农业生产发展和区域经济增长的收益，同时对于提高整个交通运输体系的运行效率也具有积极作用。

(三)创新产品具有并存性

交通运输产业既包括基础设施产业又属于服务业，因而创新特征与一般的工业性企业不同。对于交通运输部分，不论是在哪一个环节，提供给用户的主要是服务，服务就是这一领域中的最终产品。一方面是提供的基础设施建设，这是一种用于实现位置移动服务的有形商品，该领域的创新是硬件系统领域的创新。另一方面，提供的运输服务是为了满足物(或人)的流通需要，具有无形性、生产和消费的同时性、易逝性、不可储存性、不可感知性、不可分离性、品质差异性、所有权的不可转让性等服务的基本特征，这是软件系统内容的创新。因此交通运输行业的最终产品是两方面：基础设施和运输服务，可以说，软件和硬件并存和协同发展是交通运输业技术创新的典型特征。

(四)创新形式具有多样性

自主创新的形式可以包括原始创新、集成创新和引进、消化吸收再创新。交通运输行业的科技创新主要涉及几个方面：在基础设施建设方面，需依托新材料和新工艺、信息技术、环保技术的开发来提升和完善建设技术；在交通智能化管理方面，要融合现代信息技术和管理理论、运筹管理、ITS 等，提高交通网络运营管理技术；在运输方面，要借助现代信息技术、智能技术和物流技术等，全面提高客货运组织管理水平。

因此可以说交通运输业是一个以技术应用为主的行业，需要将行业外的先进科学技术与行业本身的运输服务管理结合起来。交通运输科技创新的这种其他行业创新与自己行业发展相结合的特点，决定了其创新形式不局限于原始性创新，还要更多依靠集成创新和引进、消化吸收再创新，对其创新的集成能力和二次创新能力要求较高。

第二节　交通运输科技创新存在的突出问题

一、科技创新活力不足

目前的科技创新模式体现为“差别化、封闭性、带有浓厚的计划色彩”，其结果是创新活力不足。

差别化主要指的是创新主体的差别对待，大单位、大企业自始至终是行业科技创新的宠儿，无论是科研项目、科技资金还是科技推广等创新环节，政府都会不遗余力地进行扶持，而对待众多的中小企业的态度基本上是自生自灭。但是，中小企业在建设施工、运输服务等最贴近生产实际和服务的领域中的创新力量是绝不容忽视的，即所谓的“高手在民间”“大众创业，万众创新”也是出于刺激中小企业创新活力的出发点考虑的。“发达国家非常注重中小企业创新，例如从 20 世纪初至 70 年代，美国科技发明项目中有一半以上是由小企业完成的；进入 80 年代以后，这一比例提高到 70%左右，小企业的人均创新发明是大企业的两倍”。

封闭性主要指的是在传统的行业创新模式里，以政府主导的科技立项把众多有创新意愿的中小企业排除在外，将社会中对交通运输科技创新有浓厚兴趣和实力的创新力量排除在外，科技项目、资金只在为数不多的大型企业、科研院所间流转。由于信息不对称的原因，外界对行业内的信息获取渠道非常有限，行业内的科技需求在哪里，如何研发，科技成果如何应用，应用效果如何等，这些问题对外界来说基本上是无从知晓的，这也造成了很多外界对行业内的科技成果应用中出现问题的不理解，当行业内对这些问题反应迟缓，或者不做出回应时，会加剧矛盾激化。

带有浓厚的计划色彩指的是创新各个环节以政府为主导，而非依靠市场推动，这主要归咎于还未建立健全有序的市场环境，政府一手主抓也是体现政府有所作为、积极推动科技创新的良好初衷。由此出现的问题集中在立项题目往往“高大上”，缺乏基于交通运输发展实践的针对性。由于没有解决实际的技术问题，科技成果推广往往不接地气，政府在科技立项、推广中疲于应对，力不从心。

二、创新成果难以推广

从国家科技创新层面来说，“创新成果难以推广的最根本原因在于社会和市场规模的迅速扩张，并没有成为牵引中国企业技术创新能力成长的动力，大企业的业绩往往主要依靠国家政策、行业红利和资源低价等获取超额利润，而非依赖技术创新和管理创新”。

从科技产业链条的角度来说，“创新成果转化与科技研发不同，科技研发基本是在企业内部完成的，最多在研发平台的基础上实现创新，而创新成果转化就复杂得多，并非是企业和个人的事情，而是依靠社会公共服务进行推动的”。在推广过程中，主要涉及标准检测认证、资本运作、产品宣传、成果转移转让、专利保护、风险控制、法律裁决等诸多问题，仅仅依靠企业应对这些问题是不现实的，必须得到国家和社会的帮助，也就是科技服务的支撑体系。但是“目前国家的科技服务业发展还处于摸索阶段，还没有形成适应市场经济发展需要的科技成果转化体制与机制，促进科技成果转化的科技金融还处于发展初期阶段，创业投资机构和银行支持科技成果转化的运作模式尚不成熟”。

而目前交通运输行业的科技成果推广与科技服务体系还基本不搭界，除了有标准检测认证、专利保护和产品宣传等个别领域有交通企业涉足外，其他领域很难见到交通企业的影子。交通领域的科技成果转化难的问题基本还处在科技服务领域的最初级阶段，包括成果汇总、筛选和分析阶段，换句话说，尽管行业内的企业相似度很高，大家都做差不多同样的事情，但是由于缺乏相互沟通和交流，科技成果信息共享平台不完善，信息交流不流畅，成果供需双方缺乏有效对接，彼此其实并不了解别人都在干什么、怎么干的。企业内部也是如此，普遍缺乏对以往科研成果的梳理、分析，对企业自身优势和成果均不很清晰的情况下，再加上市场需求定位不明等原因，形成科技成果难以推广的现状。

三、重复立项难有突破

重复立项问题是目前创新模式下比较突出的一个问题，由于创新链条闭环只涉及政府和为数不多的大企业，研究领域和问题都比较固定且有一定的延续性，再加上能够参与申报项目的人员的知识和专业所限，每年申报项目均有一定雷同，不同科研人员申请的项目尽管研究途径和手段会有所不同，但是最终结论和能够推广的核心技术可能会差不多，甚至会出现好的研究成果没有及时转化，被束之高阁，新立项的研究成果有的还没有达到以前的水平。

同时，真正具有创新意愿的基层科研人员，他们中很大一部分是被排除在参与科技项目之外的，他们每天面对的是实际问题，而这些实际问题由于层次较低而往往不被重视，更是难以立项，再加上缺乏自下而上的沟通渠道和规范的科技材料书写能力，科技创新活动往往被抑制。

四、缺乏有效激励机制

缺乏激励机制直接会影响人才积极性。当前，交通运输行业人才匮乏现状与其在经济社会发展中的重要地位以及交通运输发展所取得的巨大成就极不相称，在国内外具有较大影响力的科技领军人才缺乏，在专业技术领域深入开展研究的知名创新团队较少，“研而优则仕”现象普遍，科技人才“隐性流失”问题突出等。归纳起来，主要有以下两方面原因：

一是缺乏激励机制。缺乏激励机制的根本原因还是科技创新没有成为整个行业实现可持续发展的最重要因素，当科技创新变得可有可无的时候，也就不会有人把科技激励当作自身发展的根本。激励科研人员有科技创新热情，必须在全行业树立只有创新才能发展的公平竞争氛围，才能促进人才脱颖而出。

二是实施的人才培养机制并非人才竞争机制。通过人才竞争促进人才培养，只有行业充满创新竞争活力才能培养优秀人才，人才并非刻意培养出的，而是经过实际磨炼逐渐显现出来的。

第三节　交通运输行业科技创新的需求分析

科技是交通运输发展的羽翼和助推器，是引领行业发展的强大动力。科技创新是加快发展现代交通运输业的中心环节和内在动力。大力推进科技进步与创新，加快科技成果向现实生产力转化，推动交通运输走上创新驱动发展轨道，是转变发展方式、加快发展现代交通运输业的迫切需要。目前，行业各个领域的发展都迫切需要科技创新的支撑和引领。

一、推进综合运输体系建设

推进综合运输体系建设，充分发挥各种运输方式的组合效率和整体优势，是事关交通运输发展全局的重要命题。发达国家十分注重多式联运和综合运输体系的建设，欧盟的实践表明，综合运输系统可使行程时间缩短20%，使运输网络的运输能力提高5%～10%。当前，我国综合运输体系建设正处于起步阶段，对于观念转变的引导不足，技术研究趋向表层化，缺乏从网络层面、系统层面的深度研究，相应的理论研究、技术和工具研发还处于初始原型阶段，不足以支撑或形成能够实际应用的技术体系。必须要充分利用现代科学技术，完善综合运输体系规划，加强交通建设和运输服务的标准建设，强化信息资源、运输资源的整合共享。

必须系统开展规划理论研究，提出具有中国特色的综合运输理论体系和方法，逐步形成综合运输发展的理论体系。推动综合交通运输各领域协同开展工程建设与养护、运输装备与运输组织、安全应急及运输信息化技术的研发和应用。加强公路、铁路重大过江、跨海通道资源共建共享问题研究，推进通道资源优化利用。加强综合运输枢纽关键技术研究，推进综合运输枢纽及其集疏运网络建设，合理配置运输资源，推进各种运输方式的有效衔接，逐步实现客运的“零换乘”和货运的“无缝衔接”。加强综合运输发展政策、标准规范的研究，重点加强综合枢纽、运输装备、多式联运、信息交换等方面的标准制修订，促进各种运输方式政策标准的衔接，完善运输服务标准，加快推进多式联运，促进交通运输一体化发展。加强综合运输信息化建设，促进多种运输方式的有效衔接，提升交通运输一体化服务水平，增强科技创新对综合交通运输体系建设的支撑保障能力。

二、加强交通运输基础设施建养

我国交通运输仍处在大建设、大发展时期，交通运输基础设施布局将进一步完善，基础设施加速成网，高速公路进入联网建设关键阶段，国道省道改造升级，农村公路继续向自然村延伸；沿海港口通过能力仍将增长，增长方式向新建和挖潜改造并重转变；高标准贯通的内河航道运输网络亟待形成，长江、西江和京杭运河等主要通道的瓶颈河段需要打通；交通运输基础设施建设更多地向山岭重丘和离岸深水地区延伸，一些重大工程建设难度世所罕见，存在诸多重大技术瓶颈。目前基础设施建养技术方面，前沿性研究和探索性研究开展较少，技术储备不足，许多关键技术、共性技术研发与现实需求存在差距，一些重大交通基础设施工程处于边研发边建设的不利局面。技术标准更新滞后，最新的科研成果不能及时纳入工程标准和技术规范。养护技术比较落后，核心技术短缺，支撑体系尚未形成。

积极开展前瞻性和共性关键技术研发，攻克重大基础设施建设养护中急需突破的关键技术，强化基础设施耐久性和安全性技术、全寿命周期成本设计关键技术、跨海通道建设技术、长江黄金水道建设技术、公路维护技术与装备的研发，促进形成连通全国、普惠城乡的交通运输基础设施体系，提高基础设施的现代化水平。组织实施重大科技专项，重点突破综合枢纽、大型跨江(海)通道和特殊自然环境下的工程建设关键技术。进一步加大力度，开展基础设施工程质量检测与评估、运行状态监控与评价、维修和养护等技术的研发与应用，实现养护作业现代化。

三、提升公众出行服务能力

满足公众出行需求，更好地为公众出行服务是交通运输体系发展的基本任务。近年来，国民经济的持续增长带来居民出行需求的快速增长，安全可靠、经济高效、便捷舒适乃至个性化的出行需求不断增强。为应对经济社会发展的需要，必须不断提高交通运输系统的公众出行服务能力、服务质量和服务效率，满足经济社会快速发展和人民群众日益增长的交通需求。当前，基础设施的大力发展使得公众出行的可达性基本得到了保障，但从舒适、高效、安全、便利等方面来看，还存在着很多不足。例如，不同运输方式之间衔接不畅，公共交通换乘不够便利，运输装备有待升级，信息化手段的使用有待深化等，这些都需要通过不断的科技创新来提升运输服务体系各方面的发展能力和水平。

下一步要以信息化和标准化带动传统客运产业形态升级和服务水平提升，推进客运组织方式创新，推动运输装备技术升级，提升运输的组织化和专业化水平。建立和完善公众出行信息服务平台，实施城市客运智能化示范工程，加快公共交通“一卡通”互联互通进程，促进 ETC 技术的推广应用，推动票务联程联网系统建设，推动各种运输方式信息系统的互联互通，提高公众出行服务能力和水平。

四、促进现代物流行业发展

促进现代物流发展是拓展交通运输服务领域和功能的重要方向。现代物流泛指原材料、产成品从起点至终点及相关信息有效流动的全过程。随着全球经济一体化发展趋势的加快，现代物流将成为我国经济新世纪发展的重要产业和新的经济增长点。在物流链的多个环节中，交通运输是将各环节有机串联起来的关键，是现代物流发展的重要基础。加快我国现代物流发展，对于优化资源配置，调整经济结构，改善投资环境，增强综合国力和企业竞争能力，提高经济运行质量与效益，实现可持续发展战略，具有非常重要而深远的意义。从目前来看，我国现代物流发展正处于起步阶段，与先进国家相比尚有很大差距。2016 年社会物流总费用为 11.1 万亿元，同比增长 2.9%，与 GDP 的比率为 14.9%，近一倍于发达国家平均水平，反映出我国经济社会运行的物流成本仍然较高。从运输环节来看，运输组织方式效率较低，自动化信息程度较低，缺乏统一标准等问题都比较突出。

必须加强现代运输组织、物联网技术等关键技术研究，强化现代信息技术的集成应用，提高运输效率，降低运输成本，提升交通运输物流服务的现代化水平。深入研究交通运输业与制造业等其他产业的相互融合、拓展功能、做好服务等问题，制定有关促进现代物流发展的政策和标准规范；加强运输政策研究，提出操作性、指导性强的产业政策，推进交通运输企业物流服务标准体系和诚信体系建设；加强现代运输技术研究，大力提高运输组织化程度和效率，积极推进厢式运输、甩挂运输，加快发展多式联运。积极开发和应用电子商务技术、智能标签、无线射频识别技术（RFID）、电子数据交换技术（EDI）、卫星定位系统（GPS）、道路交通信息通信系统（VICS）等高新技术，鼓励交通运输企业利用现代信息技术提升企业核心竞争力；大力推进行业物流公共信息平台的建设与应用，充分利用现代管理、信息技术和金融工具整合物流资源，支持建设物流公共信息系统。积极推进交通运输行业物流标准体系建设，切实提升标准的技术水平和编制质量，建立健全完善的行业物流标准化体系，提高行业物流标准化程度。

五、提高安全应急保障能力

安全是交通运输发展的永恒主题。加强交通运输安全监管，提升应急保障能力是坚持以人为本、做好“三个服务”重要体现，是现代交通运输业发展的优先主题。伴随着我国交通基础设施里程、运输装备数量、交通运量持续大幅度增长，交通运输领域的重大安全事故频发，事故数量有所增长，同时，各种恶劣天气、紧急状况也对交通运输应急保障提出了更高要求。进一步加强交通安全应急工作，保障人民群众生命财产安全，是当前我们不得不面对和解决的问题。目前，交通安全保障技术不能很好地满足人们安全出行的基本需求，例如交通安全防护设施类型比较单一，应急体系建设不完善，没有实现安全监管和应急救助的专业化、一体化、系统化等。

要适应交通运输安全新形势，加快推进安全应急保障体系和能力建设，全面提高交通运输系统的安全性，为经济社会发展、人民群众出行提供运输安全保障，显著增强应对突发事件、保障国家安全的能力。必须加强基础设施安全监控、危险品运输安全、交通运输防灾减灾与应急保障等技术的系统研究，促进交通运输安全发展。完善政策法规体系，在规划设计、建造运营等方面全面考虑，提高交通运输安全系数，构建交通运输应急反应体系，提高交通运输安全保障水平和应急反应能力。在交通系统可靠性评价、交通事故的应急处理技术、突发事件下的交通保障技术、交通管制技术、卫星导航和跟踪技术、交通装备可靠性和安全监测与控制技术、基础设施安全监测技术、危险品运输安全保障系统技术等方面展开系统研究，积极研发应用防灾减灾、风险源辨识监控预警等交通安全新技术，为交通运输安全和应急保障提供技术保障。

六、发展绿色交通运输体系

发展以低碳为主要特征的绿色交通运输体系，是加快转变交通运输发展方式的重要内容。交通运输行业作为资源密集型行业，对土地、岸线、能源等资源依赖性强，会对环境产生影响。交通发展需要占用土地，用地矛盾比较突出；交通运输需要消耗能源，能源供给压力加大，资料表明，道路运输能源消耗总量年均增长 8%左右，单位能耗相比国外先进水平仍有较大差距，机动车油耗水平比欧洲高 25%，比日本高20%，比美国高10%，载货汽车油耗比国外先进水平高1倍，内河运输船舶油耗比国外先进水平高10%～20%，交通节能潜力很大；运输排放势必造成污染，环境问题日益凸显，交通运输业排放已占我国大气污染物的10%，机动车尾气污染已成为我国的主要大气环境问题之一，同时也是温室气体的主要排放源，对全球气候变化的影响正日益受到国内外广泛关注。按照传统的发展方式走下去，资源支撑不住，环境容纳不下，社会承受不起，发展将难以为继，这对交通运输在资源节约和环境保护等方面提出了新要求。因此，推动行业走绿色低碳循环发展之路，有效实现行业的节能减排目标，是缓解当前行业发展所面临的瓶颈制约的必然选择。绿色发展离不开科技创新，目前，行业资源节约和环境保护技术发展相对滞后。基础性研究和前瞻性研究不足，新能源开发利用技术发展较慢，缺乏完善的评价、补偿、激励、防治等多方面综合的技术支持体系。

要加快推进资源节约、环境友好行业建设，改良运输装备，提高能源效率，减少污染排放，发展循环经济，加强生态保护和污染治理，构建绿色交通运输体系。必须大力研发应用资源节约与循环利用技术，加强运输车辆、船舶节能减排技术的研发和应用，鼓励使用清洁能源，大力研发应用生态环境保护技术，积极研发应用溢油监视、鉴别、处理、生态评价技术和船舶防污染技术。开展新能源、新材料、新工艺研究，依靠科技创新，积极探索资源节约、环境友好发展之路，坚持把节约资源和保护环境的要求贯穿于规划、设计、施工、运营的全过程，节约利用土地资源，推进节能减排，发展清洁运输，建设生态文明。

七、交通运输治理体系现代化

党的十八届三中全会明确指出，“全面深化改革的总目标是完善和发展中国特色社会主义制度，推进国家治理体系和治理能力现代化”。“治理体系和治理能力现代化”作为总目标出现在党的全面深化改革顶层设计中，体现了党的执政理念的全面提升。

交通运输治理体系是一个涵盖经济、政治、文化、社会、生态文明和党的建设等各领域体制机制、法律法规、政策制度的综合性体系，解决的是“如何保障治理结构有效运转”的问题。实际上，交通运输治理体系既是促进交通运输公共产品和公共服务有效供给、推动交通运输自身发展的保障体系，又是融入国家层面经济治理、政治治理、文化治理、社会治理、环境治理等各方面和全过程的治理活动。交通运输治理能力是使治理体系发挥作用并服务于交通运输实践、促进交通运输事业发展的能力，包括交通运输基础设施建养能力、运输服务供给能力、运用制度保障安全生产能力、绿色发展和生态修复能力、个性化交通运输需求的满足能力等各方面。

相对于交通运输基础设施、运输装备、科技进步等硬实力而言，交通运输治理体系和治理能力属政府管理范畴，更多的是作为一种软实力而存在，体现的是政府部门管理交通运输公共事务的理念、方式及效果，是交通运输治理的制度体系和制度的执行能力，它以一种柔性的力量推动硬实力功能的拓展，从而使硬实力发挥更大的作用，在很大程度上直接决定着治理的效能、行业的进步以及外部的形象。

第五章　广东省交通运输科技创新的现状与需求

第一节　广东省科技发展的总体情况

一、广东省科技发展历程

20世纪80年代，广东省从引进资金、技术和项目起步，在中国的经济舞台上“一马当先”，率先实现了经济腾飞，特别是珠三角地区经济迅速崛起。进入新世纪以来，随着世界知识经济新一轮浪潮的来临和我国改革开放向纵深拓展，国家、地区综合实力的竞争已经转向科技和人才的竞争。基于对当前国内外形势发展趋势和广东省经济社会发展的战略思考，广东省于21世纪初期做出了关于加快建设科技强省的重大决策，不断完善科技创新体系，实施“借脑工程”，促进高新技术产业发展，加强知识产权推动，取得了显著成效。据不完全统计，2016年底，广东省产学研合作累计财政投入50亿元，带动地市财政投入200多亿元，社会及企业投入1 000多亿元。全省共建新型研发机构180家，数量已达到全省科研机构1/3，其中与全国高校共建的新型研发机构超过了一半，累计研发经费支出在60亿元以上，有效发明专利近7 000件，近三年的成果转化收入达1 538亿元人民币，服务企业超过3万家，成功孵化了1 000多家企业。

二、广东省科技创新的政策取向

近年来，在国家推进新一轮科技体制改革的形势下，广东省也加快了实施创新驱动发展战略、深化科技体制改革的步伐。2015年，广东省印发了《广东省人民政府关于加快科技创新的若干政策意见》（粤发〔2015〕1号）、《中共广东省委广东省人民政府关于加快建设创新驱动发展先行省的意见》（粤发〔2015〕10号），在科研经费来源、科技企业孵化、试行创新产品与服务远期约定政府购买制度、科技产权处置、收益分配、人才管理方面提出若干政策意见，进一步优化了广东省创新创业环境，将对推动全省的科技发展起到决定性作用。在此基础上，又相继出台了《广东省省级企业研究开发财政补助资金管理办法》（粤财工〔2015〕246号）、《关于支持新型研发机构发展的试行办法》（粤科产学研字〔2015〕69号）、《关于进一步改革科技人员职称评价的若干意见》（粤人社规〔2015〕4号）、《广东省属企业实施创新驱动战略加快转型升级的指导意见》（2015年11月12日）等一系列制度，为广东省不同创新主体尤其是企业开展科技创新明确了方向和激励措施。

三、广东省典型科技服务平台运行情况

广东省十分重视科技服务平台建设，在《广东省自主创新促进条例》（2016）、《中共广东省委广东省人民政府关于全面深化科技体制改革加快创新驱动发展的决定》（粤发〔2014〕12号）、《广东省人民政府关于加快科技创新的若干政策意见》（粤府〔2015〕1号）等一系列文件中，都对科技服务平台建设的内容

进行了明确，为规范平台运行管理、进一步提升平台建设水平提供了制度保障，其典型科技服务平台运行情况如下。

(一)广东省阳光政务平台

省科技厅在2013年开始实施“阳光再造”行动，在科技管理体制改革和内部制度建设方面先行先试。建设阳光政务平台，即“阳光再造”行动的一项重要举措，也是党的十八届三中全会精神中关于深化科技体制改革精神的体现。

广东省科技厅负责“阳光再造”工程的全面实施，确立了“顶层重构、流程再造、分权制衡、功能优化、权责统一、公开透明”的改革方针。首先，公开明确项目流程节点进度，实行第三方组织评审、省外专家介入评审、全程留痕追溯等制度，在申报评审、资助立项、经费拨付、后期绩效等方面监管更加阳光透明、公正公平、规范有序、责任明确。其次，针对长期以来科技管理模式是自上而下单向式的弊端，实施分权制衡改革，省科技厅将处室重新设置和职能调整，将项目评审权、立项权和资金分配权分开。处室之间既是一个相互制约的关系，也是一个相互配合的关系，这从体制上避免项目的暗箱操作。另外，在财政的科技专项资金中过去设有16个专项，分类过于零碎复杂，且部分功能重复交叉。在改革中大胆突破现有的科技业务计划体系，按照创新链从上中下游重新设置五大类科技专项，实现“三链融合”，即围绕产业链部署创新链、围绕创新链完善资金链。

省科技厅原先也有政务平台，但旧的项目评审系统比较简单，信息公开度不够，对可能发生学术不端行为的环节防范不严。在这次改革中着力打造出一个透明度极高的阳光政务平台，于2016年5月正式开通，并实现省、市、县三级科技业务的统一平台管理能够实时在线，指南的申报，评审的过程、结果全部随时可查。平台对省纪委、省财厅、省审计厅都留有接口，以便接受监督。平台还设置了咨询和投诉举报通道，并确保相关问题尽快得到处理。

(二)广东省企业创新服务平台

广东省企业创新服务平台，是积极响应国务院“加大公共技术创新服务平台建设力度，探索科技资源开放共享制度，着力推进产学研的有机结合”的号召，在国家工信部、科技部、科协等相关部门指导支持下建设而成的。主要功能是免费为企业提供一站式及时性的“信息资源窗口”，信息来源于国家科技部、工信部、发改委、科协、财政部、教育部等10多个部委，以及广东省科技厅、财政厅、经信委、教育厅、发改委等多个政府部门及广东省各个地级市、各个行业，信息类别包括科技新闻、科技动态、科技通知、科技政策、税收优惠等政策信息，并通过对国家、省、市层面，电子、机械、环保、软件等多个行业的信息资源融合，打造成为广东省最大的“一站式科技创新服务体系”。在实际运行中，主要通过创新技术交易平台、项目合作平台、人才服务交易平台、专利成果交易平台等13个创新服务交易平台的融合，为会员提供全面的交流及互动平台。

(三)广东省科技创新国际资源服务平台

广东省科技创新国际资源服务中心依托省科技厅建立，与重点国家、重点机构在重点领域保持长效合作，对现有合作渠道和科技资源进行整合，结合现代信息技术的运用，以应用为目的，搭建具有公益性、基础性、战略性的科技创新信息服务平台。该平台的主要功能是提升广东省国际科技合作渠道拓展能力、国际科技合作渠道推广水平、国际科技合作服务水平和国际科技合作发展战略调研能力，促进技术、人才、知识等科技创新国际资源要素的开发、引进和利用，有效改善广东省科技创新环境，为提高广东自主创新能力和国际竞争力提供有力支撑。主要服务内容包括合作项目推荐，发布国内外技术转移信息，促进国际科技合作项目的对接；合作渠道管理，管理与发展政府间科技合作渠道，组织科技合作；交流引智，组织与承办各种类型的国际学术会议、技术研讨会；会展服务，组织企业参加各种形式的国际经济技术展览会；国外调研，组织国际科技合作发展战略调研；编写《广东省对外科技合作与交流动态》；会员服务，建立会员制度，提供翻译、资料下载、合作单位联络、项目追踪等服务。

(四)广东省知识产权公共信息综合服务平台

广东省知识产权研究与发展中心是广东省知识产权局直属事业单位，原名广东省专利信息中心，成立于1996年，2009年广东省事业单位分类改革时更名为广东省知识产权研究与发展中心(广东省知识产权维权援助中心)，公益一类事业单位。主要任务是参与制定全省知识产权发展战略、规划；开展国内外知识产权发展动态研究，为政府决策提供依据；建立和完善全省知识产权公共信息综合服务平台；承担有关知识产权宣传、对外交流合作和涉及专利案件的咨询、技术判定的具体实施；开展知识产权维权援助服务，为重大经贸、投资和技术转移、展会等活动提供知识产权分析；承担知识产权举报投诉案件受理、转送及相关统计工作。通过广东省知识产权交易平台，使用者可自主发布项目和需求信息，发掘知识产权价值、为本地企业实现知识产权商业化，将无形资产转化为有形财富。

第二节　广东省交通运输科技创新体系建设现状

一、广东省交通运输科技创新体系的基本结构

广东省交通运输行业属于公共设施领域的生产实践行业，广东省交通运输科技创新体系属于区域创新体系的组成部分，处于国家科技创新体系的中下游。在国家创新体系下，构建广东省交通运输行业的创新体系，分析省交通运输行业的主体类型和创新要素的特点，确定省交通运输行业完善创新体系把握的重点内容，是推动行业的科技创新进程的关键。根据我国国家创新体系的基本构成，结合广东省交通运输行业科技创新的实际和特点，可以勾勒出广东省交通运输科技创新体系的立体空间网络结构(图5-1)。

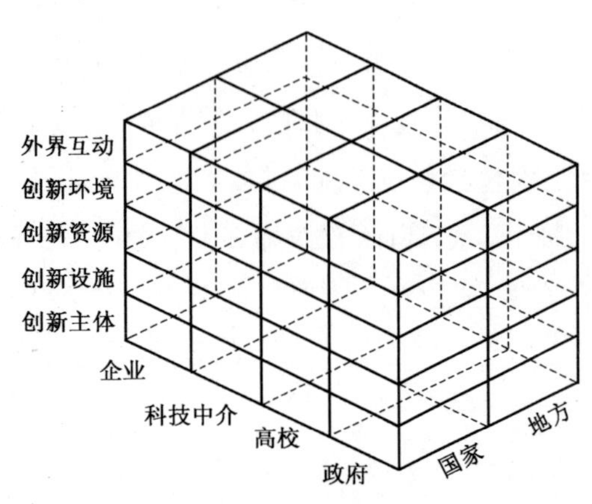

图5-1　广东省交通运输科技创新体系基本框架

从图中可以看出，广东省交通运输科技创新体系由三维空间构成，从创新的要素来看，包括创新主体、创新设施、创新资源、创新环境以及外界互动；从创新主体的构成来看，包括政府、高校、科技中介和企业；从创新的层次来看，一方面是广东省内的交通运输科技创新，另一方面是国家、交通运输行业整体层面的科技创新。

二、广东省交通运输科技创新主体的主要类型

广东省交通科技创新体系的主体包括：地方交通运输管理部门、科技服务机构、交通运输企业三种

类型，在交通运输科技创新中的作用与定位如下：

(1)地方交通运输管理部门是制度创新主体。广东省各级交通运输管理部门作为广东省交通运输领域政府职能的执行者，以行政手段管理并服务于科技创新工作，主要职责是开展制度创新，加强对省交通运输科技创新其他主体的引导和调控。省各级交通运输主管部门通过制定与国家、省发展相适应的省交通运输科技发展规划，并负责组织实施、监督、评价、宏观调控等。政府部门的制度创新包括：建设制度体系，组织实施重大科技项目、共性科技项目、科技示范工程、成果推广应用、科技信用管理等工作，以阶段性实施重点工作来履行科技职能。

(2)科技服务机构是服务创新的主体。广东省交通运输科技服务机构是市场机制的重要载体，在促进科技成果转移、实现产业化等方面发挥重要的纽带作用。作为各类市场科技资源，其功能是提供技术开发、成果转化与推广应用服务，促进科技与生产要素的有序、合理流动，实现科技要素资源的利用与提升。如通过技术市场、人才市场、风险资本市场等为交通企业提供诸如人才、技术、资金等生产要素的整合，发挥综合科技服务的纽带、桥梁作用。作为政府、市场和社会的科技服务中介，科技中介机构的功能主要是在各类市场主体中推动技术扩散，促进科技成果转化，开展科技评估、创新资源配置、创新决策、管理咨询、法律咨询、知识产权等专业化服务，目标是实现“科技创新要素的优化组合”。但由于省交通运输行业的科技创新资源分散，现有的科技服务机构的科技服务能力还不强，不足以承担中介服务职能，需要通过科技服务机构调整，提升科技中介的服务能力。

(3)交通运输企业是技术创新的主体。广东省交通运输企业目前在技术创新的地位和作用主要体现在：首先，企业是技术创新的需求主体；其次，企业是购买技术服务(投入)的主体；最后，企业还是创新成果转化应用的主体。可见，企业的主导作用贯穿于广东省技术创新全过程，是科技创新活动成败的关键。

三、促进交通运输科技创新的基本要素分析

除创新主体外，广东省交通运输科技创新的要素由创新设施、创新资源、创新环境、外界互动4个方面构成。

(1)创新设施。创新设施的基本内容包括国家、行业、部门所拥有的科技研发机构、科研平台等科技资源。相比而言，广东省交通运输行业的科技创新的基础设施是相对缺乏的，具有较大影响力的国家级、省部级重点实验室、研发中心、技术创新中心数量少、能力小，下一步需要通过加强协同创新，在市场机制下与国家、地方科研机构加强合作，弥补行业的短板。

(2)创新资源。创新资源是从事创新活动的人力、财力、物力、信息、组织、成果及创新服务的资源等多种要素的总和，是由科技创新资源各要素及其次一级要素相互作用而构成的完整系统。广东省交通运输行业科技人才资源较为丰富，政府财力、企业实力均较为充足，也在长期的科技创新实践中积累了大量适用的科技成果，下一步需要出台促进科技创新资源共享、应用的制度文件，建设科技创新服务平台和中介机构，加强科技组织、提升服务能力，更好地推动产业发展。

(3)创新环境。创新环境包含国家宏观层面的法制环境和推动科技创新的制度环境，广东省层面通过落实国家相关法律政策，为广东省交通运输行业科技创新提供与之相适应的政策环境。同时，国家、行业及地方科技创新的政策和法律体系，也为广东省交通运输行业科技创新提供法律和制度保障。

(4)外界互动。在国家新一轮科技体制改革的形势下，开放、共享、合作将成为未来科技创新的关键词。当前，广东省交通运输行业在科技交流合作方面还缺乏与外界良性互动的条件与渠道，需要进一步

加强科技服务中介和服务网络的建设，以更好的实现省内外、行业内外的良好互动。

第三节　广东省交通运输科技创新面临的形势与需求

一、广东省交通运输科技创新面临的新形势

未来一个时期，是广东省交通运输改革发展的重要阶段和攻坚时期，各种运输方式由初步融合向深度融合转变的阶段性特征将更加明显，交通运输转型升级、提质增效的步伐将进一步加快，对交通运输科技发展提出了新的更高要求。面对贯彻落实"一带一路"、珠江黄金水道建设、粤东西北振兴发展等重大战略部署，深化供给侧结构性改革，适应交通运输转型升级、提质增效的新形势新需求，广东省交通运输科技发展机遇与挑战并存，必须贯彻落实创新、协调、绿色、开放、共享的发展理念，深入实施创新驱动发展战略，以科技创新引领交通运输的全面创新。

(1)推进科技体制改革的新需求。国家关于全面深化改革、实施创新驱动发展战略的总体部署，对广东省交通运输科技发展环境和管理要求产生了深远影响，为主动适应新常态下的发展形势，要求科技管理部门转变观念，创新模式，准确把握科技体制改革的着力点，遵循科技创新规律，发挥政府对科技工作的宏观统筹和引导作用，加强科技管理部门对科技研发的组织和引导，发挥市场在科技资源配置中的基础性作用，激励和引导企业真正成为研究开发投入的主体、技术创新活动的主体和创新成果应用的主体，使科技创新真正成为推动交通运输转方式、调结构、惠民生、可持续发展的驱动力量。

(2)加强基础设施建养的新需求。随着"一带一路"等国家重大战略的实施，广东交通运输加强互联互通建设、提高服务保障能力的任务更加突出。必须服务于国家、广东省重大战略实施，支撑全省交通运输发展，针对高速公路三年攻坚战等重点任务进行技术储备，针对交通基础设施建设与养护开展技术及装备研发，不断提高基础设施建设养护质量和运营服务水平。

(3)提升运输服务水平的新需求。当前及未来一个时期，广东省民生交通发展的需求将更加迫切，需要不断改善城市公共交通的供给质量，切实提高交通公共服务水平；不断满足城乡广大人民群众出行需求，提高客货运输效率。必须把国家"一带一路"战略与珠江黄金水道建设、粤东西北振兴发展等深入结合，立足加快构建联通内外的高快速交通运输网络，着力推动粤东西北与珠三角地区经济社会一体化和交通运输一体化发展，开展综合运输战略规划、建设、运输组织等方面研究，促进不同运输方式之间的有效衔接和深度融合。

(4)保障平安交通发展的新需求。广东省平安交通建设任务繁重，要加强道路运输、水路运输等重点领域的安全监管，加大危桥改造、桥隧施工安全监管力度。亟需攻克主动预防、安全监管、应急处置等关键技术，强化突发事件应急模拟演练和辅助决策、重大危险源识别监测与管控、施工安全风险监控与预警、危化品运输管理等研究，提高交通运输安全风险防控水平和应对突发事件能力，促进交通运输安全发展。

(5)支撑绿色交通发展的新需求。未来一个时期，广东省交通运输发展将由量的扩张向质的提升转变，由粗放式管理向集约化发展转变，更加注重转变发展方式和依靠创新驱动；随着国家、省政府促进经济社会发展的重大政策落实，综合运输大通道建设加快推进与日益严峻的土地岸线资源和生态环境约束之间的矛盾等问题亟待突破。必须充分发挥科技创新作用，积极开展材料循环利用、生态环境保护、清洁能源运输工具研制以及运输组织与管理创新等方面的研究与应用，推动交通运输可持续发展。

(6)推动智慧交通发展的新需求。互联网技术与传统产业呈现加速融合态势,推动现代信息技术与交通运输管理与服务的全面融合和深度应用,提高运输效率和管理服务水平是广东省交通运输信息化发展方向。必须把智慧交通建设作为主战场,促进不同运输方式之间的信息对接和业务协同,积极探索政府与企业合作的新模式,加快云计算、大数据、物联网、移动互联网等现代通信信息技术在交通运输领域的集成和应用,以信息化、智能化引领交通运输现代化发展。

二、广东省交通运输科技创新当前存在的主要问题

随着国家、广东省创新驱动战略的深入实施,广东交通运输科技的发展存在着重大科技攻关项目聚焦不够,行业整体科技创新能力不足,交通运输科技成果推广转化渠道不畅,交通标准化建设相对滞后等薄弱环节。

(1)创新体制机制亟待调整改革。伴随国家科技创新体制机制的调整改革,行业科技管理也面临着转变理念,转变管理模式的挑战。行业科研及成果产业化投资融资主要来源于项目建设配套资金和财政拨款的科研经费,渠道单一;用于研发及成果转化的资金相对分散零碎,多元化、多层面、稳定的科研及成果产业化投入机制亟待建立。

(2)企业技术创新主体不够突出。过去一个时期,交通运输工程建设单位及交通运输企事业单位由于生产任务较重,科研人员需同时兼顾生产和科研任务的现实问题,企业科技创新人才不足,技术创新能力不强,科研成果和技术储备不多,学科领军人才缺乏,高级技术研发人员出现断层等问题。

(3)科技成果推广转化力度不够。受国家、交通运输行业标准规范的限制,交通运输生产企业一般难以接受新技术、新材料、新工艺在工程项目上的大范围应用,产学研用结合不够紧密,科研与产业之间的桥梁未能很好搭接,使得新技术成果不能及时转移扩散和推广。

三、广东省交通运输科技创新的需求

当前及未来一个时期是广东省全面建成小康社会的关键时期和深化改革开放、加快转变经济发展方式的攻坚时期,也是加快“四个交通”发展、推进交通运输现代化的重要时期。交通运输行业全面深化科技体制改革,深入实施创新驱动发展战略,服务国家创新能力重大战略实施,广东自由贸易试验区建设等对广东省交通运输科技发展提出了新的更高要求。

(1)亟待推进行业科技管理体系和管理能力现代化。当前,随着我国新一轮科技体制机制改革的全面推进,以及中央、部、省财政科技计划管理改革、科研项目和资金管理改革、促进科技服务业发展、加快科技成果转化等各方面的改革举措深入实施,要求交通运输科技各级管理部门要主动更新观念、转变职能,把握深化科技体制改革的新要求,工作重心由“管计划、管项目”向“管战略规划、管监督评估”转变,加强广东省交通运输行业科技发展战略、规划、政策、标准的制订实施,构建适应创新驱动发展要求的制度环境和政策体系,创新科技管理模式和组织方式,进一步提高交通运输行业科技管理能力和服务水平。

(2)亟待以信息化智能化引领交通运输现代化发展。放眼未来,新一轮的科技革命和产业变革将形成历史性交汇,互联网技术与传统产业呈现加速融合态势,智慧城市、智慧交通等新技术、新理念不断涌现,将对社会生产和人民生活产生深远影响。要求交通运输顺应“互联网+”的发展趋势,抓住新一轮科技革命的新契机,把智慧交通建设作为主战场,加快云计算、大数据、物联网、移动互联网等现代通信信

息技术在交通运输领域的集成和应用，促进运输方式之间、设施设备之间的信息对接和业务协同，优化交通运输组织模式，提高运输效率和服务水平，以信息化智能化引领交通运输现代化发展。

（3）亟待提升广东省交通运输科技支撑保障能力。交通运输作为实施"一带一路"、广东自由贸易试验区建设等国家重大战略的基础领域和先导工程，面临着完善综合交通运输网络，畅通综合交通运输大通道，加强与港澳台及周边国家基础设施的互联互通，推动区域交通一体化发展等重大任务。主要包括以广东自由贸易试验区作为道路连通的突破口，在国际战略支点建立陆路、海陆"友好通道"，参与基础设施建设，建立铁路、公路、航空、海运、集疏港体系、内陆无水港、通信网络组成的综合性立体、互联互通的"友好通道"，实现战略支点间互联互通。围绕国家创新能力战略部署，发挥科技创新的支撑引领作用，是为"引进来"和"走出去"奠定技术基础的先决条件。

（4）亟待引领行业提质增效、转型升级。未来一个时期，交通运输需求总量不断增长，需求层次快速提升，资源环境约束不断加剧，基础设施建设和养护技术难度加大，行业管理效能和公共服务水平亟待提高，建设、养护、管理和运输服务协调发展任务仍然艰巨，传统依靠土地、能源、资金等要素投入的发展方式难以为继，要求交通运输行业通过科技创新加快转变发展方式，聚焦"四个交通"发展的新任务，在提高基础设施可靠性和耐久性，提升公共客运服务水平，促进现代物流发展，推进交通运输绿色循环低碳发展，大力发展内河运输，建设珠三角水域船舶排放控制区，增强交通运输安全和应急保障能力等方面突破一批共性关键技术，以促进行业提质增效、转型升级。

四、推进广东省交通运输科技创新的政策取向

（一）强化宏观指导，推进科技管理创新

一是转变管理理念，建立科技创新协同管理机制。交通运输科技管理部门要遵循科技创新内在规律，按照国家、广东省科技体制改革的部署和要求，转变理念，调整思路，强化政府的宏观统筹管理、引导指导和监督功能，建立健全沟通协调机制，与相关业务主管部门协同创新科技管理体制改革路径，完善产学研协同创新机制，促进跨行业、跨部门、跨区域协同创新。

二是优化政策环境，完善行业科技管理顶层设计。政府部门重点做好行业科技的发展规划、指导意见、管理制度、实施细则、标准规范的制订实施，及时发布广东省交通运输发展的科技创新研发指南、行业企业技术需求、科技成果推广目录等信息，积极引导推动行业企业开展技术研发活动；针对行业发展实际需求推动前瞻性、政策性软科学研究，建立健全更加有利于创新发展的行业科技政策，协调推进科技计划、项目和经费管理等政策的制修订，加快完善科研经费预算、项目监督评价和科技成果评价政策的研究、制定和实施。

三是发挥既有优势，充分调动市场、社会创新的积极性。结合广东省交通运输行业特点，持续完善"政府引导＋市场主导"的科技创新管理模式。充分发挥市场对技术研发方向、路线选择和创新资源配置的导向作用，打破市场分割，促进公平竞争，放开科技创新领域竞争性业务，营造有利于大众创业、万众创新的政策环境和制度环境。

此外，完善科技成果转化激励机制，落实国家政策，制订实施细则，指导交通运输行业企事业单位完善分配激励机制，切实提高行业科研人员的成果转化收益比例，重点向关键岗位、业务骨干和做出突出贡献的人员倾斜。

(二)强化企业技术创新主体地位,增加企业科技创新动力

近 20 年,广东省作为改革开放的前沿,已成为经济大省、交通大省。在交通运输基础设施的建设与发展过程中,行业内已拥有一批经验丰富的交通运输企业,有 7 018 公里的高速公路和 20 万公里的地方公路产业,在这些产业维护过程中存在大量需要解决的技术和管理问题。因此,广东省交通运输科技创新的需求是非常好强烈的,但更加注重先进成熟科技成果的应用转化,促进科技与经济的有机融合,解决产业发展的实际问题。

国家和地方政府新一轮的科技创新政策中,非常重视科技成果推广和企业技术创新主体地位建设。长期以来,由于交通运输行业的公益性特点,产业属于国家基础设施,担负着经济发展先导作用和公众安全保障的重要责任,整个行业的驱动力来源于社会责任,不以经济效益最大化为目标。因此,在一定程度上,企业经济效益没有得到科学的评价和回报,导致企业投入科技创新的积极性不高。

在下一阶段,需要进一步完善激励机制,搭建创新平台,充分发挥政府财政资金的引导作用,科学评价企业在科技创新中获得的经济效益,激发企业自主创新的动力和活力,让企业真正成为技术创新的主体、研发投入的主体、科研组织和成果转化的主体。同时,转变发展理念,打破行业界限,优化科技资源配置,吸引、鼓励行业外企业围绕交通运输发展需求开展技术创新和成果转化活动,推动企业真正成为技术创新的主体。此外,政府要加强同交通运输重点企业的合作,鼓励企业开展研发创新、成果推广和标准制修订活动,促进企业成为技术创新决策、研发投入、科研组织和成果转化的主体。

(三)强化创新主体间的沟通协作,提升成果质量和转化能力

由于持续的体制机制改革,华南理工大学的交通学院和广东交通职业技术学院已归属广东省教育厅管理。由于 90 年代的科技体制改革,省交通运输行业的科研机构(广东省交通科学研究所)转制成企业属性的科技服务机构(广东华路交通科技有限公司),省交通运输行业已没有高等院校、研究机构等知识创新的主体。

由于广东省交通运输科技市场的开放性,全国范围内参与广东省交通运输技术发展的高等院校和科研院所非常多,已构成了“百花齐放”“百家争鸣”的科技市场氛围。但是,由于缺少必要的引导和管理,在发展基础设施之外,科技积累、成果的质量和数量都是存在较大问题的。

省交通运输行业内的科研机构在市场机制下已发展壮大,具有较强的科技研发和成果转化、推广应用的技术能力和条件,推进省交通运输行业内的科技服务机构与行业外的高等院校和科研院所的协同,将会对行业的科学技术的获得和成果转化能力提升起到推动作用。通过政府指导,以企业为主体建立政行企校联动协同机制,建设广东交通运输行业科技服务公共平台,建立一批行业性科技服务机构,逐步构建纵横联动的广东省交通运输科技创新与成果推广服务链;进一步完善交通运输科技计划重大成果报告制度和重大成果发布制度,完善交通运输科技成果推广应用体系建设,发布行业科技成果推广目录,推动行业重点科研平台、科研院所、高校等面向市场开展科技成果推广服务,促进产学研深度融合,加快先进适用的科技成果在交通运输建设和生产运行中的应用和转化。

(四)大力培育科技中介机构,构建高效有序的科技创新网络

在新常态下的科技政策及《“十三五”国家科技创新规划》要求下,构建开放协同的创新网络成为科技创新发展的重点内容。“十三五”时期,我国将围绕打通科技与经济的通道,以技术市场、资本市场、人

才市场为纽带,以资源开放共享为手段,围绕产业链部署创新链,围绕创新链完善资金链,加强各类创新主体间合作,促进产学研用紧密结合,推进科教融合发展,深化军民融合创新,健全创新创业服务体系,构建多主体协同互动与大众创新创业有机结合的开放高效创新网络。

为了适应新常态,在国务院《关于加快科技服务业发展的若干意见》(国发〔2014〕49号)政策框架下,省交通运输行业科技创新的科技服务主体将会发生结构调整。一方面,需要在现有科技服务机构的基础上联合公共服务机构发展成为科技中介服务机构。科技服务业是一个新兴产业,通过建设省交通运输科技创新服务平台,可以逐步发展壮大科技中介服务机构。广东省交通运输行业在"十二五"时期成功认定了"公路交通安全和应急保障技术及装备交通运输行业研发中心",已拥有了科技中介服务的职能,通过培育可以发展成为第一批行业内的中介服务机构。

通过中介服务机构推动省交通运输科技创新服务平台建设,通过网络支撑平台的支撑,可以统筹行业内的科技资源、加强科技创新主体之间的互动,推进行业的科技创新工作高效有序地开展。

(五)加快创新型人才培育,夯实创新基础

一是培育科技领军人才和创新团队。通过实施科技创新人才推进计划,鼓励实行首席研究员制度和学术津贴制度,推进交通运输发展重点领域科技领军人才、卓越创新团队和科技人才培养示范基地建设。依托重大建设工程、重点科研项目、重点科研平台,支持科研骨干潜心开展基础研究和科技攻关,完善支持政策,培养一批国际知名、国内著名的科技领军人才和创新团队。

二是支持青年科技人才持续发展。加大优秀青年科技人才培养力度,鼓励科研机构设立青年科技人才培养基金,采用导师制,强化传帮带,支持青年科技人才牵头承担重大科技项目,开展独立性、原创性研究。注重青年科技人才的早期职业生涯开发,明确主攻方向,持续跟踪研究,稳定支持青年科技人才开展基础性、公益性、前瞻性研究,鼓励科研人员走专业化、职业化发展道路。

三是鼓励基层一线科研人员创新创业。营造创新创业环境,建立完善小发明、小创造激励机制,落实科研人员创业创新的激励措施,实现科技研发与实践应用的有效衔接,加快形成大众创业、万众创新的良好局面。

(六)加强制度创新,建设省交通运输科技创新制度体系

营造良好创新生态是政府制度创新的目标,在国家与省政府的政策框架下,广东省交通运输管理部门需要结合行业的特征,加强省交通运输科技创新制度体系建设,加强与知识产权创造和保护的法治环境衔接,持续优化创新政策供给,增强政策储备,加大重点政策落实力度,激发行业的创造活力,营造崇尚创新创业的文化环境,为行业的科技创新营造良好的环境条件。

第六章　广东省交通运输科技创新的支持体系

第一节　广东省交通运输科技创新支持体系建设的成效与问题

一、基本构成

科技创新支持体系概念的提出，得益于系统科学相关理论在科技创新领域的应用。1987 年英国著名技术创新理论家费里曼教授首先提出了国家创新系统的概念，经过不断的发展与完善，学界一般将国家创新系统界定为一个国家的公共和私有部门组成的组织和制度网络，其活动是为了创造、扩散和使用新的知识和技术。其中，政府机构、企业、科研机构和高校是这一系统中最重要的要素。政府机构是国家创新系统中重要的支持子系统。

科技创新支持体系主要是为科技创新活动提供创新载体和资源，具体涉及如何获取、配置和管理创新活动所需的人力、物力和财力等资源，以及创新活动通过何种形式呈现，如何管理等。基于这样一种认识，科技创新支持体系指的是科技创新活动的支持主体通过一定的科技创新活动载体为科技创新提供、配置和管理创新资源，保障和推动科技创新活动的有机整体。从资源和载体的角度来看，可以将科技创新支持体系分为科技项目管理与服务体系、科技研发平台体系、科技人才队伍体系、科技投入体系等 4 个子系统。具体框架体系如图 6-1 所示。

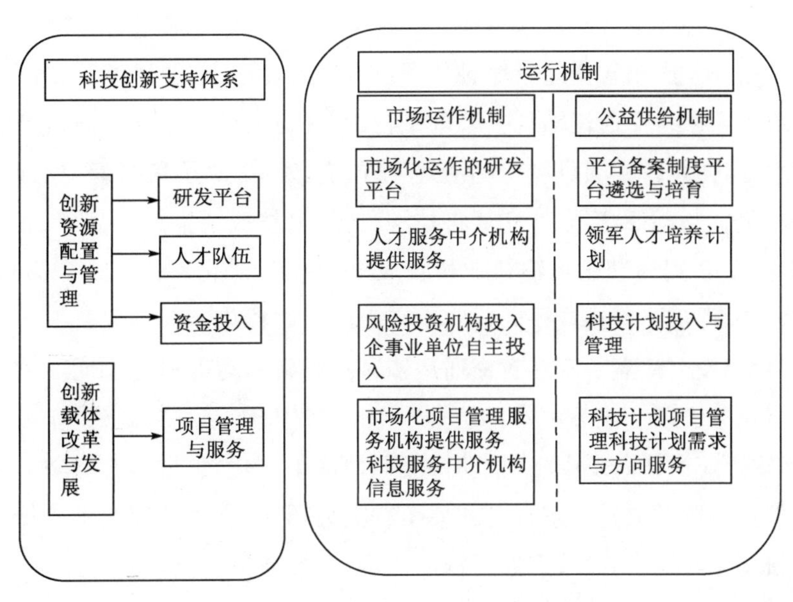

图 6-1　广东省交通运输科技创新支持体系框架图

(1)科技项目管理与服务体系。主要指以各类项目为载体开展的科技创新支持活动,包括政府科技计划项目、企业自主研发项目以及科技中介组织和社会团队形式出现的各类项目的运作与管理,并探索融合政府、市场和科技服务中介组织行为主体产生的科技创新支持合力机制的形成与发展。

(2)科技平台体系。主要指以各类科技研发平台为载体开展的科技创新支持活动。包括政府主导型的科技研发平台、以行业企业为主导的企业技术研发平台、科技中介组织通过多主体联合等方式组建的科技研发平台等各类平台的建设模式与运作模式研究。一方面研究平台投资、建设与管理主体如何有效推动科技创新平台建设与发展的措施与策略研究,另一方面也开展平台自身作为一个自组织如何不断完善与发展的运作机制。

(3)科技人才队伍体系。主要包括两个层面,一是从国家及区域创新体系的角度,政府机构及其他科技创新利益相关组织如何确定科技创新人才队伍的需求,引导队伍发展的措施与策略,发展的基本模式、科技创新团队建设与管理的体制机制等。二是从科技创新主体角度,包括个体和团队的层面如何有效提升科技创新能力,其自组织发展的内驱力与运作机制等。

(4)科技投入体系。主要探索科技投入的主体(政府、企事业单位、社会力量等)、类型(政府主导型、市场主导型、中介机构主导型)、方式(分批次投入、一次性投入、以奖代补等),如何提升科技投入的效能,如何推动多主体投入机制的建设等系列问题。

二、主要成效

近年来,广东省交通运输行业一方面深入贯彻国家和广东省科技创新改革的相关要求,另一方面结合交通运输行业自身的特点,按照交通运输部的统一部署,加强了广东省交通运输行业科技创新的支持体系建设,不断深化科技项目管理改革,加大科技创新投入力度,强化科技研发平台和人才队伍建设,取得了较为明显的成效。

(1)科技管理服务。过去,广东省交通运输主管部门围绕科技创新重点工作,不断加强政策研究和制度建设,夯实科技创新基础。根据国家、部有关文件要求,主动开展前瞻性政策制度研究,启动《广东省交通运输厅科技项目管理办法》修编工作,强化科技项目管理、科技成果管理、科技项目招投标管理等工作流程修订工作。建立了广东省交通运输科技项目专家库,进一步加强了科技管理的科学化、规范化和制度化。完善升级了广东省交通运输科技管理平台,开展历史科研项目清查和成果总结,加大行业科技管理人员的培训力度,强化科技项目经费的绩效管理,有效地提高了科技管理水平。建立健全科技成果推广体系和成果转化机制,借助广东省交通科技网,通过科技成果推广计划、科技示范工程和科技成果推广目录等方式,进一步提高交通运输行业科技成果的推广应用水平,117 项先进、适用的科研成果得到重点推广应用,大大促进了科技成果向现实生产力的有效转化。

(2)科技研发平台建设。建立了广东省交通运输科技创新驱动机制,探索了产学研相结合的政、行、校、企合作机制,初步建立了以企业为主体的行业科技创新体系。鼓励和支持企业建设高水平研发平台,通过培育交通运输企业科技研发中心,推动行业科技成果转化,加快构建了支持创新、鼓励创新、保护创新的行业科技创新环境。依托广东省交通集团有限公司建立的“公路交通安全与应急保障技术及装备交通运输行业研发中心”顺利通过交通运输部认定,在推动科技成果转化方面发挥了重要作用。以交通运输企事业单位为主体,建设了一批交通运输行业研发中心、国家认定企业技术中心、广东省工程技术研究开发中心,初步形成了以企业为主体、市场为导向、产学研相结合的技术创新平台。2015 年 8

月，广东省交通运输行业共建有 3 个省级工程技术中心、6 个国家认定的企业技术中心、25 个广东省认定的企业技术中心、1 个广东省认定的新型研发机构。

(3)科技人才队伍建设。从管理体制上，目前广东省交通运输行业人才队伍的规划与建设由广东省交通运输厅人事处负责，包括对从业人员、专业技术人员队伍、管理干部队伍等均由其统筹规划，但缺乏对科技人才队伍的整体规划和发展政策，负责科技管理的职能处室——厅科技处，主要开展了对科技人才队伍的统计与分析，但缺少相应的指导性意见和相关政策，这在一定程度上影响了行业科技人才队伍的建设。据 2015 年底的相关统计，目前，包括厅直属部门、厅直属单位、地市交通局(委)、中央驻(粤)交通运输行业企业派出机构、交通运输科研院所、交通运输企业和高校等在内的行业科技人员队伍总量为 2 902 人，包括科技研发人员 1 941 人，科研管理人员 961 人，其中高层次科技创新人才仅 13 人。在科技创新团队建设方面，省厅层面尚未开展专业的行业科技创新团队建设规划和项目，多为按照交通运输部、广东省的相关要求开展组织申报和省(部)科技创新团队的申报和推荐工作，到 2015 年底，广东省交通运输行业共有 2 个省级以上的科技创新团队，分别是华南理工大学土木与交通学院的“混凝土结构创新与绿色发展”科技创新团队(广东省科技创新团队)和广东交通集团的公路交通安全与应急保障技术及装备研发团队(依托交通运输行业研发中心组建)。

(4)科技投入情况。据统计，“十二五”期间，广东省交通运输行业的科技投入总量达 212 311.2 万元，各年度科技投入情况见表 6-1。可以看出，广东省交通运输行业科技投入的总量总体呈增长趋势。但在政府科技计划投入情况来看，2013 年为 2 923 万元，2014 年为 1 238.6 万元，2015 年为 1 190.76 万元，呈逐年递减趋势。

表 6-1　广东省交通运输行业“十二五”期间科技投入情况

广东省交通运输行业“十二五”期间科技投入情况(单位：万元)				
2010 年	2011 年	2012 年	2013 年	2014 年
332 51.7	424 59.1	404 22.9	408 23.6	553 53.9
合计：212 311.2 万元				

资料来源：《广东省交通运输行业“十三五”科技发展规划》。

三、存在问题

经过多年的建设，广东省交通运输科技创新支持体系取得了一定的成绩，基本形成了以科研项目为载体，人才和平台建设为支撑，科技投入为重要保障的行业科技创新支持体系，但也存在一些问题与不足，与交通运输行业“四个交通”和广东省“四个新”的发展目标还存在一定差距，具体表现在以下方面：

(1)整体水平有待提升。科技创新支持体系的整体水平有待提升，高水平的项目、平台和人才相对较少。目前，广东省行业科技创新支持体系的整体水平与作为交通大省的地位不符，高水平的科技研发平台(包括国家级平台、省部平台)数量偏少，高层次的科技创新人才数量和队伍偏少，协同创新团队的数量偏少、层次偏低，尚未有国家级和交通运输部认定协同创新团队，有待进一步提升。

(2)系统性有待加强。广东省交通运输行业尚缺乏对行业科技创新支持体系的系统性构建的政策文件，对整个科技创新支持体系尚没有整体性的推动政策和文件，企事业单位因自身发展需要的自发性行为较多，但尚未能够得到较好的统筹。同时，在各子系统层面，尤其是在科技创新平台和人才队伍方面，相应的规划、政策和制度亟待完善。

(3)政策的操作性有待提升。目前在科技创新平台、人才队伍等方面，多按照交通运输部或广东省有关促进科技发展的政策文件开展具体的平台建设和队伍建设，缺少结合广东省交通运输行业自身特点加以细化，从而形成具体的、符合广东省交通运输科技创新特点的操作性文件和配套政策，在一定程度上制约了科技创新支持体系建设水平的提升。

(4)公共性服务平台建设有待加强。广东省交通运输行业仅有广东省交通科技网及其相应的科技项目管理平台，主要承担全省交通运输行业科技项目的过程管理工作，同时也提供一定的信息咨询功能，但缺乏对行业研发平台、人才队伍、资金以及成果的统筹管理与信息服务功能，资源共享程度相对较低，难以适应新态势下行业科技创新的需求。

第二节　广东省交通运输科技创新支持体系建设的需求分析

一、科技管理与服务

当前，国家层面、广东省层面、交通运输行业层面的科技体制改革正在向纵深推进，涉及科技计划管理、科研经费管理、科技成果转化、科技人才培养等多个方面，将对广东省交通运输科技创新产生深远的影响，要求各类创新主体必须顺应改革要求，把握改革趋势，切实转变理念，以新的思维推动新形势下的科技创新工作。

(1)科技计划改革。中央和地方财政层面的科技计划管理改革，要求交通运输管理部门需由“以我为主立项”向“积极争取别人立项”转变。交通运输部原科技专项经费已经归由科技部统筹管理，被统筹安排在新设立的国家重点研发计划内。广东省交通运输科技专项经费目前还没有纳入省科技厅统一管理，这个时期需要改革科技管理模式，积极梳理和凝练重大需求，积极争取财政科技资金资助，发挥财政科技资金四两拨千斤的作用引导广东省交通运输行业科技创新。同时，出台相关政策鼓励行业内企事业单位加大科技投入开展自主创新。完善广东省交通运输科技创新服务网络，为融入国家、省等各级科技创新环境和市场，争取科技创新优惠政策，利用科技市场推广科技成果提供基础条件。

(2)转变管理理念。在新的形势下，要求政府部门在科技管理上由“微观”向“宏观”转变。按照国家、广东省科技体制改革的部署和要求，改变政府科技管理职能，遵循科技创新内在规律，转变理念，调整思路，强化政府科技宏观管理，发挥政府宏观统筹和监督指导作用，加强规划、政策、标准等制订实施，从具体的科技项目管理中抽身出来，更多的研究广东省交通运输科技发展的重大战略、政策和布局问题。

(3)优化管理流程。由“过程管理”向“两端服务”转变。科技部提出的国家重点研发计划管理流程，要求将交通运输科技创新工作的着力点放在前端和后端。前端要组织做好交通运输重大科技需求梳理，提出重点专项建议和编制重点专项实施方案；后端则是联合国家、省等各级科技主管部门强化对交通运输重点专项组织实施的协调保障和监督评估，以及科技成果的转化应用。

(4)服务对象改革。当前，国家、广东省层面的综合交通运输体系建设不断深入，要求交通运输管理部门在科技创新的视野上由“公路水路行业”向“综合运输大交通”转变。国家、广东省科技计划管理改革的推进，也要求必须从综合运输的思维谋划科技创新工作，充分发挥科技创新在促进综合运输发展中的先导性和引领性作用。

二、科技研发平台建设

(一)研发方向

早在2005年,交通部就出台《交通部关于推进交通行业重点实验室建设的实施意见》,指出以交通科技优先发展领域为主攻方向,针对当前和未来交通建设、运营和管理中的重大和关键技术问题,重点实验室体系应覆盖8个重点研究领域30个重点方向(如公路工程类的重点研究方向:路面结构技术,高等级公路养护成套技术,特殊地质条件下的公路建养技术,长大桥、隧建养技术,大型公路工程构造物的检测与诊断技术等)。

交通运输部2011年出台的《关于交通运输行业研发中心建设的实施意见》指出交通运输行业研发中心重点研发领域为以下六大领域。①公路领域:高等级公路建设与养护技术、材料及装备;公路长大桥梁建设技术及装备;公路桥梁安全检测与加固改造技术及装备;桥梁缆索制造技术。②水路领域:长江航运技术;疏浚与吹填技术及装备;深水枢纽港建设技术及装备;水工建筑物耐久性及新材料。③综合运输与现代物流领域:物联网技术应用;智能交通技术和设备;港口物流先进装卸工艺与装备;集装箱供应链智能化技术。④交通运输安全领域:公路交通安全与应急保障技术及装备;公路交通防灾减灾技术;航海保障与海事防控技术及装备;应急救助与抢险打捞技术及装备;交通运输安全应急信息保障技术及设备。⑤节能环保领域:公路交通节能与环保技术及装备;港口节能与环保技术及装备;船舶运输环境保护与污染应急处治技术及装备。

(二)平台现状

按照《交通运输部关于深化科技体制改革落实创新发展驱动的实施意见》、《"十三五"广东省科技创新规划》等文件提出的要求,结合《广东省交通运输行业"十三五"科技发展规划》的内容,"十三五"期间,广东省交通运输行业要结合"四个交通"发展的客观要求,继续完善平台学科领域和技术方向布局,面向"一带一路"的战略重点,培育和重点发展行业重点科研平台。

由于目前广东省还没有交通运输行业重点实验室,省交通运输厅可以在华南理工大学培育以研究公路材料为研发方向的重点实验室。继续鼓励广东省交通集团有限公司加快"广东省公路交通安全与应急保障技术及装备的行业研发中心"建设,也可以根据广东省的实际情况培育有条件、有意向的企业或机构积极申报建设新的交通运输行业研发中心。

(三)管理机制

在当前国家进行科技体制大变革的时代背景下,有关广东省交通运输科技平台管理的变化主要表现在管理主体及其职责上。依据《广东省人民政府办公厅印发广东省交通运输厅主要职责内设机构和人员编制规定的通知》(粤府办〔2009〕89号),以及《广东省人民政府办公厅关于调整省直有关部门职能的通知》(粤府办〔2014〕71号)等文件要求,将交通运输厅科技处的职能大为消减,取消了以下职能:科技项目申报初审、审核;科技项目验收、鉴定;科技成果推广应用;组织、承办交通运输各类人员技能、岗位、执业资格的培训、考试、竞赛;科技成果推广应用;组织、承办交通运输组织交通运输节能减排宣传活动;承办交通运输节能减排示范推广活动。这样,随着广东省专门负责主管交通运输行业内有关交通科技各项工作的交通运输厅科技处的行政职能弱化,发挥广东省交通运输厅的引导作用,在广东省科技平台建设规划的指导下培育广东省交通运输行业内的科技平台,科技项目管理职能通过市场机制选择科技服务机构实现管理服务。

这些改变对省交通运输行业交通运输科技创新平台的发展带来机遇与挑战。最主要挑战是，一般意义上认为交通运输行业属于传统行业，存在有关其各种科技平台的建设可能会被淡化的情况。但是，若交通运输厅与科技厅进行良好的沟通与交流，打破对交通运输行业的这种认识，促使现代各项科学技术与交通运输行业有机融合，那么，将给广东省交通运输行业交通科技平台发展带来重大机遇。通过直接运用广东省有关科技平台建设与创新的各项政策，将极大激发各类科技创新平台，特别是以市场需求为主导的科技创新平台在交通运输行业内生根发芽并茁壮成长。

(四)建设模式

科技平台大致分为政府主导型、高校主导型、科研院所主导型和企业主导型。每种建设模式都有其特点。政府主导型科技平台资金支持稳定，但持续发展能力不足。高校和科研院所主导型科技平台拥有技术、人才优势，但成果转化机制不畅通。企业主导型科技平台市场导向明显，但辐射能力不强。广东省交通运输行业科技平台也表现为以上类型和特点。就交通运输科技平台发展需求来看，各种建设模式都广泛存在，可谓是百花齐放、百家争鸣。随着广东省经济发展水平的持续提高，地方财政实力将进一步加强，政府主导型的交通科技平台投入将稳步提升，其发展将取得长足进步。随着科技体制的不断完善，特别是科技成果转化机制从无到有、从不畅通到畅通的逐步演进，高校和科研院所主导型交通运输科技平台将焕发出勃勃生机。广东省强大的经济发展实力，极为活跃、发达的民营经济，在厘清的利益分配机制下，将使企业主导型交通运输科技平台发展呈现波澜壮阔的景象。总之，随着广东省社会经济的昂首向前与科技体制的逐步完善，各种建设模式的交通运输科技平台发展需求将空前释放。

三、科技人才队伍建设

“十三五”期是广东省全面建成小康社会的关键时期和深化改革开放、加快转变经济发展方式的攻坚时期，同时也是广东省率先全面建成小康社会、率先基本实现社会主义现代化，加快“四个交通”发展、推进交通运输现代化的重要时期。交通运输行业全面深化科技体制改革，深入实施创新驱动发展战略，服务国家创新能力重大战略实施，和广东省自由贸易试验区建设，对广东省交通运输科技人才发展提出了新的更高要求。

(一)行业发展对高层次科技人才的需求

交通运输部发布的《交通运输科技“十三五”发展规划》提出，至“十三五”末期，行业重点科技平台运行管理机制更加健全，建设35个左右行业重点科研平台，培养遴选50名中青年科技创新领军人才，25个重点领域创新团队和10个科技人才培养示范基地。

根据《广东省交通运输“十三五”科技发展规划》的发展目标，至2020年，广东省交通运输行业创新能力建设达到新水平。以省内行业龙头企业为引领，依托重点工程建设项目和重大科研项目，拓展现有重点实验室、工程技术研究中心等科研平台的创新能力。发挥企业为创新主体的作用，引导培育建设国家级、行业级、省级重点科研平台，打造高水平科技创新团队，使广东省交通运输科技研发实力得到大幅提升。至“十三五”末期，培养8～10名在行业内外具有广泛影响力和较高知名度的科技领军人才，形成3～5个省级及以上科技创新团队。

由此可以预测，随着交通运输行业的快速发展，交通运输科技人才队伍的需求将大为增加。如何发挥高端人才的引领和带动作用，是进一步加快创新型交通运输行业建设，提高科技创新对新时期交通运输发展的关键。迫切需要加快推进科技创新人才的建设,大力造就具有国际竞争力的高层次创新型科技人才、科技领军人才、优秀创新团队和科技创业人才,以服务和支撑广东省交通运输深入实施创新驱动发展战略、提升交通运输的信息化智能化水平、提升行业核心竞争力的发展。

(二)全面深化改革对人才管理体制机制的要求

党的十八届三中全会通过的《中共中央关于全面深化改革若干重大问题的决定》(以下简称《决定》),是指导新形势下全面深化改革的纲领性文件。《决定》提出要以率先建成国家创新人才高地为目标,推进人才人事制度和科研评价体系改革。中央出台的《意见》也提出要深化人才管理体制改革,建立科学的人才评价机制和人才激励机制。要求转变政府的人才管理职能,重视深化人才公共服务机构改革;破除“唯学历、唯职称、唯身份”的思想,注重凭能力、实绩和贡献评价人才,发挥政府、市场、专业组织、用人单位等多元评价主体作用,不断优化人才分类评价机制;在强化人才创新创业激励机制方面,完善知识产权保护制度,保护人才权益,赋予高校、科研院所科技成果使用、处置和收益管理自主权。依法赋予创新领军人才更大人财物支配权、技术路线决定权。研究制定国有企事业单位人才股权期权激励政策。高校、科研院所科研人员经所在单位同意,可在科技型企业兼职并按规定获得报酬。打造一批低成本、便利化、开放式的众创空间。

《交通运输部关于深化科技体制改革落实创新发展驱动的实施意见》中对交通运输行业人才队伍建设和人才管理体制机制改革提出了具体的要求。具体包括:①要从完善收入分配制度、改革人员聘用机制,保证科研人员合理工资待遇水平,探索高层次人才协议工资制等分配办法,依法赋予高层次领军人才更大的财务决定权、技术路线决定权;②完善科技人才流动机制。改进科研人员薪酬和岗位管理制度,建立动态调整机制,促进科研人员在事业单位和企业间合理流动,设置一定比例的流动岗位,吸引具有创新实践经验的企业家、科技人才兼职。

(三)“互联网+”对提升人才管理与服务水平的要求

“互联网+”是把互联网的创新成果与经济社会各领域深度融合,推动技术进步、效率提升和组织变革,提升实体经济创新力和生产力,形成更广泛的以互联网为基础设施和创新要素的经济社会发展新形态。在全球新一轮科技革命和产业变革中,互联网与各领域的融合发展具有广阔前景和无限潜力,已成为不可阻挡的时代潮流,正对各国经济社会发展产生着战略性和全局性的影响。积极发挥我国互联网已经形成的比较优势,把握机遇,增强信心,加快推进“互联网+”发展,迫切需要充分利用行业现有的信息化基础,加强网络及系统资源的整合与利用,完善科技人才信息统计、分析和发布机制,推动科技人才工作的信息化建设,建立科技人才信息资源服务平台,为行业科技人才队伍管理建设做好高效便捷的信息服务。

四、科技创新投入

近几年,党中央国务院领导高度重视科技改革工作,把科技创新摆在国家改革发展全局的核心位置,是习近平总书记的重大战略思想。李克强总理提出:创新是保持中国经济中高速增长的基本条件,也是使中国经济向中高端水平迈进的根本之策,要以更大力度推进科技体制机制改革,发挥好企业创新的主体作用和科研人员的积极性创造性。

按照党的十六大要求,国务院在充分调查研究基础上制定了《国家中长期科学和技术发展规划纲要(2006—2020年)》。为落实这一纲要,中共中央国务院颁发了《关于实施科技规划纲要增强自主创新能力的决定》(以下简称《决定》),提出要抓住21世纪头20年的重要战略机遇期,走自主创新之路,全面提升国家核心竞争力。《决定》指出,我国提高自主创新能力的关键是完善体制和机制。只有继续深化科技体制改革,进一步消除制约科技进步和创新的体制性、机制性障碍,才能推进科技自主创新能力建设。作为自主创新型国家建设的一个重要组成部分,交通运输科技自主创新的能力建设也面临着同样的问题。

交通运输科技投入,在一定程度上来说,对于交通运输科技工作是杠杆、是导向。交通运输科技投入的体制和机制是否合理,在很大程度上决定着交通运输科技人员的基本工作环境和状况,进而决定着我国交通运输科技自主创新的能力建设和发展。也就是说,只有在合理的交通运输科技体制下,不断完善交通运输科技投入的机制,才能不断促进交通运输自主创新能力持续稳定的增强。

广东省交通运输行业"十三五"规划中提出:落实创新驱动发展战略,以完善交通运输科技创新体系为主线,促进科技体制机制全面深化改革,进行科技创新全链条设计和一体化组织,积极争取国家、部和省级科技资源支持。资金和人才是科技创新的核心要素。创新驱动实质上是人才驱动,而资金投入则是成果产出的重要保障。资金既是生产要素,又具有调配其他要素的功能,对科技创新的推进速度和实现质量,有着决定性作用。如何实现"深入实施科技强交战略"的战略要求,促进广东省交通运输科技与交通运输事业的协调发展,解决科技投入不足问题,重点是建立以财政投入为引导、企业投入为主体、金融市场为支撑的多元化投入体系。

第三节　广东省交通运输科技创新支持体系建设的对策建议

一、科技管理与服务

(一)修订科技项目管理办法,完善制度体系

一是加快政府科技管理职能转变。首先,按照新一轮科技体制改革要求,明确科技主管部门不再直接管理具体项目,主要负责科技发展战略、规划、政策、布局、评估和监管,科技项目的具体组织实施与常规管理依托专业机构开展。政府部门侧重结合行业发展需要开展科技发展战略、发展思路与重点任务的系统设计,明确重大科技项目和工程项目需求,发挥政府统筹、指导、引导和监督等作用。其次,明确政府在科技创新中的监管职责,从专家监督管理、项目实施过程监督管理、经费使用、信息公开监督等方面明确监管职责与内容。

二是深化科技计划项目类型变革。结合科技体制改革和政府职能转变,凸显企业自主创新主体地位,加强对基础性研究、重大关键技术和共性技术的支持力度,对科技计划项目类型进行修订,形成包括市场主导性、行业共性技术、重大科技项目等三种类型的科技计划项目类型。

三是做好专家遴选与管理工作。主要包括:①建立行业科技评审专家库;②拓展专家来源渠道,吸收省内外高水平专家参与评估,提高评审专家中一线科研人员的比例;③实行评估评审专家定期轮换、调整机制和回避制度;④强化专家自律,接受同行质询和社会监督,保证评审公正性。

四是推进科技信用体系建设。完善科研信用管理,建立覆盖指南编制、项目申请、评估评审、立项、执行、验收全过程的科研信用记录制度,由项目主管部门委托科技项目管理专业机构对项目承担单位和科研人员、评估评审专家、中介机构等参与主体实行信用管理;探索建立"黑名单"制度,将严重不良信用

记录者记入“黑名单”，阶段性或永久取消其申请厅资助项目或参与项目管理的资格；项目承担单位因管理不善、工作不力，不能有效地组织研究工作，未取得预期研究成果，在规定期限内未能完成研究任务，且又未及时提出延期报告的，厅有权终止项目，并撤销资金补助，并将影响该单位或个人以后的科技立项、项目招投标、成果报奖和总结评比活动。

（二）构建具有广东省特色的新型科技计划体系

（1）市场主导性科技计划项目。该类项目是集中反映企业自主研发需求，切实发挥企业技术创新主体作用的科技计划类型，包括各类企业自主立项的科研项目、科技主管部门立项的市场主导性科技计划项目等。其中，企业和其他组织自主立项科研项目以自筹投入为主，从调整发展结构、实现企业转型升级、履行公共服务职能等要求出发，积极开展技术研发、平台建设、科技人才建设、成果转化和推广应用等方面的科技创新活动。政府立项的市场主导性科技计划项目一般是科技主管部门针对企业及其他单位的自主立项科研项目，按照备案、立项（给予立项编号）、资助（“以奖代补”、“后补助”）等不同级别予以认可，将其纳入统筹管理，发挥统筹和激励作用，推动行业自主研发工作。

（2）行业共性技术科技计划项目。该类项目是综合政府、不同创新主体的需求，通过由厅科技主管部门广泛征集行业内类亟需解决的、具有普遍意义的题目，由行业科技主管部门组织或大型企事业单位自主实施，具有较大应用推广范围的科技计划项目。这类项目在组织实施上一般由科技主管部门委托科技中介服务机构组织专家进行咨询、评审，确定为行业共性技术项目，然后公布行业共性技术科技方向目录或项目，对于适宜招标的科技项目，组织采取公开招标或方案比选方式，确定项目承担单位。其他项目由主管单位根据专家评审意见确定项目承担单位。

（3）重大科技计划项目。该类项目一般是行业主管部门聚焦“四个交通”发展的新任务，凝练重大科技攻关项目，针对基础设施、运输服务、信息化、安全应急、节能环保等重点领域及其主要方向存在的关键技术瓶颈，明确共性技术需求，引导全社会科技力量开展科技研发，全面促进交通运输科技进步与创新。

（三）加大重大科技项目支持力度，凸显行业引导功能

重大科技计划项目一般由行业科技主管部门给予资金资助和其他研究资源保障。对重大科技项目的基本要求包括：

（1）重大研发方向应为交通运输行业”四个交通“发展的共性关键技术需求。

（2）重大研发方向应为相关学科领域的前沿研究方向，反映学科研究、技术发展的最新动态。

（3）重大研发方向应具有良好的社会效益，对提高交通运输行业自主创新能力，实现“四个交通”目标具有重要意义。

（4）重大研发方向应具有较好的经济效益，所取得的成果具有较为广阔的应用面，能够有效转化为科技生产力。

其流程主要包括重大研发方向凝练—重大科技项目招投标—重大科技项目过程管理—重大科技项目验收鉴定—重大科技项目成果推广应用等。

为有效实施重大科技项目，需提供以下保障条件：

（1）鼓励交通运输企事业单位依托重大工程项目，结合重大研发方向目录自主开展重大科技研发，省厅可结合实际情况对纳入重大研发方向目录的企业研发项目予以立项支持。

（2）省厅根据重大研发方向的实施需要，给予一定的研发资金支持。对于依托工程为交通运输基础

建设领域的重大研发方向,允许根据实际需要调整项日科研经费预算。

(3)省厅将承担重大研发项目作为行业科技领军人才、创新团队遴选与培育的重要依据,优先支持承担重大研发项目的研发平台的建设与推荐工作。

(四)实施市场主导性项目"以奖代补"资助模式改革

科技计划项目经费补助方式一般可以分为"事前补助"、"分批补助"、"后补助"、"以奖代补"等形式。"以奖代补"资助模式是指政府在立项的科技计划项目结题验收后,通过综合性评比给予项目承担单位一定的资金、政策和相关资源补助的方式。"以奖代补"方式是贯彻落实《中共广东省委 广东省人民政府关于全面深化科技体制改革 加快创新驱动发展的决定》(粤发〔2014〕12 号)、《交通运输部关于深化科技体制改革落实创新驱动发展战略的实施意见》(交科技发〔2016〕173 号)文件精神的重要途径,能够进一步凸显企业自主创新的地位,能够更为有效的发挥财政科技资金的引导作用,提高科技项目质量,推动科技创新。

厅市场主导性科技计划项目由省厅科技主管部门统一组织、管理,项目具体立项、评审、验收和质量评比工作由省厅科技主管部门委托行业客观公正权威的第三方科技中介机构具体实施。市场主导性科技计划项目管理主要分立项、验收、评比及资助等环节。

二、科技研发平台建设

(一)培育行业重点研发平台,提升已有研发平台发展水平

按照稳定一批、发展一批的基本思路,服务行业转型发展需求,采取竞争性遴选—实施培育建设计划—验收认定的流程,对纳入培育建设计划的重点研发平台给予资金、项目承担优先选择、政府服务采购优先考虑、税费减免等方式的支持,培育 5～8 个在交通运输行业和广东省内具有较大影响力的高水平科技研发平台,全面提高广东省交通运输行业科技研发平台的水平。

具体的支持性政策和措施包括:

(1)对纳入行业重点研发平台的研发平台,授予"广东省交通运输行业重点研发平台"牌匾。

(2)资金资助:对纳入行业重点研发平台培育计划的平台,省厅将其纳入"十三五"重大科技计划项目,给予(200～500)万元的配套建设经费。

(3)服务采购优先选择:政府科技服务采购项目优先选择行业重点研发平台,对单一来源采购的服务项目,原则上均从行业重点研发平台中选择,对竞争性磋商和政府公开招标采购项目,在评分标准体现倾斜政策。

(4)科技项目承担倾斜:省厅各类科技计划项目,优先考虑纳入行业重点研发平台培育计划的申报项目,在评分标准中对行业重点研发平台培育计划的申报项目可在专家评分基础上给予一定加分。

(5)税费减免:按照《广东省人民政府关于加快科技创新的若干政策意见》第十一条配套政策的规定:"非营利性科研机构自用的房产、土地,按国家规定免征房产税、城镇土地使用税。按照房产税、城镇土地使用税条例、细则及相关规定,属于省政府重点扶持且纳税确有困难的新型研发机构,可向主管税务机关申请,经批准可酌情给予减税或免税照顾。"

(二)加快发展新型研发机构,提高创新能力

按照以市场为导向的新型研发机构发展策略,行业科技主管部门采取“以奖代补”模式对纳入行业支持的新型研发机构培育名单进行扶持。试行创新产品与服务远期约定政府购买制度,落实职务科技成果使用和处置自主权、技术成果转让收益奖励等支持性政策,在行业科技重点研发方向和主要技术领域培育3～5个广东省认定的新型研发机构,培育3个左右省部级协同创新平台。

主要的支持性政策和措施包括:

(1)试行创新产品与服务远期约定政府购买制度,按照《广东省关于加快科技创新的若干政策建议》中有关规定,结合广东交通运输行业实际情况,落实新型研发机构产品与服务远期约定政府购买制度由省厅科技主管部门委托第三方机构向社会发布远期购买需求,通过政府购买方式确定创新产品与服务提供商,并在创新产品与服务达到合同约定的要求时,购买单位按合同约定的规模和价格实施购买。

(2)身份待遇。新型研发机构在政府项目承担、职称评审、人才引进、建设用地、投融资等方面可享受国有科研机构待遇。非营利性科研机构自用的房产、土地,按国家规定免征房产税、城镇土地使用税。按照房产税、城镇土地使用税条例、细则及相关规定,同时属于省政府重点扶持且纳税确有困难的新型研发机构,可向主管税务机关申请,经批准可酌情给予减税或免税照顾。

(3)税费减免。落实广东省关于技术服务收入税收减免政策。新型研发机构实行独立核算的,其提供技术转让、技术开发和与之相关的技术咨询、技术服务,经科技主管部门对技术合同进行认定后,可向主管国家税务局申请免征增值税。一个纳税年度内,该机构符合税法有关条件的技术转让所得不超过500万元的部分,免征企业所得税;超过500万元的部分,减半征收企业所得税。

(4)职务科技成果使用和处置自主权。对利用财政性资金组建的新型研发机构,赋予其职务科技成果自主处置权,除涉及国家安全、国家利益和重大社会公共利益外,单位可自主决定采用科技成果转让、许可、作价入股等方式开展转移转化活动,不需报请主管部门和财政部门审批。新型研发机构职务科技成果转化所获得的收益全部留归单位,纳入单位预算,实行统一管理。在对科技成果完成人和为科技成果转化做出重要贡献的人员按规定给予奖励后,其余部分统筹用于单位科研、知识产权管理与技术成果转化工作。

(5)实施技术成果转让收益奖励。利用财政性资金组建的新型研发机构将其职务技术创新成果对外转让给他人使用的,可从技术转让所得的净收益中提取30%～50%的比例,用于一次性奖励完成该项创新成果及其转化做出重要贡献的人员。采用技术创新成果作价入股方式实施转化的,可从技术创新成果作价所得股权中提取30%～50%的份额,用于奖励完成该项创新成果及其转化做出重要贡献的人员。

(6)鼓励科技创业服务载体申请国家和省的认定。科技创业服务载体符合有关条件被认定为国家级、省级、交通运输部科技企业孵化器(加速器)的,由厅科技主管部门分别给予孵化器(加速器)经营管理机构一定奖励。

(7)鼓励企业试行股权激励政策。对利用财政性资金组建的新型研发机构投资孵化的国有及国有控股企业,在近3年税后利润形成的净资产增值额占企业净资产总额的30%以上,且实施激励时上年度经济增加值(EVA)为正值、当年年初未分配利润没有赤字时,经市国资监管部门批准后,可采用股权

出售和股票期权的激励方式，对重要的技术人员和企业经营管理人员进行奖励，激发技术和管理人员的创新创业活力。奖励总额不得超过近3年企业税后利润形成的净资产增值额的35%，且上述人员所获股权出售激励的收益水平或股票期权激励的预期收益水平最高均不应超过其薪酬总水平（含激励收益或激励预期收益）的40%。但企业监事、独立董事、企业控股股东单位的经营管理人员不得参与本企业股权激励。

（三）培育行业龙头服务机构，加强科技服务机构建设

采取政府、企业、科研院校和高校协同共建的方式，加强行业公共性科技创新服务平台建设，培育集计划需求、项目管理、成果推广与应用、数据统计和评价于一体的行业科技服务平台，试行创新产品与服务远期约定政府购买制度，培育行业龙头科技创新服务机构。

主要的支持性政策和措施包括：

（1）培育行业龙头科技服务机构。落实《"十三五"广东省科技创新规划》中科技服务机构建设有关政策，结合行业发展需求，通过自主申报—综合评比—政策、资金资助—验收与推荐等流程，培育行业龙头科技服务机构。行业龙头科技服务机构的综合评比一般从服务团队、服务资质、服务能力、服务资源、以往服务质量记录等方面进行评比，对纳入行业重点培育的龙头服务机构，从政策、资金、项目承担、人才培养计划等方面予以支持。

（2）试行创新产品与服务远期约定政府购买制度，按照《广东省关于加快科技创新的若干政策建议》中有关规定，结合广东省交通运输行业实际情况，对行业龙头科技服务机构，落实新型研发机构产品与服务远期约定政府购买制度，通过政府购买方式确定创新产品与服务提供商，并在创新产品与服务达到合同约定的要求时，购买单位按合同约定的规模和价格实施购买。

三、科技创新人才队伍建设

（一）加强对行业科技创新人才队伍的统筹协调

按照交通科技管理部门"主要负责行业科技发展战略、规划、政策、布局、评估和监管"的原则，根据政社分开、政事分开和管办分离要求，在深入分析和全面把握国内外交通运输发展动态的基础上，在《交通运输科技"十三五"发展规划》以及《交通运输行业科技创新人才推进计划管理办法》、《交通运输部关于深化科技体制改革落实创新发展驱动的实施意见》等文件的指导下，根据国家和广东省的战略需求，瞄准重大、核心、关键科技问题，加强对行业科技创新人才队伍的宏观管理和统筹协调，消除对用人主体的过度干预，引导交通运输企事业单位、高等学校、科研机构和创新企业引进交通运输领域科技创新人才、建立科技创新团队，指导有关单位开展科技领军人才和科技创新团队的申报、遴选、培育和考核等工作，优化交通运输科技创新人才队伍结构和布局。

（二）将创新人才队伍建设纳入行业科技发展规划

深入调研广东省交通运输行业科技人才队伍规模和结构特点，掌握国家和广东省交通工程建设、综合运输与现代物流、交通运输安全、节能环保等领域重大科技攻关的科技创新人才需求，将科技创新人才队伍规划纳入行业科技发展规划，重点培育交通运输行业科技领军人才和创新团队，支持青年科技人才持续发展，鼓励基层一线科研人员创新创业。

(三)依托交通运输重大科研项目培育青年科技创新人才

更新选人、用人观念,破除论资排辈、求全责备等陈旧观念,加大优秀青年科技人才扶持力度,以国家、省、部重大科技项目、交通运输重大科技攻关项目为载体,采取"青年专项"等方式,支持青年科技人才承担重大科研项目,开展独立性、原创性研究。鼓励科研机构设立青年科技人才培养基金,支持青年科技人才走职业化、专业化发展道路。

(四)以发挥科技计划引导人才向企业流动

发挥政府科技计划对资源配置的引导作用,创新政府科技资源配置方式,推动产学研用各方围绕交通运输行业科技创新链条形成长期、稳定的合作关系。支持交通运输企业和科技创新企业开展技术创新,强化企业科技创新的主体地位,引导和支持交通运输重大技术领域的骨干企业建立重点实验室、工程技术研究中心和科技创新平台,支持开展技术研发和成果转化,促进科技人才向企业流动和集聚。

(五)建立多渠道科技创新人才研发资金保障体系

以交通运输科研项目和重大科研项目财政资金为引导、用人单位投入为主体、社会资金投入为补充的科技创新人才队伍研发资金渠道。通过政府采购、重大项目立项和财政补助等政策引导,激励企业加大对科技创新的投入,鼓励社会各界对科技创新项目投资,加大以商业合同方式进行科研投入的比例,资助科技创新人才队伍建设和开展研究课题。

(六)加强教育培训,推动科技创新人才的可持续发展

将新一代信息技术、智能制造技术、新能源技术、新材料科技术等在交通运输领域的应用列入全行业培训教育工作计划,突出培训重点,精选培训师资,聘请国内外高水平专家、教授和行业科技创新典型讲授相关专题,锤炼交通运输行业各级各类人才队伍的科技创新意识和思维,提高专业技术人才的科技创新能力,推动科技创新人才的可持续发展。

四、科技创新投入

下一阶段应针对现状,突出重点,积极应对,重新构建科学高效的财政科技专项投入模式,保证广东省交通运输行业科技活动有效健康发展。

(一)调整投入策略,保证合理的财政科技投入结构

只有保持合理的科技投入结构,才能保证科技资源流向富有活力和最有效率的科学研究和技术创新领域,才能不断提高科技资源的使用效率,实现科技资源的优化配置,才能真正成为促进经济增长的重要手段。广东省科技厅从 2015 年调整财政科技专项资金结构及财政科技专项资金投入方式,从省财政科技资金均一直沿用"评审立项、事前拨款、无偿资助"的单一模式转变为立项资助、科技金融引导性投入、普惠性政策资助、奖励性资助等四种模式,实现了直接与间接、事前与事后、有偿和无偿、竞争性与普惠性相结合。

建议广东省交通运输行业可按财政科技专项资金投入方式,将科技计划项目分为三类:

一类为财政资金全额支持项目,主要适用于管理类的软科学项目,一般采取招投标方式确定项目第一承担单位。

二类为财政资助类项目,主要适用于公益性质的交通工程建设技术及成果应用类、标准类项目,一

般通过同业专家评审方式确定。

三类为市场主体类项目，财政实行后补助，列入交通运输科技计划管理，适用于交通运输企业为拓展市场而组织的技术、材料、产品等研发项目。财政科技专项资金投入逐渐转向支持市场风险较大、企业不愿投资的基础研究和高新技术项目，努力把科技资源集中到关系广东省交通行业科技事业自身持续发展的重要领域上来。

(二)以科学的激励机制为动力推动企业成为科技投入主体

就交通运输行业而言，推动企业成为科技投入主体和科技进步的激励、监督、检查、奖惩的政策法规很不完善，政府的管理与服务手段相对滞后，加之大多数企业缺少有远见的企业家，导致企业科技投入偏低在一定程度上具有必然性。

在国内外大环境下，体制转轨时期的企业面临多种挑战，相当多的企业经济效益下滑，资金紧缺，包袱沉重，运转困难，机制僵硬的大中型企业的这一矛盾更为明显。在这种情形下，让企业增加更多的科技投入非常困难。而科技投入低将制约企业技术创新和科技进步的速度和效率，在竞争日益激烈的市场中有可能导致企业经济效益进一步恶化，进入怪圈，这是政府和企业都必须正视的问题。

由于技术创新具有投入大、周期长、风险高等特点，而一般企业的主要经营者任期只有四年左右，有的承包期甚至只有一年，经营者当务之急是完成经济指标，而不愿意加大科技投入，追求长远效益。民营企业虽然技术创新的积极性较高，但财力有限，科技投入占整个产业的份额始终较少。企业是技术创新的投入主体，但政府的启动和社会的参与不可缺少。由于政府财政的科技投入太低，不足以启动技术创新活动，企业的积极性没有充分调动起来。社会融资渠道不畅，企业技术创新活动缺乏后续资金的支持，企业难以承担高额投入和全部风险。此外，由于目前对专有技术成果的保护不力，企业的模仿创新行为较为普遍，而不愿意投资进行自主创新，这在一定程度上制约了企业扩大科技投入和技术创新的积极性。

针对广东省交通运输企业现状和未来发展的需要，建议广东省交通运输企业的科技投入目标应为：一般企业技术开发投入应不低于主营收入的0.5%，大中型企业这一比例应不低于1%，建立省级工程技术研究中心的企业不低于3%，省科技厅认定的高新技术企业不低于5%。目前各级企业的技术开发投入水平离要求还有较大差距，但要努力扩大投入，达到相应的投入指标。下一步可研究与交通运输行业企业主管部门制定实行激励企业科技投入的财税优惠政策。交通运输企业的技术开发经费支出，经核实后可计入生产成本，并视同利润。

(三)开创多元化的投入方式和渠道，发展科技金融

开创多元化的财政科技投入方式和资金来源渠道，就是要实现政府、企业、金融体系在市场资源配置基础上科技投入的合理分工和协调配合。不同承担主体应采用不同投入方式：政府在公共产品领域以直接拨款方式为主，并配合税式支出、政府采购和政策性支持等多种方式参与投入并作政策引导；在私人产品领域，政府一般不提供资金，主要职责是维护完善的公平竞争市场环境并施以合理政策引导，对企业、商业性金融、非营利机构的投入潜力应积极鼓励，逐渐由指令性、计划性资助转向引导性资助，由直接出资转向通过环境建设进行间接支持。要强化财政科技投入的引导和杠杆作用，充分调动金融资本和企业资本参与科技创新活动的积极性，放大财政科技投入的作用，带动全社会资金参与到科技投入中，形成多方面合力。其中尤其要发展科技金融，创新资金供给方式和渠道。

科技金融是促进科技开发、成果转化和高新技术产业发展的一系列金融工具、金融制度、金融政策与金融服务的系统性安排，发展科技金融创新，能够有效地引导企业、社会投入，发挥财政资金“四两拨千斤”和乘数效应。因此，可将财政科技投入作为杠杆资金吸引社会资本，通过建立科技管理部门与银行的合作机制，建立科技投融资平台，发挥其在促进科技金融工作中的纽带作用，并积极与省内外金融机构、创业投资机构合作，在广东省共建交通运输科技投资机构，建立科技投资风险补偿制度，组建科技风险投资基金、科技风险补偿基金、科技企业融资担保基金等。加强财政科技投入资金与银行信贷、科技投资资金、企业研发资金及其他社会资金的结合，促进政府有关部门、科技型企业、金融机构、中介服务机构科技投融资服务协调机制的建立，引导社会增加交通运输行业科技投入，增强财政科技投入的引导作用和放大效应。

第七章　广东省交通运输科技成果推广的政策机制

第一节　交通运输行业科技成果的现状与问题

一、科技成果推广的内涵

(一)科技成果的内涵及分类

科技成果是指某一科学技术问题通过研究活动取得的具有一定学术意义或实用价值的创造性劳动结果,并获得实践检验及社会承认。科技成果一般分为理论性科学成果(包括基础理论和应用基础理论研究成果)、应用型技术成果和软科学成果三大类:

理论性科学成果着重考核其学术意义,看其是否提出或产生新理论、新概念、新原理等。

应用型技术成果是指具有实用价值、能够产生社会和经济效益的技术成果。应用型技术成果按照其物化程度一般可分为两大类,即非物化型技术成果和物化型技术成果。非物化型技术成果一般提供给人们能够产生社会或经济效益的可操作性的方法,如组织管理、疾病预防等方法。物化型技术成果主要是指以新设备、新材料、新品种等物质形式表现的技术产品。

软科学成果是综合运用自然科学、社会科学和哲学的理论和方法,对复杂的社会课题(人、自然、社会经济、科学技术之间相互作用的政策课题和社会问题)进行预测、规划、管理和评价而得出最优化的解决方案和决策。

所谓推广应用的科技成果,主要是指应用型技术成果。

(二)"推广"与"转化"的内涵

在探究科技成果推广的内涵时,有几个相关的概念容易混淆,其中最主要的就是"科技成果转化"。根据《中华人民共和国促进科技成果转化法》,科技成果转化是指"为提高生产力水平而对科学研究与技术开发所产生的具有实用价值的科技成果所进行的后续实验、开发、应用、推广直至形成新产品、新工艺、新材料、发展新产业等活动"。国外很少直接使用"科技成果转化"这个概念,与之意义最为接近的是"技术转移"和"技术创新"。具体来讲科技成果的产生和转化主要分为四个发展阶段:第一阶段为技术原理构思阶段,第二阶段是实验室研究阶段,第三阶段是中试放大阶段,第四阶段是工业化生产阶段。《国家科技成果重点推广计划管理办法》规定:"推广计划"其宗旨是有组织、有计划地将大批先进、成熟、适用的科技成果,以及高新技术成果推入国民经济建设主战场,动员成千上万的科技工作者和全社会的力量,在农村、工矿企业中大范围大面积的推广应用,提高经济增长和社会发展效益,促进产业结构的调整和产业技术水平的提高,特别是传统产业技术水平的提高。

成果推广是要将先进、成熟、适用的科技成果推入国民经济建设主战场,实现科技成果在较大范围内的应用；而成果的转化包含了研究成果的再加工过程、实际应用过程和形成新产品、新工艺、新材料的发展新产业的过程。因此，从这个角度理解，科技成果转化的过程要涵盖科技成果的推广应用过程。

(三)“成果推广”的范围界定

提到科技成果推广，自然会想到，何谓推广，即应用到何种程度可以认为实现了推广。经过初步分析，结合当前交通运输科技成果应用的现状，本书将“推广”这一概念界定为：一是科技成果除了为获取实验数据而在实践中应用外，还进行了其他实践应用的；二是科技成果纳入了标准规范的；三是进行了规模化生产的。

二、相关主体及职责

交通运输科技成果推广体系中三个最核心的主体是交通运输行业科技主管部门(政府)、科技成果持有者与科技成果使用者。在国家政策层面，对其中的行业科技主管部门和科技成果持有者两个主体提出了明确的成果推广应用要求，具体如下：

(1)行业科技主管部门(政府)。行业科技主管部门对本行业科技成果推广负有职责，《国家科技成果重点推广计划管理办法》明确提出，省、自治区、直辖市科委(以下简称地方科委)和国务院有关行业部门科技司(局)负责“省部级推广计划”，要有相应的机构和人员负责管理本地方和本行业部门的推广计划；国务院有关行业部门科技司(局)归口管理、指导和协调本部门科技成果推广工作，主要职责包括：制定和组织实施本行业部门的推广计划；组织实施国家级“推广计划”；组织行业性重要推广活动；探索和培育符合行业发展特点的科技成果推广运行机制，负责向国家科委推荐国家级“推广计划”指南项目；协助国家科委对推荐的指南项目进行评审和本行业技术依托单位的管理。

(2)科技成果持有者。科技成果持有者对自身所持有的科技成果负有应用实施的义务。《科技进步法》明确规定了科技项目承担者的义务和国家保留的权利：第一，要求承担者依法保护项目形成的知识产权，积极予以产业化，并就实施和保护情况向项目管理机构提交年度报告，以便国家对其实施情况实行监督；第二，对承担者在合理期限内没有实施的知识产权，国家可以无偿实施，也可以许可他人有偿实施或者无偿实施，其中合理期限将根据项目的领域、技术成熟程度等情况综合判断；第三，无论承担者实施情况如何，国家为了国家安全、国家利益和重大社会公共利益的需要，可以将其科技成果无偿实施，也可以许可他人有偿实施或者无偿实施。最后一种情况主要指发生重大疫情、自然灾害等情况下国家对科技计划和基金项目知识产权保留使用的权利。

三、目前交通运输科技成果推广面临的困难与问题

目前，交通运输行业的成果推广工作尚不能满足行业发展的现实需要。成果推广尚未形成长期有效的推广机制，科技成果推广应用的具体环节中存在着一些体制机制方面的障碍，包括：

(一)科技成果推广的政策引导有待加强

在过去较长的一段时期内，科技示范工程以公路基础设施尤其是高速公路领域的技术成果推广示范为主，水运基础设施、综合运输体系、安全与应急保障、绿色交通等领域相对较少。科技示范的布局需要加大调整，全面推动各个领域的成果推广应用。其次，促进企业发展成为科技创新主体的政策引导需进一步加强，以实现从成果使用者源头自发推动科技成果推广的良性循环。

（二）科技成果推广应用的内生动力不足

在成果持有者方面，科研院所、高等院校更为关注的是科研项目带来的其他收益，如在职称评定、成果奖励方面的利益，对科研成果工程化、产业化的动力不足。作为交通运输科技创新的主体，基于市场竞争的压力，交通运输企业对其掌握的科研成果，由于关乎企业的核心竞争力，往往没有向外推广的动力。在成果使用者方面，对于交通运输建设施工企业，虽然一些新成果应用于工程会大大降低工程成本，具有很大的经济效益，但实际上这些效益并不与企业的利益直接挂钩，因为采用新成果所降低的成本会直接在工程概预算中剔除，企业并得不到这部分收益，反而会由于新成果的应用使得作业流程、工艺都大量改变导致其管理成本上升。对于交通运输基础设施的工程建设业主，由于一些节能安全环保类的新成果并不能降低成本，没有直接的经济效益，用于工程上可能反而会导致工程概预算增加，增加业主的成本，如果按旧技术也能达到国家现行的安全环保能耗要求，那么业主单位就没有积极性应用新成果。此外，成果使用方作为成果应用主体，面对质量终身责任制的要求，应用没有纳入标准规范中的新成果，可能要承担一定的风险，同样没有应用积极性。

（三）推广相关机制有待完善

鼓励成果持有单位推广成果、鼓励应用单位使用成果的机制尚待完善。首先，有效的资金引导机制和奖励机制，如“以奖代补”等还没有引入到交通运输科技成果推广之中，经济驱动效应不强。其次，对于成果持有者，其开展成果推广工作在职称评定、科技奖励方面缺乏相应的激励措施，对于成果使用者，其采用新技术没有直接的经济利益挂钩，还存在一定的风险，缺乏必要的政策扶持和激励手段。

（四）部分成果的成熟度有待提高

一些交通运输科技成果自身的成熟度尚不足，也是影响成果顺利推广的重要因素。造成这种情况的主要原因，一是缺乏跟进和深化研究，造成成果技术不成熟，离推广应用存在差距；二是科研成果缺乏有效整合集成，单项成果多，成套技术少，配套性、工艺性较差；三是成果最终不是以指南、手册、操作规程等形式体现的，指导实践的可操作性不强。而造成深化研究、成果集成缺乏的主要原因是处于科研与推广之间的二次研发、中试环节目前还缺少政策、资金的支持。

（五）缺乏稳定的经费支持

首先从部层面看，“十二五”期间，交通运输部设立了交通运输科技成果推广计划，成果推广有较为稳定的财政资金支持，但“十三五”期间，交通运输科技经费包括科技成果推广经费如何安排，目前财政部尚没有明确，需继续争取财政经费对成果推广的长期支持。其次从地方层面看，目前，只有43%的省（自治区、直辖市）设立了地方交通运输科技成果推广计划，地方财政经费对成果推广的长期稳定机制需要进一步完善。

（六）推广机构发展缓慢

首先在部级层面，与水利、住建等行业成立了专门的推广机构相比，交通运输部尚没有设立专门的推广机构指导行业科技成果推广工作。其次在地方层面，大部分省份也没有设立专门的推广机构统筹省内科技成果推广工作。推广机构的缺乏使得复杂烦琐的科技成果推广管理工作由各级交通运输科技主管部门承担，增加了部门负担的同时，也不利于成果推广的专业化管理。此外，行业内科技成果推广的第三方中介机构数量少，发育不成熟，尚未有效发挥在科技成果持有方、科技成果使用方、政府机构、金融机构间的桥梁纽带作用，为成果推广供需双方提供技术信息、技术咨询、技术转让和人才培训等服务的能力尚不足。

(七)科技成果信息交流不畅

目前，行业已搭建了交通运输科技信息资源共享平台，科技成果推广是其中的子平台，但发展还不完善，主要是缺乏好的商业模式带动，平台只是起到了简单的成果信息发布作用，在对接成果市场供需方面的效果不明显；中介机构相比于信息平台，所掌握的信息量更少。据调研反映，目前行业内的成果持有方和使用方之间的信息沟通和技术服务购买、技术转让等成果推广交易撮合更多地依赖社会关系和非正规渠道，通过成果推广信息平台和中介机构的很少。此外，科技成果信息资源分散在各级各个单位，没有形成共享机制，交通运输科技信息资源共享平台尚未实现集中和发布全行业的成果信息，也对信息的交流带来了阻碍。

第二节　广东省交通运输科技成果推广体系建设

一、建设背景

为加快推动科技成果转化为现实生产力，国家、行业、省等各级政府发布了《中华人民共和国促进科技成果转化法》(2015 年修订)、《实施〈中华人民共和国促进科技成果转化法〉若干规定》(国发〔2016〕16 号)、《关于印发促进科技成果转移转化行动方案的通知》(国办发〔2016〕28 号)、《关于加强交通运输科技成果推广工作的意见》(交科技发〔2011〕509 号)、《广东省自主创新促进条例》(2016 年 3 月 31 日修订通过)等一系列法律法规。与国家、行业、省等各级政府的科技创新政策相衔接，广东省交通运输厅十分重视科技成果的推广应用，作为我国交通强省，多年来大力推进广东省交通运输科技体制机制创新，加强对广东省交通运输行业科技工作的管理，培养成果转化专业人才，不断完善交通运输领域科技推广服务，提高科技成果转化率。“十二五”期间，广东省累计投入 7 778 万元落实了 468 个公路水路建设、养护、信息化工程、节能减排等方面的科技项目，形成一大批先进科技成果，部分科技成果已在广东乃至全国各地的公路交通建设和养护实践中得到了广泛应用。

总体而言，近年来广东省交通运输科技成果转化与推广工作已经取得了一定的成绩，但由于科技政策和科技创新环境的变化，加之现有的交通运输科技管理制度中推广应用功能薄弱，亟需在原有科技管理制度的基础上构建新的省交通运输科技创新体系，升级改造现有广东省交通运输科技综合管理服务平台，强化成果转化及推广应用功能，达到以科技创新促进交通运输行业发展的目的。

二、建设思路

省交通运输科技成果转化与推广体系建设的总体思路是：建立一个政府引导、市场主导的成果转化与推广管理体系，以政府为引导、交通运输企业为主体、科研机构和高等院校为支撑、中介机构为纽带，充分发挥政府与市场的合力。

科技成果转化与推广需调动行业内外各方协力完成。省交通运输主管部门通过政策引导，完善促进成果推广应用的机制，营造良好的成果转移转化制度环境，激发各类主体参与成果转化的积极性；交通运输企业推广应用科技成果，提高生产建设的质量和效益；科研机构和高等院校是科技成果的供给主体，面向生产建设开展成果推广、提供技术支撑；中介机构积极参与成果推广，开展科技信息服务、技术咨询、成果交易等工作，为成果供需双方搭建合作桥梁。

交通运输行业是应用型行业，科技成果需求与工程实际紧密相连，交通运输科技成果的转化具有分布广、投资多、社会影响大、受依托工程代表性影响大等特点，并具有一定的公益性，正因为具有上述特点，交通运输科技成果转化与推广工作呈现推进慢、见效微的局面，科技成果推广的内生动力不足，表现为以下几个方面：

(1)对于成果持有方，科研院所与高等院校更为关注科研项目带来的职称评定、成果奖励等方面的效益，对科技成果工程化、产业化的动力不足；交通运输企业迫于市场竞争的压力，对其持有的关乎企业核心竞争力的科技成果，往往没有对外推广的动力。

(2)对于工程建设业主单位，由于进行交通运输科技成果转化担负的风险高，不敢轻易使用不成熟的科技成果。如果按旧技术能达到国家现行的标准要求，业主单位就没有积极性应用新成果。

(3)对于施工企业，虽然一些新成果应用于工程可降低成本，但采用新成果所降低的成本会直接在工程概预算中剔除，并不与企业的利益直接挂钩，反而可能由于新成果的应用使得作业流程、工艺大量改变导致其管理成本上升。

解决科技成果转化与推广的内生动力问题，是推动省交通运输科技成果转化与推广工作、保证省交通运输科技成果转化与推广体系顺利运行的前提。省交通运输主管部门应充分发挥引导作用，营造科技成果转移转化良好的制度环境，以需求为牵引，以市场为导向，调节科技成果转化主体的利益关系，激发各类主体参与科技成果转移转化的积极性和创造性，实现从成果使用者源头自发推动科技成果推广的良性循环，加强对成果转化工作先进经验的宣传推广，激励和促进科技成果转化。

三、总体架构

从科技成果转化与推广过程上看，一项科技成果转化的完整过程包括了成果评价、发布、交易(转移)、推广应用、标准化、产品化等流程，根据成果转化的流程，结合广东省交通运输行业实际情况，构建“政府引导，市场主导”的省交通运输科技成果转化与推广管理体系框架，如图 7-1 所示。

构建的省交通运输科技成果转化与推广体系由市场运作机制和公益供给机制两大部分组成，其中市场运作机制是核心是主体，公益供给机制起着调控和引导的作用。只有形成市场运作机制和公益供给机制相结合的科技成果推广新格局，以市场机制作为基础性调节手段的同时依靠政府引导，二者相互协调，才能使科技成果转化与推广产生规模效益。

(一)市场运作机制

科技成果转化与推广的市场运作机制，包括供求机制、竞争机制、价格机制等。市场在配置科技成果资源中发挥决定性作用。根据市场运作机制，完善科技成果转移转化的需求导向机制，强化企业转移转化科技成果的主体地位，大力发展技术市场，拓展新技术、新产品的市场应用空间。

在省交通运输科技成果转化与推广体系框架中，市场运作机制包括：①第三方评价科技成果；②市场化成果信息发布；③成果技术市场交易；④成果市场自主推广；⑤成果制定企业标准；⑥成果实行产品认证。

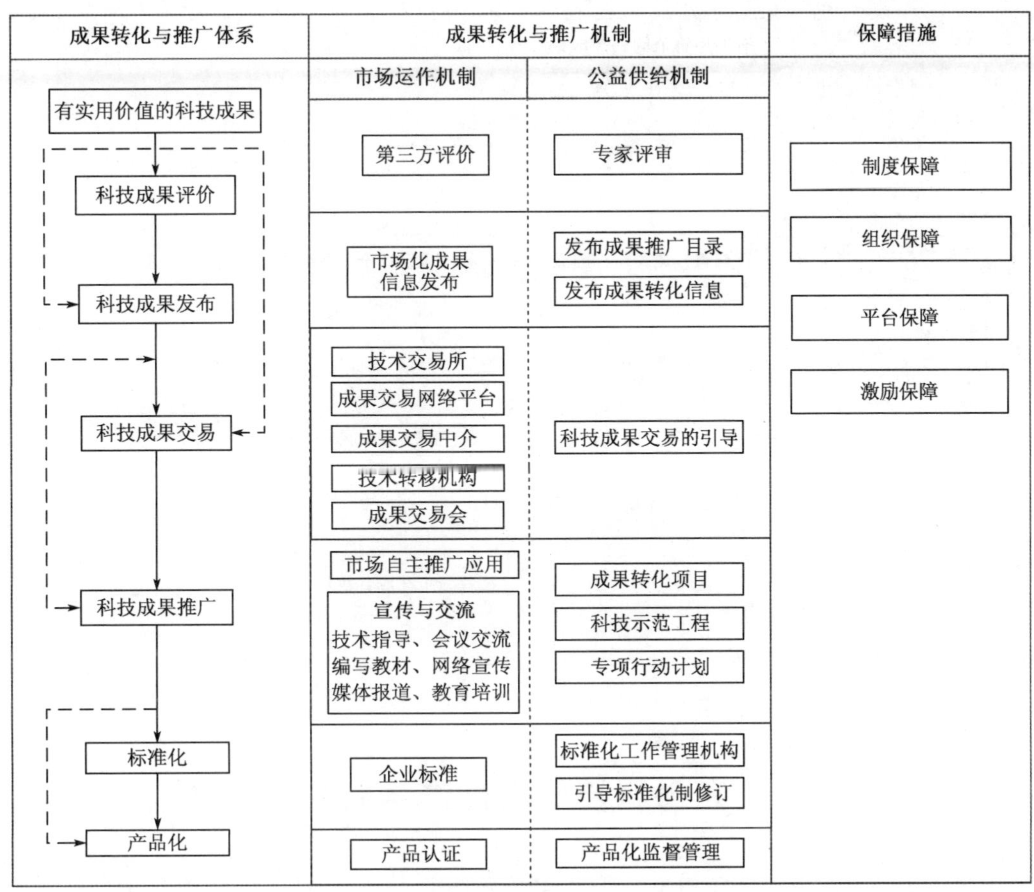

图 7-1　省交通运输科技成果转化与推广体系

成果转化与推广单位根据自身发展要求，考虑市场的供求条件，自主进行科技成果的转移、转化及推广，并通过开展技术指导、会议交流、编写教材、网络宣传、媒体报道、教育培训等各种形式的宣传与交流，扩大成果的推广规模和效应。

(二)公益供给机制

成果转化与推广的公益供给机制由厅科技主管部门主导，通过充分发挥政府的引导作用，完善成果转化与推广运行机制，落实成果转化与推广激励保障，提高社会各方参与成果转化的内生动力，从供给与需求两侧发力，搞活科技成果转化市场，营造有利于科技成果转移转化的良好环境，逐步形成市场需求倒逼研发的成果转化新局面。成果转化与推广的公益供给机制流程如图 7-2 所示，对于有实用价值的科技成果，在通过鉴定或科技成果评价备案后可进行科技成果推广目录的评选。列入推广目录的科技成果，可采用通过媒体宣传、教育培训、推荐申报标准制修订、科技成果转化项目、科技示范工程等方式加大推广力度，根据成果成熟程度分为以下几种情况：

(1)当成果完全满足工程竣工标准，且已经形成标准时，可直接在工程项目中进行推广应用。

(2)当成果满足工程竣工标准，但未形成标准时，依据成果类型，推荐新工艺成果制订地方操作规程、新产品成果进行产品认证、新技术成果制修订技术标准；当成果满足现行主体工程竣工标准时，推荐制修订地方专项验收标准。

(3)当成果不满足工程竣工标准时，推荐现场推广应用中难度较大的先进、适用、成熟的科技成果，开展成果转化项目、科技示范工程或专项行动计划，推进成果的转化和推广应用。

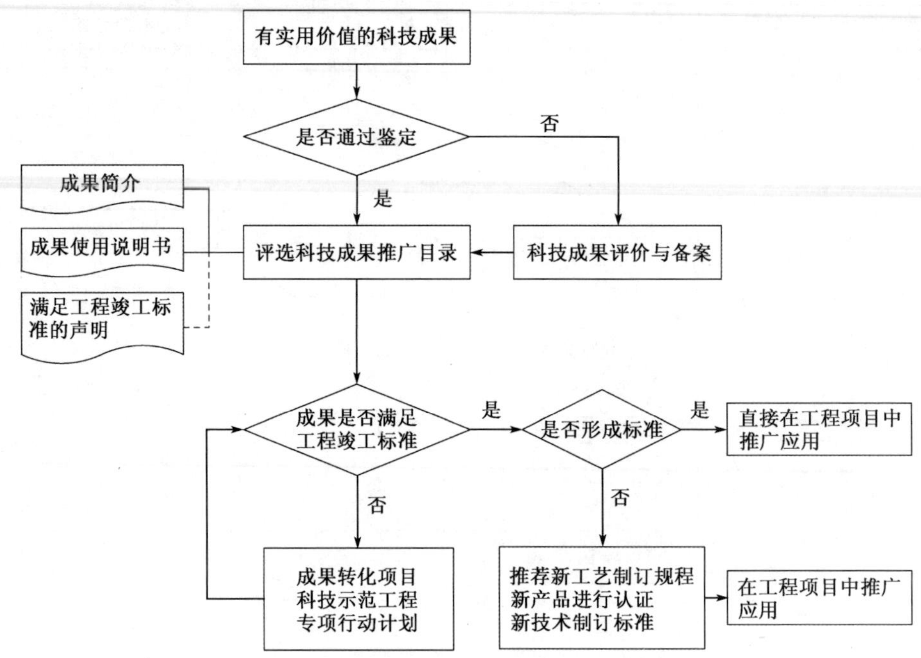

图 7-2　成果转化与推广的公益供给机制流程

第三节　广东省科技成果推广体系的运行机制

以广东省交通运输科技成果转化与推广管理体系为基础，主要针对成果转化与推广运行过程中政府的引导作用，分别研究了成果评价、成果发布、成果交易、成果推广、标准化、产品化的成果转化与推广运行机制。其中，成果评价是基础，成果发布与交易是重点，标准化和产品化是导向，成果推广是目的，只有这几种主要机制相互协调、相互配合，才能加速广东省交通运输科技成果的转化。

一、科技成果评价

科技成果评价是指对有实用价值科技成果的先进性、适用性、成熟性以及预期推广风险等进行客观评价的活动。鼓励科技成果转化单位积极开展科技成果评价，经过部、省级科技主管部门或地方交通运输主管部门鉴定的科技成果无须再进行科技成果评价，科技成果未经鉴定且需经省交通运输主管部门发布或推广的，必须先进行科技成果评价。科技成果评价主要分为公益供给机制的评审与市场运作机制的评价两种方式，前者由交通运输厅科技主管部门组织实施，后者由行业内客观、公正、权威的科技服务机构组织实施，成果转化单位可以自行选择科技成果评价方式。

(1)公益供给机制的成果评价。公益供给机制的科技成果评价，由厅科技主管部门(或委托第三方机构)组织专家对科技成果进行评审，重点评价科技成果的先进适用性、工程验证效果、推广应用的可操作性、预期推广风险等，评审专家组将科技成果评价结果形成书面意见，并由科技成果转化单位将评价意见报厅科技主管部门备案。成果评价一般每年集中评审 1～2 次，评价过程包括科技评价申请、形式审查、专家评审、评价结果备案 4 个程序。

(2)市场运作机制的成果评价。市场运作机制的科技成果评价，由成果单位委托行业内客观、公正、权威的科技服务机构组织实施，科技服务机构包括有相关评价资质和能力的行业研发中心、科研机构、重点实验室、检测机构等。市场运作机制的成果评价可以通过第三方试验验证、第三方组织专家评审、试验验证与专家会审相结合等形式进行评价，具体的评价形式由双方根据成果的类型确定。

二、科技成果发布

科技成果发布是指通过各种方式公布科技成果信息，以促进科技成果的共享和转化的活动。经市场化平台发布成果信息属于市场运作机制范畴，经省交通运输主管部门发布成果信息属于公益供给机制范畴。公益供给机制的科技成果发布由省交通运输主管部门主导，依托科技项目管理和应用推广平台，发布成果推广目录和成果转化信息，为技术转移和成果转化提供信息支撑。

(1)成果推广目录发布。结合广东省交通运输发展需求，定期遴选先进、实用、成熟的科技成果，以科技成果推广目录的形式进行发布，以点带面，推进省交通运输行业内科技成果的推广应用和公开共享。科技成果推广目录的工作开展分为遴选成果推广目录、发布成果推广目录两个步骤。科技成果推广目录的遴选工作由省交通运输主管部门委托科技服务机构组织专家委员会实施(建议与成果评价同时开展)。成果推广目录遴选包括成果征集与筛选、专家评审、形成推广目录公示稿三个阶段。科技成果推广目录的发布工作，应经成果持有单位书面同意，公示后在省交通科技网发布。

(2)成果转化信息发布。基于广东省交通运输行业实际情况和形势要求，建立成果转化信息发布制度，以便于省交通运输主管部门掌握成果转化情况，督促成果持有单位积极转化科技成果，在保护知识产权和涉密信息的基础上，确保科技成果转化信息最大限度的公开与共享。此外，根据单位科技成果转化年度报告情况，对单位科技成果转化绩效予以评价，并将评价结果作为对单位予以支持的依据之一。成果转化信息发布分为成果转化信息上报、成果转化信息审查、成果转化信息发布3个步骤。利用财政性资金资助形成成果的持有单位，应按要求每年定期上报科技成果转化情况，鼓励非财政性资金资助形成成果的单位上报、申请发布成果转化信息。

三、科技成果交易

科技成果交易分为公益供给机制和市场运作机制。公益供给机制中，省交通运输主管部门对科技成果交易进行引导，促进科技成果公平、公正、有序交易；市场运作机制中，成果供需双方通过技术市场上的各类平台进行成果交易，包括技术交易所、成果交易网络平台、成果交易中介、技术转移机构、成果交易会等。

四、科技成果推广

科技成果转化包含了对科技成果进行的后续实验、开发、应用、推广直至形成新技术、新产品、新工艺、新材料、发展新产业等活动。科技成果推广应用的概念界定在科技成果转化的第三、第四阶段，是指科技成果在已完成了后续实验和开发等中试阶段后，推向市场的过程。

科技成果推广应用涉及的影响因素很多，主要包括科技成果性能、科技成果市场需求、政府调控引导行为等。科技成果推广应用由市场运作机制和公益供给机制组成，二者相互协调，共同推动科技成果的推广。经市场自主推广应用属于市场运作机制范畴，经省交通运输主管部门引导实施的成果推广属于公益供给机制范畴。

(一)市场运作机制

成果推广单位考虑市场的供求条件，根据市场条件，自主推广应用成果，通过各种宣传与交流方式，扩大成果的推广规模和效应。

(1)市场自主推广应用。发挥市场在配置科技创新资源中的决定性作用，完善科技成果转化与推广的需求导向机制，拓展新技术、新产品的市场应用空间。

(2)宣传和交流。广泛开展技术指导、会议交流、编写教材、网络宣传、媒体报道、教育培训等各种形式的宣传与交流，加大对科技成果的宣传推广力度。承担推广任务的单位通过组织专家深入生产建设一线，举办科技讲座、技术培训和经验交流等活动，提高培训与交流的针对性、系统性和实效性。

(二)公益供给机制

省交通运输主管部门可通过成果转化项目、科技示范工程、专项行动计划，创新科技成果推广应用方式，充分发挥政府引导作用，促进交通运输科技成果推广应用。

(1)成果转化项目。基于广东省交通运输行业实际和发展的形势要求，依托先进、成熟、适用的科技成果，通过试行“后补助”方式，由省交通运输主管部门定期组织开展科技成果转化项目，重点推广有利于产业技术升级、有利于行业科技进步、有利于促进行业可持续发展、有利于提高经济效益、社会效益和环境效益的科技成果。成果转化项目主体由省交通运输主管部门、成果转化单位和中介机构组成。成果转化项目的实施流程包括项目申报、立项评审、项目启动、项目执行过程管理、项目验收(鉴定)、成果公开归档登记等。

(2)科技示范工程。依托广东省重点公路建设项目等重大工程建设，按照“紧扣工程特点，贴近建设需求，突出典型示范”的基本思路，开展省交通运输科技示范工程建设。推广应用一批新技术、新材料、新工艺，把科技示范工程建设成为交通运输科技创新和科技成果转化的重要平台，为针对性解决广东省粤东西北高速公路建设中关键问题提供有效的技术支撑。科技示范工程的工作开展分为主题遴选和组织实施两个阶段。其中，示范工程主题遴选包括立项建议征集、形式审查、专家评审、政府采购确定承担单位4个步骤。

(3)专项行动计划。以科技成果推广和重大科技研发为重点，选取基础条件相对较好的重点领域，针对高等级公路建设养护面临的集中问题，联合组织科研院所、高等院校、交通运输企业等开展专项行动计划，着力解决影响和制约交通运输发展的关键技术问题，带动交通运输技术突破和产业发展。专项行动计划由省交通运输主管部门主导实施，专项行动计划实施过程包括征集专项行动计划主题、审议与确定专项行动计划方案、签订专项行动计划实施框架协议、正式印发专项行动计划、专项行动计划的实施与检查、专项行动计划的验收总结等环节。

五、科技成果标准化

科技成果标准化的市场运作机制包括了编制企业标准等，公益供给机制包括省交通运输行业标准化工作管理机构的建立，以及对标准化制修订的引导。为更好地促进广东省交通运输地方标准的建设管理，在广东省管理现状的基础上，开展广东省管理机制建设和标准建设流程规范化两项工作。

管理机制建设工作包括：①构建省交通运输行业主管部门与标准化工作行政主管部门的协调机制，省质监局和省交通运输厅明确权责界定和工作划分，共同监管全省交通运输标准化工作；②构建广东省交通运输行业地方标准化工作管理的组织机构，包括省交通运输地方标准管理委员会和省交通运输地方标准技术委员会；③建设标准化管理制度，包括《广东省交通运输地方标准化管理委员会管理制度》和《广东省交通运输地方标准管理办法》，使标准化有章可依。

标准建设流程规范化工作分析了广东省交通运输地方标准建设实施流程，提出了广东省交通运输行业地方标准的规范化操作和管理，解决了广东省交通运输行业地方标准实施和监管的难题。

六、科技成果产品化

科技成果产品化的市场运作机制是指科技成果产品认证，公益供给机制是指省交通运输主管部门对产品化过程的监督管理。

交通运输科技成果产品是指涉及交通建设、养护管理和运输市场，影响交通运输安全和工程建设质量的产品。交通运输科技成果产品应通过具有该产品认证能力的交通运输行业认证机构或者其他认证机构的认证，实行自愿性产品认证管理。交通运输科技成果产品转化管理遵循科学、依法、公开的原则。交通运输科技成果产品通过产品认证后可以通过宣传网络、信息通报、交通运输科技成果产品认证交流会、交通运输科技成果产品认证工作简报等多种形式宣传和推广。

第四节　加强科技成果推广的措施建议

一、夯实制度基础，强化政策引导

完善科技示范工程布局，着重在基础设施建设与维护、综合运输体系建设、安全与应急保障、绿色交通等领域开展科技示范工程，注重突出特点、亮点和重点，避免工程示范特点雷同，成果应用规模不大等问题。

加强政策引导，制定和组织实施交通运输科技成果推广计划，强化对科技成果推广的监督与评价，提高成果推广应用对科技项目立项和评审的参考价值。根据技术成果的成熟度，按照强制推广应用和引导推广应用的类别，以重点工程为载体，促进科技成果的应用。加强交通运输科技项目的立项管理，充分发挥企业技术创新主体的作用。在立项工作中，坚持需求为导向、应用为根本、创新为核心的立项原则。强化成果转化与科技研发相结合，对涉及科技研发成果应用转化的科研项目，在项目合同中明确成果转化应用的任务，并将其作为项目鉴定验收的重要考核指标。在选择项目承担单位过程中，注重支持企业牵头、产学研用相结合的技术创新模式。

二、深化工程建设市场化改革，建立激励机制

进一步推动交通运输建设项目建设管理模式市场化，改进建设实施方式，对非经营性政府项目加快推行“代建制”，通过市场化机制选择代建单位，促进工程项目的技术及管理手段趋于现代化，为新技术成果引入拓展空间。同时，提高建设工程市场主体风险管理意识，推行工程保险制度，使建设工程市场主体敢于采用新技术、新材料，以缓解工程可能存在的风险对其造成的经济和责任压力。

建立对成果持有方的激励机制，在科技成果转让和转化成功投产后，对完成该项科技成果及对成果转化做出重要贡献的人员从转让和转化收入中提取一定比例给予奖励的政策。在科技人员职称评定、聘用过程中，将其在推广方面做出的业绩作为重要的考核指标予以考虑。研究制定科技成果推广应用

奖励政策，部科技主管部门对行业成果推广先进单位和个人给予表彰奖励。

三、改革标准规范管理模式，促进成果及时向标准规范转化

交通建设与运输企业是最终的成果应用者，应充分调动行业协会和企业在标准制修订中的积极性，推动先进技术成果快速向标准规范转化。强化科技计划执行与技术标准制修订的互动，充分发挥标准对科技项目立项的需求引导作用，将科研成果形成标准作为科技项目立项和验收的考核指标；标准制修订要有效承接科技创新成果，促进科技成果及时转化为先进标准。

加强研发成果的孵化，在计划、资金等方面加大对深化研究、成果集成、中试、二次研发的支持，推动形成具备成熟度、集成性、配套性和工艺性的成果，畅通科技研发与成果推广应用的连接链条。

四、实施“以奖代补”，加大推广激励

在现有制度框架下，利用交通运输科研资金，从企业技术创新计划和推广计划入手，建立成果推广“以奖代补”的科技投入奖励机制，加大推广激励。具体奖励方式为：企业技术创新计划项目完成后，对技术成果进行评价，对成果技术先进性、产业化或技术推广前景、综合经济效益等符合相关要求的项目，申请交通运输科研经费对成果转化及工程化、产业化给予支持；开展项目中期评价，对推广效果较好，如成果专业技术水平高、推广规模大、经济社会效益好的项目予以经费支持，用于技术成果的深化研究，推动技术成果形成标准规范。

五、加快推广机构建设，强化推广组织

加快交通运输科技成果推广机构建设，一方面建立具有政府推广管理职能的推广机构，承担交通运输科技成果推广计划及科技示范项目的组织管理、推广指南的制定发布，推广目录的编制、推广信息网络的建设与维护，承办技术交流、产品推介、科技展览、科技培训等；另一方面加强科技成果推广中介机构建设，强化其在科技成果持有方、科技成果使用方、政府机构、金融机构间的桥梁纽带作用，为成果推广供需双方提供技术信息、技术咨询、技术转让和人才培训等服务。以上两种机构建设，都可依托行业内已有的学会、协会、科研院所等资源，拓展其相关职能。对于第一种模式中的推广机构，可借鉴相关行业经验，鼓励其承办一部分面向市场的与科技推广业务有关的科技咨询、技术服务和科技评估等工作，从市场获得收入，支撑机构的日常运转。

六、加强科技成果信息共享，畅通成果信息交流渠道

在交通运输科技成果推广平台中引入商业模式，实现成果持有方与使用方的供需对接，撮合技术服务购买、技术转让等推广交易；鼓励中介机构参与到平台的商业运作中，为供需双方提供专业的技术咨询、法律咨询、融资咨询等推广交易相关服务。建立科技成果上报机制，将各级交通运输科技计划及企业和单位自主研发形成的科研成果汇总到部级科技成果信息库，实现全行业科技成果信息的共享，加快中央、各级各地成果推广信息系统的互联互通。继续以开展科技示范项目、发布推广指南和推广目录、编制科技丛书、组织开展技术交流会和交通科技大讲堂等方式，促进优秀科技成果示范应用和交流共享。

七、加强促进科技成果推广的基础工作

继续推进科技成果推广目录发布工作；完善交通运输科技计划重大成果报告制度和重大成果发布制度，建立涵盖广东省交通运输科技计划的统一的交通运输科技成果库；加强科技成果推广的知识产权保护；继续推进科技基础条件平台建设，促进科技创新资源和成果的开放与共享。

八、广泛开展税收优惠政策宣传

广东省及各地市交通运输主管部门要在行业内加强成果推广转化相关的税收优惠政策宣传，使科研机构、高等院校和企业了解国家对科技成果推广转化给予的所得税税收优惠政策，促进技术成果转让、技术培训、技术咨询、技术承包等科技成果推广活动深入实施。

第八章　广东省交通运输科技评估政策与方法

第一节　国内外科技评估现状与比较

一、国外科技评估的发展历程

国外科技评估活动开展最早的是美国，起始于20世纪20年代。20世纪初，美国成立国会服务部(CRS)，直接针对各委员会及议员们提出的各类问题进行研究、分析和评估，其中与科技有关的研究、分析和评估可认为是科技评估的雏形。经过多年的发展，该项工作在美国已成为制度化、经常性的工作，并建立了科技评估支持系统。美国关于科技活动较为完善的评估机制以及丰富的评估形式和内容，引起了许多国家的纷纷效仿。法国、德国、加拿大、日本、丹麦，于20世纪40年代至60年代开始科技评估工作；瑞士、瑞典、英国、澳大利亚、韩国等国的科技评估工作，开始于20世纪80年代；西班牙、新西兰、泰国等国的科技评估工作，开始于20世纪90年代。

二、国外科技评估的方法与步骤

科技评估的方法是不断发展和完善的。最初的科技评估采用定性分析方法进行评估，受主观因素影响较大。为此，人们逐渐把一些数学、运筹学和经济学等学科中的方法引用到科技评估中，以提高评估结果的科学性和客观性，科技评估逐步进入定性分析和定量分析相结合的阶段，评估质量有了质的提高。

从20世纪80年代开始，一些发达国家已经开始对科技计划进行评估。美国先进技术计划(Advanced Technology Program)的评估，不仅要评价项目的短期、中期和长期影响，而且还要以项目评估的结果，来促进计划的实施。评估活动包括制订评估计划、开发评估模型、收集数据、微观和宏观的案例分析、统计和经济分析等。韩国政府为了证明政府科技计划的合理性，采取定性和定量的方法来分析计划实施的社会经济影响，对科技计划的绩效评价是以事后成效为主，运用科学的研究程序来研究、评价和改善科技计划的各个重要方面，并与科技决策、预算分配形成反馈和联系机制。例如，2000年韩国国家科学技术理事会(NSTC)通过问卷调查，分析评价结果，完成了对韩国超先进计划(HAN计划)社会经济影响的评估研究，对下一步科技决策的形成有较大影响。

目前，很多国家科技规划(计划)评估是以定性分析为基础，以定量分析为手段，采用定性与定量相结合的方法，但也有一些国家仍只采用定性分析为主的方法进行评估。美国、法国、日本等国家科技评估目前是采用定性和定量分析相结合的方法；英国、瑞士进行科技评估是以定性分析为主；瑞典科技评估基本上采用定性分析方法。

国外科技评估的步骤，一般包括：

(1)评估的前期论证、筹备阶段。根据前期获取的被评估对象的相关原始资料，论证评估机构是否有能力承担此项任务。然后由评估机构组建评估小组，聘请专家(一般是国内或国际相关学术领域的知名人士、风险分析专家、咨询专家等)。

(2)基础准备阶段。评估小组制定评估方案，同时遵循一定的方法，制定相应的评估指标，选择指标处理方法，设计详细的调研提纲。

(3)数据(资料)的收集阶段。

(4)数据(资料)的分析整理阶段。

(5)综合汇总阶段：根据分析后的数据起草评估报告，举行听证会(咨询会)，讨论并形成最终评估报告，并根据具体情况，决定评估报告是否公开发行。

三、我国科技评估现状分析

从实践来看，我国的科技评估已经有近 20 年的历史。1993 年为适应政府职能转变与科技体制改革的需要，促进科技资源优化配置，国家科学技术委员会(现科学技术部)开始将科技评估手段引入科技宏观管理环节，率先启动了我国的科技评估工作，并制定了 5 年的评估规划。1994 年国家科技评估中心进行了“八五”科技攻关计划评估，开创了我国科技计划评估的先河，对如何有效进行科技计划评估进行了初步探索。

1996 年，国家科技评估中心又开展了“863 计划”执行十年评估工作。在该次计划评估中，国家科技评估中心采用定性判断与定量分析相结合的综合评估方法，以“863 计划”的五大民口领域为对象，开展了总体评估、专题评估、领域评估等多种形式的评估工作，从不同角度、多层次对“863 计划”进行总结和评价，为政府管理部门改进、完善计划管理工作提出若干有益的建议。此后，国家科技评估中心又先后开展了“863 计划”十五年总结评估、“973 计划”评估以及对国家高新技术开发区、国家新产品规划和国家工程技术研究中心等一系列重大科技规划的评估工作，这个阶段是我国科技评估具有开创性和里程碑意义的时期。随后，在科学技术部的推动下，各部门、各地方的科技评估工作陆续开展起来，相应成立了几十个科技评估机构，开展了一系列评估活动。

总体来看，我国科技规划评估工作开展的时间还比较短，处于起步阶段，但发展迅速，国家和社会对科技规划评估的需求也在不断扩大，科技规划评估的理论方法研究处于日趋活跃的发展阶段，为我国不同地区、不同行业开展相关科技评估工作提供了理论方法支撑和实践经验借鉴。

四、国外科技评估的经验借鉴

从国外开展科技评估的情况来看，主要有以下经验值得我们参考借鉴：

(1)高度重视科技规划(计划)评估工作。从国外科技评估的情况来看，各国对科技评估包含的科技政策评估、科技计划评估、科技项目评估、科技机构评估、科技人员评估等内容，并非全面开展，而是各有侧重。但其共同的一点是均开展了科技规划(计划)的评估活动。其中，既包括科技评估比较全面的美国、法国、日本，也包括科技评估有所侧重的澳大利亚、韩国、马来西亚，同时也有仅单一开展科技规划(计划)评估的瑞典和新西兰等。例如，美国具有十分完善的科技规划(计划)评估体系和评估制度，而且评估的法制化、程序化非常强；韩国依据其《科学技术基本法》，由韩国科学技术评价院负责对科技规划(计划)依法进行评估。德国也建立了比较完整的科技规划(计划)评估组织体系、评估组织机构、评估程序，对其科技规划（计划）进行评估。

(2)为决策服务是科技评估的基本宗旨。通过分析国外科技评估活动的特点可以发现，提高科技管理质量和公众监督水平是各国政府开展科技评估活动的最直接动因。各国政府在用国家财政收入资助科学研究活动的实践中，意识到随着科技发展的复杂化，科技研究活动的规模日益庞大，需要越来越有效的协调、管理和监督，来提高科技研发的质量和效益。同时，社会公众，特别是纳税人关心政府的科学研究投资是否与国家目标一致，资金使用是否有效。在这种背景下，科技评估作为政府管理的一项重要内容和手段，成为一种制度化、常规性的工作。

(3)定性与定量相结合是最常用的方法。在科技评估的方法上，目前国外运用较多的是定性与定量相结合的分析方法，即在专家评议的基础上，结合计量学、经济学方法开展科技评估。由于评估对象的复杂性，目前没有哪一种方法能够解决所有问题，每一种评估模型只适用于特定的环境、特定的评估对象和特定的评估目标，并各有其优缺点。在开展科技评估工作时，各国都很重视所使用数据的可靠性，并制定了专业化的评估规范，评估活动的设计和实施必须符合规范要求，尤其是强调所采用评估方法的科学性。

第二节　广东省交通运输科技评估体系的构建

一、广东省交通运输科技评估体系概述

由国内外科技评估现状得知，科技评估的方法大体可分为定性评估、定量评估以及这两种相结合的方法，学界普遍认同定性与定量评估需要互相结合、互相补充。科技评估的实施，通常由三个环节组成：一是根据评估目的选择评价指标；二是赋予指标权重；三是确定评价方法及模型，并实施评估。

广东省交通运输科技评估体系的构建，是在参考借鉴国内外科技评估相关理论方法的基础上，结合广东省科技管理特点和科技创新实际，分析形成的评估体系。广东省交通运输科技评估体系，立足于从科技项目质量、科技研发平台、科技创新人才、科技信用四个方面建立评价模型，对交通运输科技创新活动的各个方面进行全方位评估，评价交通运输科技研发活动在研发能力（研发平台的发展及科技人才的培养）上的提升效果，为交通运输科技研发全过程提供系统的质量、效益和规范性的评价方法，以提高科技研发活动自身的质量和经济、社会效益。需要指出的是，科技信用评估是通过科技研发过程的真实性和规范性来维护科技市场的健康运行。本部分在《关于加强交通运输行业信用体系建设的若干意见》（交政研发〔2015〕75号）、《广东省科学技术厅科技咨询专家信用管理实施细则（试行）》（粤科监审字〔2015〕198号）等政策框架下，研究探索广东省交通运输科技信用管理的制度机制和保障措施。

二、科技项目评估

当前广东省交通运输科技项目评估效果不佳，主要问题在于两个方面：一是没有形成有效的质量评价体系，对质量评价的认识和重视程度不够，质量评价方法选择不当，质量评价的操作过程走样，考核结果应用单一。二是评价指标设置不够合理。评价指标设置主要是按照任务分解指标，针对性不强，缺乏

差异性，指标权重的确立基本依据经验判断，缺乏科学性。

根据当前广东省交通运输科技项目的管理架构，科研项目相关成果是质量评价的主体，项目承担单位、项目负责人是科研项目质量的相关责任方。因此，科技项目管理机构、科技服务第三方单位、评估评审专家、项目承担单位、项目负责人共同构成科研项目质量评估体系，其体系架构如图 8-1 所示。

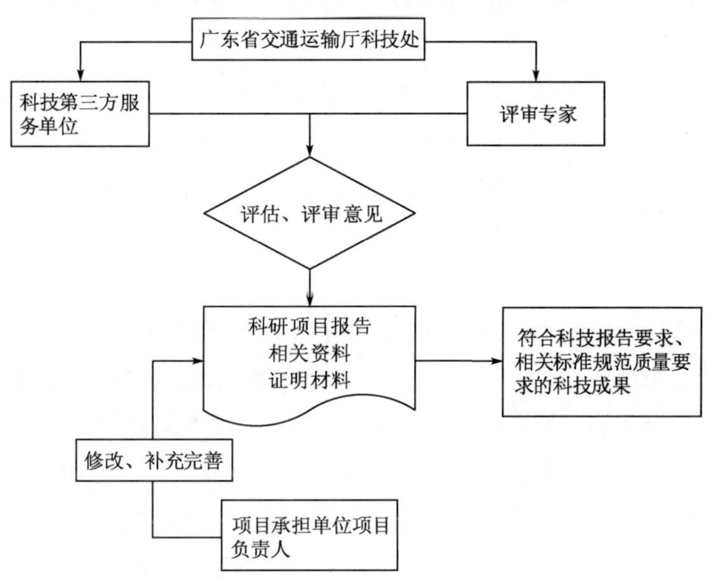

图 8-1　广东省交通运输科技项目质量评估体系框架图

(一)评估指标选取的依据

(1)《国家科学技术奖评审行为准则与督查暂行规定》(国科奖字〔2015〕13 号)；

(2)《国务院关于加快科技服务业发展的若干意见》(国办发〔2014〕49 号)；

(3)《关于加快建立国家科技报告制度的指导意见》(国办发〔2014〕43 号)；

(4)《科学技术研究项目评价通则》(GBT 22900—2009)；

(5)《科学技术评价办法(试行)》(国科发基字〔2003〕308 号)；

(6)《关于改进科学技术评价工作的决定》(国科发基字〔2003〕142 号)；

(7)《国家科技计划项目评估评审行为准则与督查办法》(中华人民共和国科学技术部令第 7 号)。

(二)评估指标选取及权重确立的方法

广东省交通运输科技项目质量评估指标的选取，是确保评估工作科学性和有效性的关键。在评估指标的选取上，可以分四个步骤完成：

1. 建立指标库

通过收集交通运输行业科技项目质量评估相关指标建立指标库，以便开展各类交通运输科技项目质量评估时选择使用。指标库的建立为今后各类项目评估指标的选取提供了科学、可靠的依据。

2. 选取关键指标

指标的选取要遵循有效性、独立性、可行性的原则。对初步建立的评估指标库中的指标进行筛选是一项重要的工作，通过对交通运输行业及科技项目的特点进行分析，掌握各项指标的重要性和相对独立性，进而结合所评估的科研项目特点，进行关键指标的选择。

3. 确立指标权重

在选择出相应的关键评估指标后，需要着重考虑的因素就是指标权重的设定，将已选择的评估指标按照评估工作所处的阶段进行划分，并采用层次分析法、德尔菲法分别确定其权重。采用层次分析法能够使评估具有较好的数理逻辑性，从而使评估结果具有较好的客观性；采用德尔菲法能够有效运用专家的智慧，将好的经验和体会融入评估结果中。

4. 设计评估标准

根据已知的指标权重设计评分标准，对指标的扣分、加分办法和极限值做出明确规定。设计过程中注意评分的公平、公正和可操作性，避免评分方法过于复杂，增大评价工作量和工作难度。

(三)评估指标体系的构建

结合广东省交通运输行业特点，可以将科技项目分为资料研究、可行性研究、实验研究、性能研究、工艺及装备、试验研究、工程研究、成本研究、产业研究 9 个类别，作为科技项目质量评估的一级指标，再根据每个类别需解决的关键点设置相应的二级指标。同时，对各类科研项目质量评估内容予以规定，特别注意各研究项目所解决的关键问题。由此，可以设计出广东省交通运输科技项目质量评估的指标及分值(表 8-1)。

表 8-1　广东省交通运输科技项目质量评估指标

一级指标	分值	二级指标	分值	评价内容	评 价 方 式	关 键 问 题
资料研究	100	文献调研报告	25	项目建议书	1. 项目单位完成二级指标规定内容，编制建议书、可行性研究报告； 2. 广东省交通运输厅科技处组织评审； 3. 专家打分	项目研究的必要性(定义产品)
		专利分析报告	50			
		产业分析报告	25	可行性研究报告		
可行性研究	100	目标分析	20			项目研究的可行性(选择技术路线)
		技术方案分析	30			
		实施方案分析	30			
		风险分析	20			
实验研究	80	产品对标分析	10	专利、论文、技术报告	1. 项目单位完成二级指标规定的内容，并自评； 2. 第三方单位对实验过程进行监督和对文件、报告等提出独立的评价建议； 3. 广东省交通运输厅科技处进行评价，评价通过后，进入下一阶段的研究或推广	实验结果能够反映技术内在规律和产品关键性能
		实验条件建立	10			
		关键技术研究	25			
		过程规律研究	20			
		关键功能分析	15			
性能研究	80	产品标准研究	15	标准、规范、检测报告、专利、论文、技术报告		特色呈现，产品性能能够被准确描述
		检测规范研究	15			
		性能检测研究	30			
		关键性能分析	20			
工艺及装备	80	关键装备研究	25	设备验收报告、专利、检测报告、技术报告		技术演示，确立关键装备和工艺
		关键工艺研究	25			
		质量控制研究	15			
		产品性能分析	15			
试验研究	80	产品试验研究	30	试验规范标准、用户检测报告、产品分析报告、技术报告		产品演示，确立产品的使用价值
		产品应用研究	30			
		产品演示分析	20			

续上表

一级指标	分值	二级指标	分值	评价内容	评价方式	关键问题
工程研究	80	工艺流程分析	30	工程建设验收报告、用户使用报告、技术报告	1.项目单位完成二级指标规定内容，编制研究报告； 2.广东省交通运输厅科技处组织评审； 3.专家打分	工程演示，确立工程体系
		工程条件建设	30			
		客户关系建立	20			
成本研究	100	工程应用研究	50	工程技术验收报告、产品销售情况报告、产品成本分析报告		价值展示，确立工程和产品价值
		客户产品研究	30			
		成本分析研究	20			
产业研究	100	生产规模扩大	40	投资分析报告、效益分析报告、竞争力分析、新产品建议		体现价值
		产品市场研究	30			
		客户产品开发	30			

三、科技研发平台评估

科技研发平台作为国家、地方科技创新体系的重要组成部分，是企业、区域乃至国家提高核心竞争力的重要途径。科技研发平台评估必须能够充分激发各创新主体的积极性，促进各创新主体之间的交流与合作。

（一）科技研发平台评估指标体系的构建依据

1.广东省交通运输行业科技创新需求

广东省作为我国的交通大省，发展现代交通运输业，关键在于大力发展交通运输科技创新，强化应用基础研究、提升创新平台能力、营造良好创新环境，建立和完善适应交通运输发展需要的科技服务体系。广东省交通运输厅结合交通运输部和广东省交通运输行业的特点，编制了《广东省交通运输行业“十三五”科技发展规划》，进一步明确“十三五”期间行业科技创新研发平台的研发方向与需求，重点研发方向集中在智慧交通、防灾减灾、环保节能、新材料等领域。广东省交通运输行业发展的技术需求和能力需求，是构建广东省交通科技研发平台评估指标体系的首要依据。

2.广东省交通运输科技研发平台的功能定位

多年来，广东省交通运输行业确立了“政府引导、市场主导”的发展理念，充分发挥市场机制作用，建立了交通运输科技创新的驱动机制，探索形成了“政、产、学、研”合作机制，建立了以企业为主体的交通运输行业科技创新体系。根据科技创新发展的政策要求，结合广东省交通运输科技管理现状实际，科技研发平台是广东省交通运输行业科技创新体系的重要组成部分，涵盖科技辅助管理、科技成果的评估认证、成果转移转化、资源开放共享等主要功能和职责，这些功能特点是构建广东省交通运输科技研发平台评估指标体系的重要基础。

3.借鉴的相关经验

目前，国外比较完备的科技研发平台评估指标框架有欧盟的创新记分牌体系（EIS），其共有五个维度（创新投入、创新驱动、知识创造、企业创新、创新产出）26个指标，这类指标体系力求全面概括各类创新活动的全部状况，并随着人们不断深入开展创新活动、不断深化对规律认识，不断地扩充其评价因子。国内比较有代表性的科技研发平台评估指标体系研究主要涉及创新资源、创新过程和创新结果三个方面。通过分析资源类要素、过程类要素及产出类要素三个维度，来衡量研发平台的有效性。综合各方实践，目前应用较多的科技研发平台评估指标体系主要从创新投入与创新产出两个角度出发，分环境支撑、资金支持、人力资本和成果实现四个维度来构建评估指标体系。

（二）科技研发平台评估指标体系的构建原则和思路

1. 评估指标体系构建原则

类似于其他科技创新活动评价指标体系，科技研发平台的评估指标体系也是一系列逻辑上存在关系并满足一定评价要求的多指标集合，而非指标的简单叠加。因此，其评价指标体系的构建也要遵循科学性、系统性、简洁性、可比性、可操作性及针对性等原则。

2. 评估指标体系构建思路

在评估指标体系的构建中，首先查找国内外相关的科技创新研发平台及其评估指标体系相关的文献，再结合国内科技研发平台建设的新形势、新要求来搜索指标。通过对文献资料的整理分析，筛选出广东省交通运输科技研发平台评估指标体系的初步指标集合，根据对广东省交通运输行业的科技需求以及科技研发平台功能定位的分析，结合国家级重点科技研发平台、省部级重点科技研发平台的评价指标体系，筛选出符合广东省交通运输科技研发平台实际的评价指标，继而进行更为详细的分类。具有较强的类似性及相容性的评估指标应考虑合并；指标考察难度过大或者范围太广，易导致数据收集难度加大，应考虑细化指标。广东省科技研发平台评估指标体系设计流程详见图 8-2。

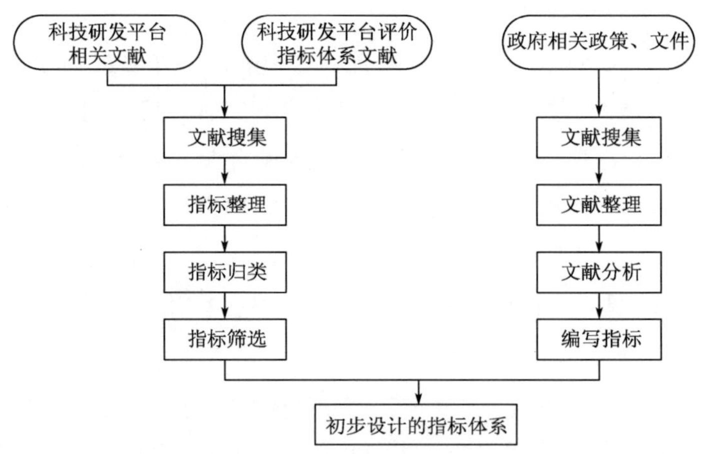

图 8-2　广东省科技研发平台评估指标体系设计流程

（三）广东省交通运输科技研发平台评估指标的选取

评估指标体系的初选方法，主要有分析法、综合法、交叉法等。根据构建评估指标体系的基本思路，在分析国家重点实验室、国家工程中心、交通运输行业重点实验室、各省重点实验室等的评价指标的基础上，根据广东省交通运输科技研发平台的建设目标，通过实地调查、专家访谈等形式，结合评估指标确立的原则和思路，对评估指标进行选取和优化。

在指标的选取上，德尔菲法是一种有效的方法。专家构成包括三类：一是交通运输科技主管部门负责人、常年负责科技平台评估组织工作的人员以及有关单位长期从事科研管理工作的人员等；二是担任行业重点实验室、工程技术中心负责人多年，多次亲身经历国家科技创新研发平台评估的一线科研或管理工作人员；三是参与科技研发平台相关政策和理论研究的知名学者。依照选择的某一指标的专家人数小于 10%时取消该指标的原则，在拟定的指标基础上删掉这些专家选择概率小的指标，初步确定广东省交通运输科技研发平台的评估指标集。

为了更好地评价广东省交通运输科技创新研发平台的有效性，结合广东省交通运输行业的科技创新需求与科技创新研发平台的功能定位，将初选指标集从科技研发与创新、科技成果产业化、科技创新服务、平台建设与运行管理四个方面构建广东省交通运输科技创新研发平台的评估指标体系，该体系共计 34 个指标，详见表 8-2。

表 8-2　广东省交通运输科技创新研发平台的评估指标体系

一级指标	二级指标	三级指标
科技研发与创新	研发能力及成果水平	项目立项等级与数量的比例
		项目完成数量与成果水平
		专利、论文及著作数量
		获奖水平与数量
		解决的现实问题或政策采纳的数量
	科技资源整合与共享	项目交流与合作数量
		人员交流与合作次数
		资源(信息、设备等)共享程度
科技成果产业化	科技成果信息	发布成果信息数量
		科技成果信息关注度
	科技成果评估认证	科技成果评估认证数量
		科技成果认证比例
	科技成果推广与交易	推广应用项目的数量和比例
		项目推广应用范围
		创新投入占收入的比例
		取得的间接社会经济效益
		技术交易件数和交易额
科技创新服务	中介服务	科技成果中介管理服务的数量和比例
	企业培育	孵化高新企业数量
		科技企业营业利润增长率
	科技队伍与人才培育	科技队伍研发领域水平
		科技队伍的数量
		人才引进或培养数量
	科技创新咨询与管理	项目咨询或政策咨询数量
	科技金融服务	财政资金支持的项目数量
		财政资金投资占总创新投入的比例
		科技创新投融资项目数量和比例
平台建设与运行管理	配套设施建设	配套制度完备性
		配套措施有效性
		房屋建筑面积
		仪器、设备投入数量
	运行管理	平台运行的经费投入
		平台运行的人力投入
		平台管理的绩效水平

(四)广东省交通运输科技研发平台评估指标权重的确立

广东省交通运输科技研发平台的评估指标体系共分为三层：目标层为一级指标，依据广东省交通运输科技创新需求与科技创新研发平台的功能定位，将其分为科技研发与创新、科技成果产业化、科技创新服务、平台建设与运行管理四个层次；二级指标层为准则层，从 12 个角度进行了更进一步的细化分类；最后一层为具体单项指标层，共含有 34 个测度指标。

确定指标权重的方法主要有专家打分法、德尔菲法、两两比较法、序列综合法、层次分析法、标准离差法等。由于该指标体系中评价指标既包含定性指标，又包含定量指标，且许多创新工作难以用定量指标进行精确描述，因此在权重赋予时采取专家打分与分层次分析相结合的综合方法。

根据专家对广东省交通运输科技研发平台评估指标权重问卷的回收和打分数据的算术平均值处理，分层次构建了判断矩阵，求出最大特征根，进行一致性检验，然后对相应的最大特征值的特征向量进行归一化，得到具体权重。最后，根据上一层次指标的权重与下一层指标的归一化权重，算出下一层次各指标的最终权重，最终得到广东省交通运输科技研发平台评估指标体系各层次指标的权重，具体见表 8-3。

表 8-3　广东省交通运输科技研发平台评估指标权重分配

一级指标(权重)	二级指标(权重)	三级指标(权重)
科技研发与创新(0.35)	研发能力及成果水平(0.25)	项目立项等级与数量的比例(0.03)
		项目完成数量与成果水平(0.05)
		专利、论文及著作数量(0.05)
		获奖水平与数量(0.06)
		解决的现实问题或政策采纳的数量(0.06)
	科技资源整合与共享(0.10)	项目交流与合作数量(0.03)
		人员交流与合作次数(0.03)
		资源(信息、设备等)共享程度(0.04)
科技成果产业化(0.28)	科技成果信息(0.04)	发布成果信息数量(0.02)
		科技成果信息关注度(0.02)
	科技成果评估认证(0.09)	科技成果评估认证数量(件/年)(0.04)
		科技成果认证比例(0.05)
	科技成果推广与交易(0.15)	推广应用项目的数量和比例(0.03)
		项目推广应用范围(0.03)
		创新投入占收入的比例(0.03)
		取得的间接社会经济效益(0.02)
		技术交易件数和交易额(0.04)
科技创新服务(0.22)	中介服务(0.03)	科技成果中介管理服务的数量和比例(0.03)
	企业培育(0.05)	孵化高新企业数(家/年)(0.02)
		科技企业营业利润增长率(0.03)
	科技队伍与人才培育(0.05)	科技队伍研发领域水平(0.02)
		科技队伍的数量(0.01)
		人才引进或培养数量(人/年)(0.02)
	科技创新咨询与管理(0.03)	项目咨询或政策咨询数量(0.03)
	科技金融服务(0.06)	财政资金支持的项目数量(0.01)
		财政资金投资占总创新投入的比例(0.02)
		科技创新投融资项目数量和比例(0.03)

续上表

一级指标(权重)	二级指标(权重)	三级指标(权重)
平台建设与运行管理(0.15)	配套设施建设(0.08)	配套制度完备性(0.025)
		配套措施有效性(0.025)
		房屋建筑面积(0.01)
		仪器设备投入数量(台套)(0.02)
	运行管理(0.07)	平台运行的经费投入(0.02)
		平台运行的人力投入(0.02)
		平台管理的绩效水平(0.03)

四、科技创新人才评估

科技创新人才是广东省交通运输事业发展的主力军,政府在人才评估中应该起到引导和激励作用,同时发挥用人单位在科技创新人才评价中的主体作用。广东省交通运输科技创新人才,主要针对项目负责人、团队负责人、领军人物等主要科技人才,以及科研创新团队。

(一)评估主体的界定

在一个科学的评估体系中,企业应作为科技人才评价的主体,市场是人才评估评价的“试金石”,政府是人才评估的引导者。《国家中长期科技人才发展规划(2010—2020年)》中也指出,要“确立用人单位在科技人才评价中的主体地位”,支持用人单位自主评价科技人才,将人才评价权交给企业、事业单位等用人主体,鼓励和指导用人单位组建评价机构、完善评价办法,做到人才评价与岗位管理、薪酬激励的有机衔接,提高人才评价的实用性。同时,应引入社会中介组织评估人才,使政府从直接评估者转向服务管理者,克服过去科技人才评估主体单一、过于行政化的弊端,调动社会多元主体,推动人才工作的有效开展。因此,用人单位是科技创新人才评价的主体,同时鼓励社会中介组织开展科技创新人才评估工作。

(二)指标体系建立的原则和思路

在借鉴国内外经验的基础上,通过定量评估与定性评估相结合、静态分析与动态分析相结合,在总结我国以往的科技人才评价的基础上,根据广东省交通运输科技创新人才的实际情况,设计适合广东省交通运输科技创新人才实际的评估指标体系。评估指标的选择应遵循以下几项原则,即针对性原则、系统性原则、实用性原则、数据的可得性原则、有效性原则、动态性原则。

根据上述原则,在建立广东省交通运输科技创新人才评估指标体系时,应遵循以下思路:结合广东省交通运输科技创新人才自身特征,通过文献查找或访谈调研,确立初步指标;采用德尔菲法,对已建立的初步评价指标进行筛选和修改,最终确立评价指标体系;运用德尔菲法、重要性排序法对指标体系进行权重赋值和最终确定。

(三)评估指标选取及权重确定

1.评估指标的选取

根据文献研究结果,广东省交通运输科技人才评估采用关键指标法。首先,通过调研等方法,建立初步的关键评价指标,然后通过德尔菲法对初步指标进行筛选和修改,从而确立评估指标体系,再运用德尔菲法对指标进行权重赋值。

(1)指标采集

采用文献查找、访谈的方法来采集相关指标,从而构建一个比较全面、可操作的交通运输科技人才评估指标体系。

通过文献查找法采集指标,利用中国知网数据库、国家及各省市的行业报告、网站、书籍等资源,查阅国内外有关学术文献及资料,得到一些相关指标。有些指标不明确,有些比较泛泛,有些存在意义重合的情况,从中进行分析和筛选,并与专家进行探讨,选择恰当的指标,建立初步指标体系,具体见表8-4。

表 8-4　广东省交通运输科技创新人才评估初步指标体系

目　标　层	准　则　层	指　标　层
交通运输科技人才	道德品质	政治素养
		职业道德及品行
		团队精神
	工作态度	事业心
		责任心
	学识水平	受教育程度(学历)
		知识面广度
		专业技术知识
		外语水平
		计算机水平
	工作能力	科研能力
		知识更新能力
		解决实际问题能力
		创造思维能力
		科技管理和组织领导能力
		发展潜能
	工作数量	承担课题数
		科研成果及专利数
		专著、论文数
	工作质量	科技成果受奖等级
		鉴定成果水平
		论文、专著水平
		人才培养和学科建设水平
		学术职务
		管理效果
		推广应用的经济和社会效益

(2)指标的筛选与修改

党管人才是我国人才政策的原则。同时,政府对科技人才评估的落脚点是国家利益,因此,交通运输科技创新人才的道德品质、工作态度必须纳入评价的范围。

科研质量和创新能力是科技创新的核心,是人才价值的核心体现,能不能给企业创造出有价值的创新型成果也是用人单位最关心的核心问题。为鼓励科技创新,对于获得专利的采取加分鼓励。

工作质量和创新能力是评价一个交通运输科技创新人才的两个核心指标，也符合国家中长期科技人才发展规划中对人才评价的导向。道德品质、工作态度和学识水平是科技创新评价的基础，作为合格的交通运输科技创新人才必须具备一定的专业知识，必须热爱本职工作，而且能为国家、广东省交通运输行业服务。交通运输科技创新人才评价指标经过筛选和修改后，从6个方面(道德品质、工作态度、学识水平、创新能力、工作数量、工作质量)20个指标进行评价，具体见表8-5。

表8-5　广东省交通运输科技创新人才评价指标体系及说明

目标层	准则层	指　标　层	指标的说明(按优、良、中、差等级评定)
交通科技人才	道德品质	政治素养	是否对祖国和人民忠诚，是否服从党和国家的管理
		职业道德及品行	是否存在学术成果剽窃、学术造假、学术权力滥用等问题，以及在生活作风方面是否存在不良记录
	工作态度	团队精神	摒弃狭隘的个人主义和小集体主义，具有团队合作精神
		事业心及责任心	爱岗敬业、认真负责，具有干一行、爱一行、干好一行的精神，而不是散漫、马虎、不负责任
	学识水平	受教育程度(学历)	博士、硕士、本科、大专及中专
		知识面广度	本专业及相近专业知识精通、熟悉、掌握、了解的程度
		专业技术知识	精通、熟悉、掌握、了解本专业知识的情况，可以结合个人的职称(高级、副高级、中级、初级)加以评估
		外语及计算机水平	分精通、熟悉、掌握、了解
	创新能力	解决实际问题能力	用“面对问题的态度”“处理问题的方式”“问题解决的品质”三项来评价
		创造思维能力	具有良好的立体思维能力，富有变通性、独特性、流畅性三种思维特征
	工作数量	承担课题数	根据个人主持、主研及参与课题的情况确定，以3、6、9为界限
		科研成果	根据个人主持、主研及参与课题的鉴定情况及专利数量确定，以2、5、8为界限
		专著、论文	专著、论文数
	工作质量	科技成果受奖等级	科技进步奖(国家级一、二等奖，省部级1～3等奖)，及行业协会奖(如詹天佑奖)
		鉴定成果水平	国际领先、国际先进、国内领先、国内先进
		论文、专著水平	论文按三大索引检索收录、核心期刊、一般期刊等进行区分；专著按独著、合著、编著、编写等加以区分
		人才培养和学科建设水平	根据人才培养的数量及档次，以及学科的知名度来评价
		学术职务	在国内外、部级及省级交通运输行业协会或学术机构中担任职位情况
		推广应用的经济和社会效益	根据推广应用的里程(100/500/1 000km)或者取得的效益(1 000万/5 000万/10 000万)来评价
		专利	每获得一项实用新型专利总分加一分，发明专利每项加两分

2.评估指标权重的确立

确定指标要素权重，现有的定性分析方法主要有三种：专家评分法、主观经验法、德尔菲法。对准则层 6 个指标进行重要性排序，按指标的重要性排序确定权重系数，见式(8-1)，根据已查找的资料及以往的经验，结合专家意见，科技创新人才评估指标权重见表 8-6。

$$\gamma=\frac{2n-2m+1}{n^2} \tag{8-1}$$

式中，γ 为权重系数；n 为指标项个数；m 为重要性排序号，$m \leqslant n$。

表 8-6 广东省交通运输科技创新人才评估标准及指标权重

目标层	准则层	权重	指标层	分值(优、良、中、差)				权　重
				85～100	70～85	60～70	0～60	
交通运输科技人才	道德品质	0.14	政治素养					0.07
			职业道德及品行					0.07
	工作态度	0.19	团队精神					0.10
			事业心及责任心					0.09
	学识水平	0.08	受教育程度(学历)					0.02
			知识面广度					0.02
			专业技术知识					0.02
			外语及计算机水平					0.02
	创新能力	0.25	解决实际问题能力					0.12
			创造思维能力					0.13
	工作数量	0.03	承担课题数					0.01
			科研成果					0.01
			专著、论文数					0.01
	工作质量	0.31	科技成果获奖等级					0.05
			鉴定成果水平					0.05
			论文、专著水平					0.05
			人才培养和学科建设水平					0.05
			学术职务					0.05
			推广应用的经济和社会效益					0.06
			专利					
	总得分							1.0

(四)科研团队评价指标及权重的确定

随着科学技术的深化发展，科学技术活动的复杂性越来越强，学科交叉性越来越显著，前沿探索、攻坚技术不能仅仅依靠个人力量完成，越来越需要一个创新团队来共同努力。因此，对科技创新团队的研究和考察也逐渐进入到科技管理与评估的视野中。

科技创新团队，是在共同的科技研发目标下，由团队带头人和一定数量的科技人员组成，通过分工合作，创造出具有自主知识产权成果的科技研究群体。交通运输科研团队，或称之为交通运输科技创新团队，其主要成员是交通运输行业创新型科技人才，从事的工作是解决交通运输科技难题或探索发现新的交通运输科学知识和技术，也包括辅助的科研管理和服务人员，以及团队的领导者。

交通运输科技创新团队的特征可概括为：有特色鲜明的研究方向和明确的研究目标，具有良好的社会信誉；成员优势互补；相互尊重、相互信任，能够充分发扬学术民主，具有良好的学风；团队的领导者具有良好的战略眼光和协调能力，能够起到表率作用，使整个团队和谐有序地运作；能够持续产生创新成果，尤其是产生重大科技成果。

根据国内各类科研管理部门及机构对科技创新团队进行评估的经验做法，可将科技创新标准归纳为两大类：一是成果性判定标准，二是状态性判定标准。但是，从科技创新活动的过程来看，以上两个静态性判定标准并不能完全满足科技创新团队事前选优工作的要求。相反，为了满足静态指标并获得相应的资助，一些单位经常出现临时组建团队，把一些缺乏合作基础、不相关的研究人员组合在一起，作为科技创新团队进行申报，导致后续的科研活动无法得到保障。因此，在对科技创新团队进行评估或事前选优的判定过程中，应该在对团队已有的创新水平和创新基础等静态指标进行考察的基础上，结合科技创新团队创新过程的动态影响因素，进行综合判断。

因此，构建科技创新团队评估指标体系和判定标准时，在反映团队技术水平的成果性判定标准和反映团队研究方向与能力水平的状态性判定标准的基础上，应增加关于研究过程与研究能力的互动因素标准，即科技团队的创新过程管理能力标准。经过分析、总结国内的研究成果，设计出广东省交通运输科技创新团队的评价指标及权重（表 8-7）。

表 8-7　广东省交通运输科技创新团队的评价指标体系

序号	指标内容		分　值	权　重
1	研究成果资格判定标准	发表论文专著及影响力	0～100	0.13
2		获得各类科技奖励	0～100	0.05
3		科研项目经历	0～100	0.10
4		自主知识产权成果	0～100	0.05
5	状态性判定标准	研究平台建设	0～100	0.13
6		学术带头人	0～100	0.10
7		团队结构	0～100	0.10
8	创新管理能力判定标准	研究方向的创新性	0～100	0.10
9		团队创新领导力	0～100	0.10
10		团队管理规范性	0～100	0.07
11		团队激励机制有效性	0～100	0.07
12	总得分			1.0

五、科技信用评估

（一）评估对象

按照《广东省交通运输厅科技项目管理办法》，参与项目管理的各个主体均要建立信用评价机制。因此，广东省交通运输科技信用评价体系分别对科技项目管理的专业机构、评估评审专家、项目承担单位、项目负责人四个信用主体建立信用管理体系，其体系架构如图 8-3 所示。

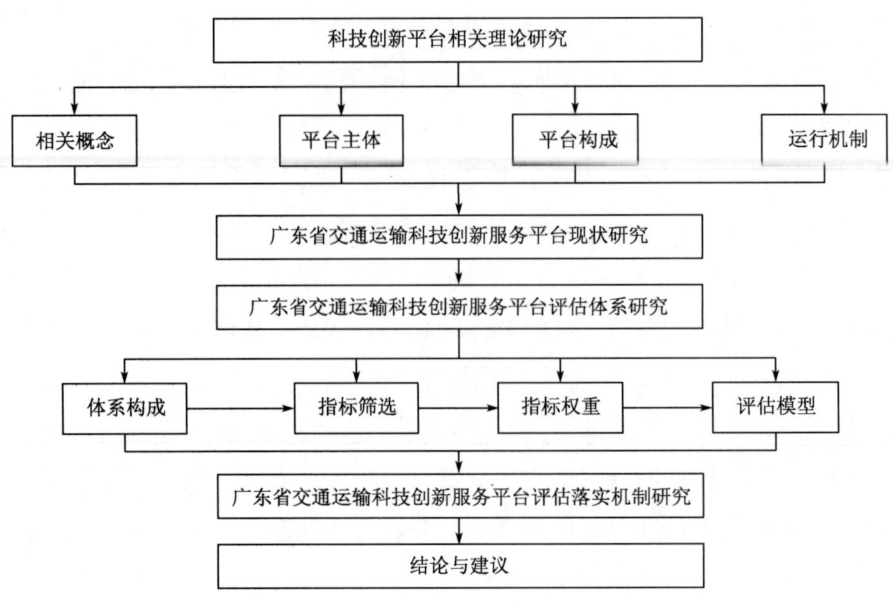

图 8-3 广东省交通运输科技信用综合评估体系

(二)评估指标

广东省科技信用评估指标体系包括评价指标的建立依据、基本原则、主要思路、评估方法、指标确定、指标权重、评价等级、信用评价模型等内容。依据国家相关管理规定,遵循科技发展规律、实事求是、客观公正等原则,确定广东省科技信用管理相关责任主体的指标体系。

(三)评估等级

科技信用评估等级划分为 5 个级别,即 AAA、AA、A、B、C,各评估等级含义见表 8-8。

表 8-8 评估等级划分

级 别	含 义	应 用	级 别	含 义	应 用
AAA	优秀	具有优先权	B	较差	2 年内禁用
AA	良好	重点考虑	C	失信	3 年内禁用
A	一般	可用			

(四)评估模型

在确定评价指标基础上,依据各评估主体的具体情况,建立相应的信用评价模型,以得到信用评价结果,实施解体步骤主要包括信息采集、数据信息处理和指标分析、利用模型进行实证分析和对模型进行动态追踪与完善等。

(1)采集相关的科技信息。一方面,通过走访相关部门及单位,对相关评估主体进行访谈与交流,收集并核实相关资料;另一方面,可通过广东省交通运输科技服务系统采集已收集到的相关数据资料。

(2)数据信息的处理和指标的分析。对采集的数据信息进行处理,区分定性指标与定量指标,并进行初步分析。

(3)建立模型,进行信用评价。将对应的数据代入相应指标,利用信用评价模型进行实证分析,观察评估结果,验证模型合理性与准确性。

第三节　广东省交通运输科技评估的运行机制

一、科技项目质量评估机制

(一)国家关于科技项目评估的政策导向

根据《国务院办公厅关于做好行政法规部门规章和文件清理工作有关事项的通知》(国办函〔2016〕12号)精神,科学技术部决定对《科学技术成果鉴定办法》等规章予以废止。废止后,根据科学技术部、教育部等五部委联合印发的《关于改进科学技术评价工作的决定》和科学技术部发布的《科学技术评价办法》的有关规定,各级科技行政管理部门不得再自行组织科技成果评价工作,科技成果评价工作由委托方委托专业评价机构进行。通过第三方专业评价机构对科技成果的科学价值、技术价值、经济价值、社会价值进行客观、公正的评价,更有利于获得投资方和合作方的认可,更有利于技术交易的顺利进行,更有利于获得政府支持。

近年来,科学技术部委托有关机构进行了大量的科技评估实践活动,积极推动科技评估制度化建设。科技评估活动在科技计划及其项目实施中扮演反馈机制、联系纽带及监管措施的角色,使科技计划管理具有"自我学习"功能,可实现动态调整和更新,达到可靠、高效;科技评估活动将不同方向、不同层次的科技项目与国家及行业科技决策紧紧联系起来,使科技评估服务于国家目标、行业发展规划。实践证明,科技评估在科研重大专项管理中发挥了重要作用,加快推进了重大专项的实施。

(二)组织与实施

科技项目质量评估的主要内容包括:技术创新程度、技术指标先进程度,技术难度和复杂程度,成果的重现性和成熟程度,存在的问题及改进意见。为保证评估结论的科学性、准确性,应针对不同类型科技项目研究成果的具体特点,采用不同的评价指标加权量化进行定量评分,然后在定量评分结果基础上进行综合评价。在组织实施上,科技成果评估可以采取会议评估和通信评估两种形式。

(1)会议评估。需要对科技成果进行现场考察、测试,或需要经过答辩和讨论才能做出评价的,可以采用会议评估形式。由评估机构组织评估咨询专家,采用会议形式对科技成果做出评价。

(2)通信评估。不需要进行现场考察、答辩、讨论即可做出评价的,可以采用通信评估形式。由评估机构聘请专家,通过书面审查有关技术资料,对科技成果做出评价。通信评价必须出具评估专家签字的书面评价意见。

对于广东省科技项目质量评估而言,其工作流程如图8-4所示。

二、科技研发平台评估机制

(一)评估流程

1. 评估准备

针对待评估的科技研发平台,从专家库中抽取包含技术、财务、管理等方面的专家人才,组成科技研发平台评估小组,制度评估工作方案,确定评估指标及权重。

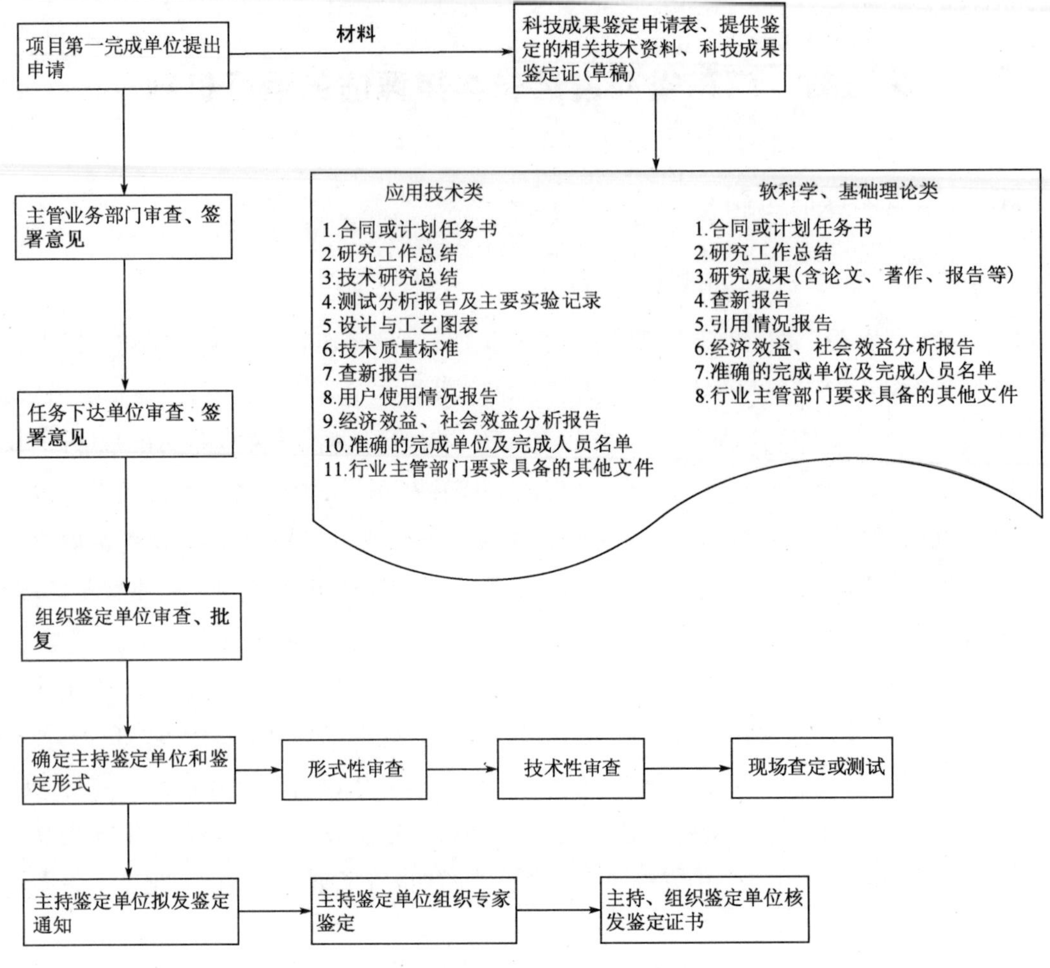

图 8-4　广东省科研项目质量评估工作流程图

2.评估数据的填报与核查

科技研发平台各主体方根据研发平台评估组织方(通常为交通运输科技主管部门)下发的通知,按期填报与研发平台评估指标相关的数据资料。评估小组检查上报数据资料,对存有疑问的数据资料进行现场核实工作。

3.评估实施与分析总结

评估小组对基础资料和数据进行分析评估,对研发平台进行量化评分,确定评估结果,形成评估报告。同时,针对评估中发现的问题,提出改进措施,将评估结果反馈到交通运输科技主管部门及研发平台其他主体方。

(二)评估标准

根据百分制换算得到广东省交通运输科技研发平台评估指标分值,结合各指标的分值(表 8-9),可对平台各评估指标进行打分,最后得到研发平台评估的量化总评分。

(三)评级标准

由上述研发平台评估方法得到的平台量化总评分,对应于表 8-10 中的平台评级标准,得到平台相应的评价等级(优、良、中、合格、不合格)。

表 8-9　广东省交通运输科技研发平台评估指标分值

一级指标(分值)	二级指标(分值)	三级指标(分值)
科技研发与创新(35)	研发能力及成果水平(25)	项目立项等级与数量的比例(3)
		项目完成数量与成果水平(5)
		专利、论文及著作数量(5)
		获奖水平与数量(6)
		解决的现实问题或政策采纳的数量(6)
	科技资源整合与共享(10)	项目交流与合作数量(3)
		人员交流与合作次数(3)
		资源(信息、设备等)共享程度(4)
科技成果产业化(28)	科技成果信息(4)	发布成果信息数量(2)
		科技成果信息关注度(2)
	科技成果评估认证(9)	科技成果评估认证数量(件/年)(4)
		科技成果认证比例(5)
	科技成果推广与交易(15)	推广应用项目的数量和比例(3)
		项目推广应用范围(3)
		创新投入占收入的比例(3)
		取得的间接社会经济效益(2)
		技术交易件数和交易额(4)
科技创新服务(22)	中介服务(3)	科技成果中介管理服务的数量和比例(3)
	企业培育(5)	孵化高新企业数(家/年)(2)
		科技企业营业利润增长率(3)
	科技队伍与人才培育(5)	科技队伍研发领域水平(2)
		科技队伍的数量(1)
		人才引进或培养数量(人/年)(2)
	科技创新咨询与管理(3)	项目咨询或政策咨询数量(3)
	科技金融服务(6)	财政资金支持的项目数量(1)
		财政资金投资占总创新投入的比例(2)
		科技创新投融资项目数量和比例(3)
平台建设与运行管理(15)	配套设施建设(8)	配套制度完备性(2.5)
		配套措施有效性(2.5)
		房屋建筑面积(1)
		仪器设备投入数量(台套)(2)
	运行管理(7)	平台运行的经费投入(2)
		平台运行的人力投入(2)
		平台管理的绩效水平(3)

表 8-10　交通运输科技创新研发平台的评级标准

平台量化总评分值	≥90	89～80	70～79	60～69	<60
评价等级	优	良	中	合格	不合格

三、科技创新人才评估机制

交通运输科技创新人才评估就是要研究交通运输科技创新人才的本质与特点、类型与结构，建立科学合理的内容与标准、程序与方法，采用适当的组织方式，通过提取分析交通运输科技创新人才的人力资本特征要素，促进交通运输科技创新人才评估工作的可行性、可靠性、合理性和科学性。

（一）评估周期及等级的确定

评估周期根据评估工作的需要灵活设定，可以是 1 年、最近 5 年，或者其他规定的时间周期内。

评估时将所有的指标按照优秀、良好、中等、较差分为 4 个等级，每个等级的打分范围依次为不小于 85、85～70、70～60、60 以下，打分后，计算其个人总得分。然后对所有专家的评分进行算术平均，平均得分即为该被评价人才的总得分。团队的评分则参照个人评价进行。

人才或团队的评估结果按其总得分的多少，划分为优秀、良好、中等、较差 4 个等级，其划分依据见表 8-11。

表 8-11　广东省交通运输科技人才评估等级

等级	优秀	良好	中等	较差
评分	≥85	<85,≥70	<70,≥60	<60

对于科技创新团队的事前选优评价工作，为减少工作量，可以分为三个阶段进行：第一阶段，主要考察候选科技团队的研究成果与资格条件；第二阶段，主要考察候选科技团队的研究平台与环境；第三阶段，主要考察科技团队的综合研究能力与创新潜力。在不同的评价阶段重点考察不同的评价内容，并分别进行排名。第一轮后，选定 50％的团队进入第二轮的评比，第二轮则主要考察候选科技团队的研究平台与环境，其中得分高的前 50％团队进入第三轮，第三轮主要考察科技团队的综合研究能力与创新潜力，其中排名前 60％的团队进入最终评审。在三个评价阶段，采用不同的通过率，并对所有通过三轮评审的科技创新团队三轮得分进行累加，即得总得分。然后，进行总分排序，按照排序的高低确定最终的支持名单。具体的事前选优判定流程如图 8-5 所示。各阶段的通过率及最终排序计分见表 8-12。

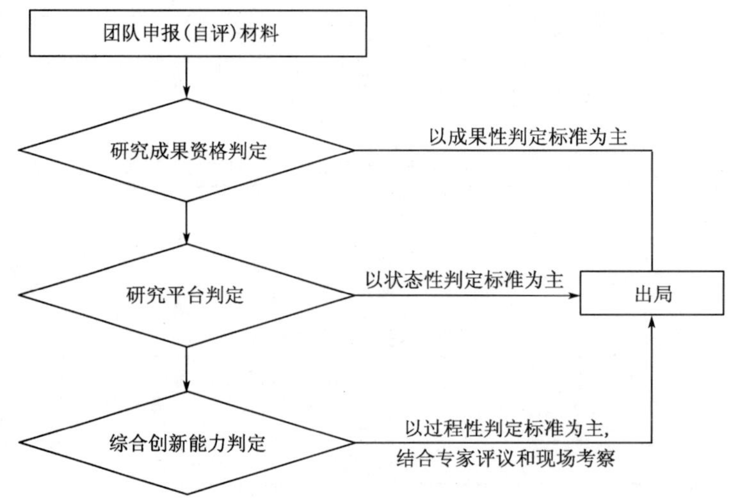

图 8-5　广东省交通运输科技创新团队的事前选优判定流程

表 8-12　各阶段的通过率及最终排序计分

评 审 阶 段	通过率（％）	总体通过率（％）
第一轮：研究成果资格判定	50	50
第二轮：研究平台判定	50	25
第三轮：综合创新能力判定	60	15
最终评审计分：总分 S=第一轮得分＋第二轮得分＋第三轮得分	80	12

（二）评估结果反馈与监督

人才评估结果应用效果的好坏，在于能否更好地识别优秀的交通运输科技人才，从而更好地鼓励先进，鞭策、发掘潜在的优秀人才。因此，对于优秀的交通运输科技人才，政府主管部门可以采取设立"广东省交通运输科技创新优秀人才奖"，进行以精神鼓励为主的奖励。结合评价结果的反馈，对于总评为中等和较差的科技人才，以及准则层（表 8-5）某一项为较差的科技人才，应该采取提醒的方式，指出其存在的不足或下一步的努力方向，以提高其科技创新能力、水平，为交通运输企业创造更大的成绩。人才评价等级越高，说明其科技创新能力及水平相对越高，在科研项目申请、立项、资金补助等方面，相同条件下应该给予优先考虑；对于人才评价结果等级为较差的，下一年（或更长）内取消作为第一承担人承担广东省交通运输科技计划项目的资格。

人才评价结果应及时向社会公布，形成社会大众共同对交通运输科技人才监督的文化氛围，同时建立人才黑名单制度，对于存在学术不端行为的，应该进入黑名单，取消其作为项目负责人、项目资助、奖励的资格。

四、科技信用评估机制

在当前国家、交通运输行业高度重视信用体系建设的大环境下，建议广东省交通运输管理部门成立交通运输科技信用管理的专门机构，统筹组织各主体的信用评估、审核、认定，并在制定交通运输科技信用评价的相关制度的基础上，逐步建成广东省交通运输科技信用信息共享平台系统。

（一）整体设计

科技信用评价系统的功能主要是记录相关信用主体的信用行为，包括主体的基本信息、不良信用行为，然后根据不良行为的变化规则，确定相关信用主体的信用等级，最后实现相关责任主体的应用、管理、查询等功能。

（二）信用管理的主要流程

科技信用管理的主要流程：根据已确定的信用行为，找到相应的责任主体，录入信用行为，然后由信用管理办公室审核并确认信用等级变化，同时通知责任主体本人，责任主体在最后确认期间可以进行申诉。

（三）相关方及工作内容

交通运输科技项目管理部门或科技活动的组织者负责交通运输科技信用不良行为的收集、举报和提供证据工作。交通运输信用管理管理机构负责科技信用不良行为的审核和认定。科技信用评价主体可查看到自身的信用等级及信用行为，并可提出异议。

第九章　广东省新型交通运输科技管理服务平台建设

第一节　广东省交通运输科技管理平台现状与需求

一、科技管理平台基本架构与功能

2009年，为加强广东省交通运输科技创新的管理与服务，在依据《广东省交通运输厅科技项目管理办法》(粤交科〔2009〕200号)，广东省交通运输厅建设了广东省交通运输科技综合管理服务平台(广东省交通科技网络平台)。广东省交通运输科技综合管理服务平台是广东省交通运输厅科技处门户网站，截至目前该平台已经形成包括科技工作、节能减排、教育培训、交通信息化、科技信息、行业杂志、服务平台，共7个方面的内容。在此框架下，形成了包括在研科技项目、科技研究成果、科技成果推广目录、节能减排示范项目、科技综合管理服务平台在内的5个主要功能(图9-1)。

图9-1　广东省交通运输科技综合管理服务平台框架

在研科技项目子平台。该平台下分道路工程、桥隧工程、港航工程、综合研究、交通信息化5个研究方向以及这些项目研究人(单位)、项目概述、内容等。

科技研究成果子平台。该子平台除道路工程、桥隧工程、港航工程、综合研究、交通信息化外，还增加技术指南的在研项目技术要求。

科技成果推广目录。该子平台包括道路工程、桥隧工程、港航工程、综合研究、交通信息化5个方面研究成果推广应用的相关情况。

节能减排示范项目平台。该子平台包括道路运输、水路运输、城市客运、基础设施建养4个研究方向的相关研究内容。

科技综合管理服务平台。该子平台根据用户对象权限，使用科技计划及项目子系统、重大工程科技项目子系统、专家子系统、专家咨询及网评子系统、信息子系统、用户及权限子系统、系统维护子系统。该平台的使用是以提高交通运输科技行政管理水平和效率为中心，实现资源共享，最大限度地为项目申请人、科研人员、专家、上级决策部门等提供技术支持，以加速科技成果的推广和转化，进一步提高广东省交通运输厅科技管理水平。

二、科技管理平台的主要运行流程

在当前的交通运输科技管理信息服务平台上，无论是在研科技项目子平台、科技研究成果，还是科技成果推广目录系统、节能减排示范项目系统，都需要进行项目的基本申报，项目申报流程主要包括项目的申请、受理审查、立项、监理、验收的环节，具体如下：

(1)项目申请是指，交通运输企业将相关项目的申请资料和相应的附件上报相关部门；

(2)受理审查是指，相关部门进行资格审查和形式审查，确保申报符合规定；

(3)评审是指，由归口部门组织联合管理，统一评审，择优录取；

(4)立项是指，对受理审查合格的项目，相关政府部门将确定为支持的项目，批准立项，将书面通知项目申请企业，并与申请企业签订《科技计划任务(合同)书》；

(5)监督是指，相关部门根据相应办法和《科技计划任务(合同)书》，对立项项目的实施过程中的资金到位与使用情况，合同计划进度执行情况与项目完成的质量情况，项目达到的技术、经济、质量指标情况，以及项目存在的主要问题和解决措施等进行监督和综合评价；

(6)验收是指，当项目所属的所有课题验收后三个月内，以《科技计划项目总结报告书》和“科技计划项目管理经费总决算表”申请项目验收。科技管理服务具体运行流程如图 9-2 所示。

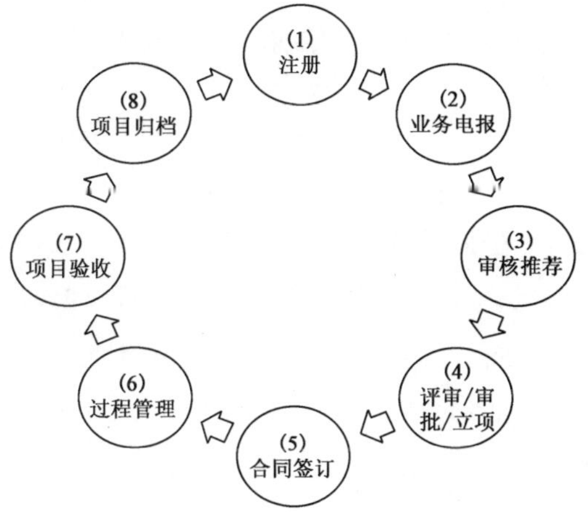

图 9-2 科技管理服务平台的运行流程图

三、科技管理平台存在的问题及需求

通过前期调研分析，当前广东省交通运输科技综合管理服务平台虽然在提升科技活动效率、增进创新主体之间合作、拓展省内外交流等方面发挥了较大作用，但仍存在一定的问题，主要体现在两个方面。一方面是平台功能存在局限性，仅有在研科技项目管理、科技成果推广目录、节能减排示范项目管理三种功能，与广东省交通运输行业对科技活动的需求不一致，由于制度体系、科技选题脱离生产的原因，成果推广应用很少。同时，仅对政府财政投资的项目进行管理，更大范畴内的科技资源仍然未纳入其中。另一方面，由于缺乏对科技活动质量和效果的有效分析，造成科技市场混乱、科技项目成果质量不高、科技创新能力长期在低水平徘徊。同时，也使科技资源分散利用、效率不高，造成资源浪费。

经过多年的努力，广东省修订了《广东省交通运输厅科技项目管理办法》，建立了广东省交通运输厅交通运输科技综合管理服务平台，实现了科技项目管理、教育培训、节能减排、科技信息、行业杂志的网络化管理。但互联网时代，大数据的快速发展，科技政策和科技创新市场环境的加剧变化，加之推广科技应用功能薄弱，现有科技体系已经无法承接国家、行业、省等各级政府、行业的科技创新部署和要求，亟需在原有基础上升级改造，打造成为“政、产、学、研、用”共同参与的广东省新型交通运输科技综合管理服务平台，更好地提升广东省交通运输科技创新能力，搭建科技研发与工程实体应用的桥梁。

第二节 广东省新型交通运输科技管理服务平台建设的基本思路

广东省交通运输科技管理服务平台是属于广东省交通运输领域科技公共产品和公共服务的平台，是广东省交通运输科技创新体系的重要支撑。广东省新型交通运输科技管理服务平台建设，将立足广东省省内、兼顾行业，按照“整合、共享、服务、创新”的基本思路，通过跨单位、跨部门、跨地区的科技资源整合，在信息服务、技术咨询、分析测试、产品开发、人才培训等方面为广东省交通运输行业主管部门、公共服务机构、科技服务机构、企业等创新主体，以及交通运输行业外的协同创新主体提供科技服务，立足成为深化科技体制改革、促进科技与经济紧密结合、提高企业自主创新能力、促进产学研用结合、服务区域交通运输发展的科技创新服务平台。在平台建设中，需主要把握4个方面内容。

一、面向发展需求，坚持问题导向

在广东省交通运输行业创新体系建设目标指引下，着眼未来一个时期广东省加快“四个交通”发展、推进交通运输现代化的重要任务，重点解决科技研发与交通运输基础设施发展脱节，以及科技资源分散，无法形成合力的问题，针对现有广东省交通运输科技管理服务平台的薄弱环节，以整合现有科技资源为基础，增加科技有效供给，促进成果转化应用。

在目标定位上，广东省新型交通运输科技管理服务平台重在实现交通运输行业内科技需求、科技资源管理、科技成果转化的核心服务内容。同时，建立科技质量和科技市场信用的评估体系，保障科技活动的绩效，为广东省“一带一路”战略枢纽定位和实现“三个定位、两个率先”目标提供有力支撑。

在功能设计上，广东省新型交通运输科技管理服务平台重在分析行业科技创新主体和创新要素特点，充分发挥优势市场资源的作用，着重解决政府科技管理职能转变，提高科技信息服务水平，加强科技市场引导等。同时，建立广东省交通运输行业与行业外部科技创新互动的基础条件设施。

二、整合现有资源，推动内外合作

依托广东省交通运输行业现有资源条件，加强与省内外、行业内外的重点实验室、研发中心、工程中心、生产力促进中心等已有基地、中介机构的沟通协作，加强与创新型企业、产业技术创新战略联盟工作的衔接，建立常态化工作机制，打造一个能够围绕广东省交通运输发展需求、长期持续开展科技研发和成果转化的省内外联合平台。

通过外部资源调研分析，可以发现，广东省内外交通运输领域具有较好的资源基础。在研发平台资源上，当前经交通运输部认定的交通运输行业重点实验室目前已达50家，行业研发中心已达18家，主要分布于公路、水路交通运输行业特色鲜明的高等本科院校（如长安大学、大连海事大学、武汉理工大学等）和行业内的科学研究院（如交通运输部公路科学研究院、重庆交通科研设计院等），也是广东省加强科技交流合作的重要方向。

就广东省内而言，依托省内大型企业建设的技术中心，也是资源整合运用的优势力量，如广东省长大公路工程有限公司技术中心、广州广船国际股份有限公司技术中心、广州文冲船厂有限责任公司技术中心、中船黄埔文冲船舶有限公司技术中心、广州汽车集团股份有限公司技术中心和中国国际海运集装箱（集团）股份有限公司技术中心。此外，广东省内设有交通运输工程专业的高校主要有华南理工大学、中山大学、暨南大学、广州大学、广东工业大学等（表9-1），这几所高校内与交通运输行业相关的教师资源也属于交通运输行业内的人才资源。

表 9-1　广东省内本科院校开设交通运输工程专业情况

院校名称	现有人数(人)	院校名称	现有人数(人)
华南理工大学土木与交通学院	140	广州大学土木工程学院	122
中山大学工学院	10	广东工业大学土木与交通工程学院	66
暨南大学理工学院	14	合计	352

三、坚持服务为本，强化能力建设

以服务能力和服务体系建设为核心，打通需求分析、资源整合、专业服务等相关环节，畅通服务渠道，落实服务措施，监督服务的质量和成效。重点提升交通运输科技需求分析能力，能够开展交通运输行业科技创新需求收集和分析，明确服务的目标和重点；重点提升资源整合能力，能够实现科技创新资源的信息化、标准化和开放共享，为服务提供物质和信息保障；提升专业技术服务能力，构建高效、便捷的服务体系，能够为行业科技创新提供条件资源、技术研发等高水平的专业技术服务。

广东省新型交通运输科技管理服务平台能力建设的推进思路，包括以下 4 个方面：

一是建设一站式网络平台和组织机构。在现有广东省交通科技网的基础上扩充平台信息门户系统，即完善提供一站式服务的信息服务系统和内部信息化管理的网络平台。

二是“政府引导、企业联动”，建设实体运行机构。明确政府和交通运输企业在平台建设中的事权，分工协作，在广东省交通运输行业内现有的科技服务机构中选择实体运行服务机构。交通运输行业主管部门重点开展交通运输科技管理服务平台顶层设计和统筹布局，研究制定政策激励措施，引导服务平台的良性发展。交通运输企业在总体布局的基础上，加强协调联动，承担起内部科技资源配置和开发工作。

三是突出重点工作，支撑引领发展。建设广东省交通运输科技管理服务平台的目的是为广东省交通运输行业的科技创新提供资源和技术服务，需要以广东省交通运输厅为主导，推进服务平台与产业发展的融合。采用“试点先行，逐步推进”的工作方式，首先立足于解决广东省交通运输行业重点关注的问题，以“重大科技项目”、“重大科技成果推广应用”、广东省交通运输厅“科技示范工程”为三大抓手，推进科技创新与广东省高速公路建设的融合。

四是突出开放、包容服务，发展长效运行能力。交通运输科技管理服务平台的建设与运行要从交通运输行业发展全局出发，按照“先易后难、逐步推进”的原则，分步实施。优先实现交通运输行业和交通运输企业需求最为迫切的服务功能，根据交通运输产业的发展趋势，及时扩展服务内容和范围。吸纳交通运输行业内现有机构加盟，并建立淘汰制度，不断聚集优势资源单位进入服务平台，根据考核结果，及时淘汰不合格的单位，确保服务平台的活力。同时积极开展宣传工作，主动开展服务，争取科技政策措施的倾斜，保障服务平台创新服务能力不断提升，实现服务平台的可持续发展。

四、促进机制创新，完善制度体系

建设整合科技资源、开放服务的新型载体，必须在政府的主导下建设与服务平台运行相适应的体制和机制。在交通运输行业层面，需要在国家和广东省的科技政策框架下，建设科技创新，推进交通运输行业及基础设施发展的政策的实施。促进创新服务平台服务能力的完善与提升，制订研发需求、研发支持、成果转化与推广、研发评估四个方面的制度措施。加快服务平台组织机构建设和运行的规章制度建设，包括建立“平台决策、咨询、日常管理”的运行机构，研究拟订服务平台运行及市场化运作方面的各项规章制度。

第三节 广东省新型交通运输科技管理服务平台功能设计

一、需求分析

交通运输行业是国民经济和社会发展的子领域，在广东省省级层面建设科技管理服务平台，既要考虑交通运输行业科技创新发展的需求，又要充分结合广东省地方经济、社会发展和科技发展的实际。广东省交通运输行业科技研发活动包含交通科技技术开发、成果转化与产业化两个主要环节，通过以需求为导向，以科技成果转化和产业化为目标的研发链条设计一体化实施管理，从而加快交通运输技术更新和成果转化的速度。科技研发活动只有满足交通运输行业与产业对科技的需求，科技成果应用于交通运输行业与产业，才能起到科技创新推进行业转型升级与产业发展的作用。同时，建立科学、专业的研发质量、效益评价体系，为科技研发全过程提供系统的质量、效益评价手段，可以提高研发活动自身的质量，评估科技研发活动在研发能力(研发平台的发展及科技人才的培养)的提升效果。

此外，由于市场经济大潮的冲击，以及科技体制、法律法规、制度措施还不够健全等原因，科技界面临着不端行为、学术失范和学风浮躁的严峻挑战，由此引发的科学道德问题也愈益明显，越来越成为社会关注的焦点。由于我国信用体系不健全，失信不易发现、处罚不到位，造成失信的成本低，科技市场诚信不足，因此，提高广东省科技管理相关责任主体的信用意识与信用水平，对确保科技资源分配的公正性和有效性起到至关重要的作用。科技信用管理是通过研发过程的真实性和规范性来维护科技市场的健康运行。

因此，搭建具有运行循环流程性质的科技需求、支持、转化和应用的服务平台，以保障科技活动质量、效益及科技市场规范有序。该平台也符合广东省新型交通运输科技管理服务的实际需求。

二、总体构架

基于国家、行业和地方政府科技创新政策，结合广东交通运输科技管理模式和科技创新发展规划目标，收集各类最新科技政策信息，结合相关调研分析，从服务于广东省交通运输行业的科技创新活动流程，遵循科技创新的规律和特点，根据广东省交通运输科技创新发展的现实和长远需求，广东省交通运输科技创新服务平台应涵盖研发需求服务、研发支持服务、成果转化与推广服务，并辅以针对科技成果、科技人才、科研质量、科技信用的科技评估服务。基于此，广东省交通运输科技创新服务平台，包括 3 个核心服务子平台和 1 个支撑保障子平台。3 个核心子平台，包括科技研发需求服务子平台、科技研发支持服务子平台、科技成果转化与推广服务子平台；1 个支撑保障子平台，即科技评估服务子平台(图 9-3)。

根据广东省交通运输科技创新的主体和主要要素，将服务平台各子平台的服务内容(图 9-4)细分为以下内容：

(1)科技研发需求服务子平台。该平台以广东省交通运输科技创新活动的输入环节来设计服务内容，主要分为政府层面的科技需求服务、交通基础设施科技需求和交通企事业单位科技需求 3 个方面的服务内容。这 3 个层面的科技需求已基本涵盖了广东省交通运输行业发展所需要的所有科技需求。通过对科技服务职能的分析，广东省交通运输行业主管部门能够提供的服务内容包含行业共性技术、关键技术的需求，以及行业科技规划、任务的落实及实施效果的评估等方面。而对于交通运输企事业单位及具体基础设施项目的科技需求，需要由科技创新主体来进行规划、实施和评估，交通运输行业主管部门通过建设服务平台，供交通运输企事业单位应用。科技研发需求子平台的服务内容如图 9-5 所示。

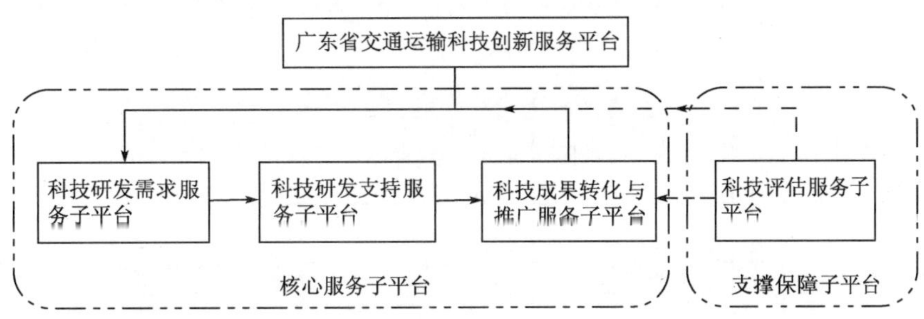

图 9-3　交通运输科技管理平台核心子平台和支撑保障子平台

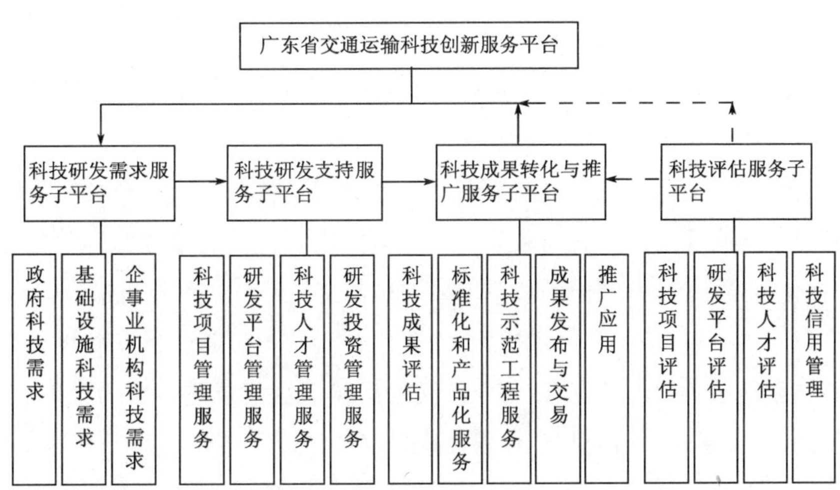

图 9-4　广东省交通运输科技管理服务平台的服务内容

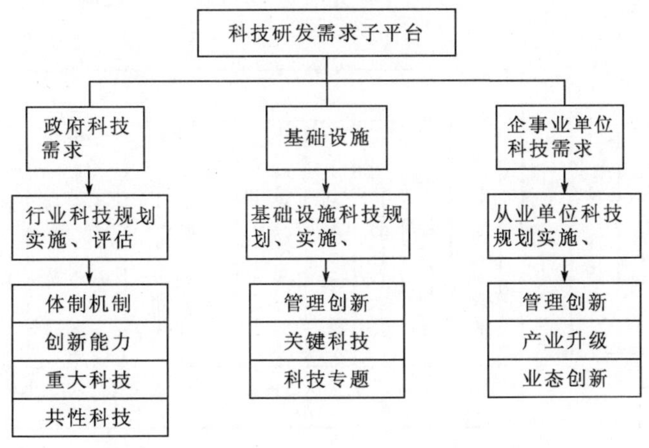

图 9-5　科技研发需求子平台的服务内容

(2)科技研发支持服务子平台。该平台以服务于科技创新资源及科技活动载体管理为目标，主要从科技项目管理、研发平台资源管理、科技人才资源管理、科技投资资源管理 4 个方面来设计本平台的服务内容，从而实现统筹广东省交通运输行业内的科技载体，人、财、能力资源，为科技活动提供支撑条件(图 9-6)。在研发支持子平台的服务内容方面，广东省交通运输行业主管部门能够提供的服务内容包含科技项目管理、研发平台信息管理、人才信息管理、财政投入管理内容，需要市场运作的服务内容包含科技项目实施，平台建设、发展、运行管理，人才培养与使用，自主科技创新、配套投入，以及科技融资等内容。

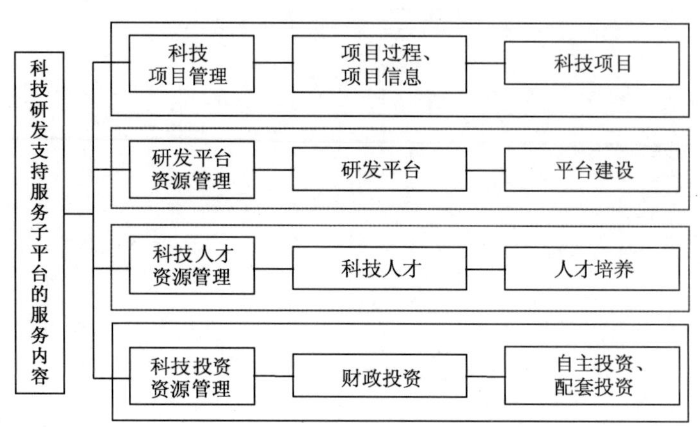

图 9-6　科技研发支持服务子平台的服务内容

(3)科技成果转化与推广服务子平台(图 9-7)。科技成果转化与推广是科技研发活动的输出环节，其分为科技成果转化和推广应用两个大的服务类型。科技成果转化的服务内容包括科技成果评估、标准化和产品化、产业化科技示范，并延伸到科技成果发布与交易环节。科技成果推广应用平台为成熟的科技成果提供推广应用的手段、条件和保障措施，创造科技活动与交通运输基础设施产业的链接，实现广东省交通运输科技创新服务的闭环管理，从而使交通运输产业科技进步成为可能。该子平台通过政府的科技资源的供给，为交通运输行业与产业发展提供与科技成果转化与推广所需要的信息服务、专家服务、科技教育普及、标准化管理服务、示范手段等，然后在供给的基础条件下引导市场，按照市场机制为成熟度不足的科技成果提供转化平台和条件，为成熟的成果(如标准和产品)提供推广应用的平台和条件，搭建从交通科技到工程应用的桥梁，从而给交通运输行业的科技研发活动明确方向。

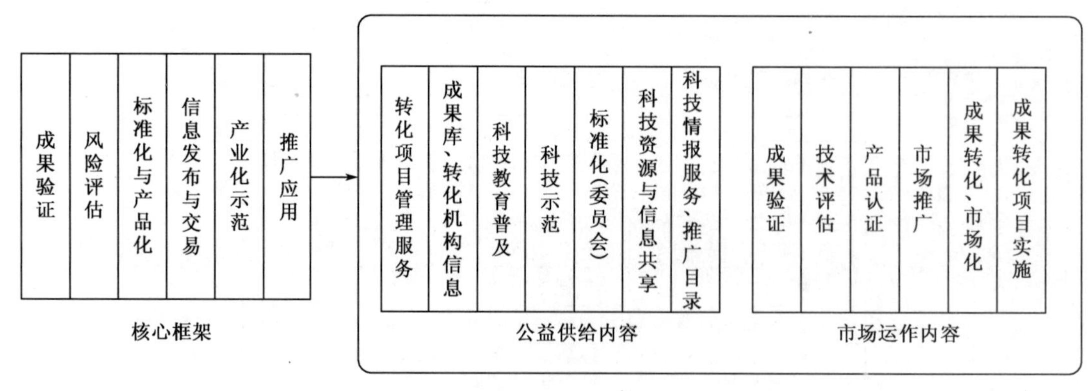

图 9-7　科技成果转化与推广服务子平台的服务内容

(4)科技评估服务子平台。科技评估服务子平台的服务内容分为科技效果评估和科技信用管理两个方面。科技效果评估从科技项目质量、科技平台、科技人才培养3个方面提供评估服务(图9-8)。科技效果主要是通过评价科技研发活动的产出质量与成效,掌握科技活动的效果。科技信用管理主要是对科技活动过程的真实性和规范性进行跟踪管理,为交通运输科技市场的健康运行提供手段。

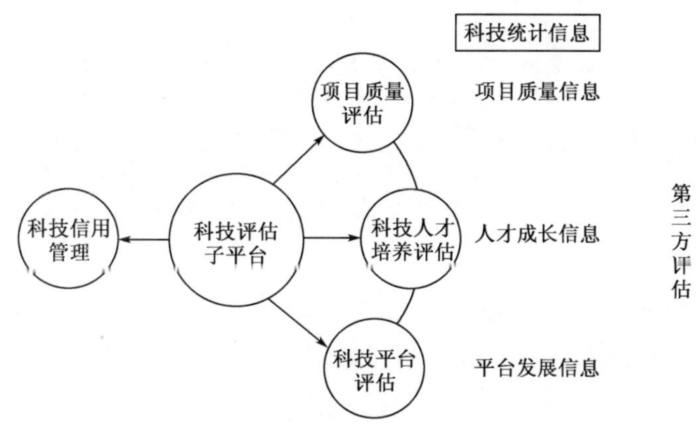

图9-8 科技评估服务子平台的服务内容

三、功能模块

根据广东省交通运输行业中政府、从业单位的职能定位和运行机制,以及交通运输市场的特征,将广东省交通运输科技创新服务平台的服务功能构成划分为服务于政府的科技管理功能、资源管理和信息服务功能、科技市场资源优化和发展服务功能三部分。

(一)服务于政府的科技管理功能

新常态下我国科技创新发展迅速,公共服务职能的重要性及需求非常突出,加快优化资源配置,提高使用效率与有效性非常迫切。通过政策引导,转变政府科技管理职能,通过政府购买、特许经营、委托代理、服务外包等形式,由企业、科研单位或科技中介机构按照适度商业运营原则提供公共服务,实现以最大程度增加科技公共服务的种类和覆盖面。

广东省交通运输科技服务平台中服务于广东省交通运输厅科技管理方面的功能包含:

(1)广东省交通运输行业科技规划研究、实施与评估服务。

(2)政府主导的科技(含重大科技)项目管理服务、财政科技投资管理服务。

(3)政府主导的科技成果转化项目管理服务、科技示范工程管理服务、标准化项目及科技教育。

(4)科技统计及科技信用管理服务。

科技创新服务平台服务于政府的科技内容如图9-9所示。

(二)资源管理和信息服务功能

广东省交通运输科技创新服务平台的主要功能是为了支撑交通运输行业的科技创新,立足于现有存量资源与地方已有支撑载体为基础,通过整合与发展广东省内交通运输科技创新资源,实现资源的优化配置和高效利用。为交通运输行业科技创新提供必要的政策、科技需求、研发平台及设备设施、人才与团队、技术成果、标准、文献、知识产权、科技教育资源、推广应用信息等。服务平台也可以为社会提供资源信息公开、信息服务和专家委员会、标准委员会日常事务服务,具体内容如下:

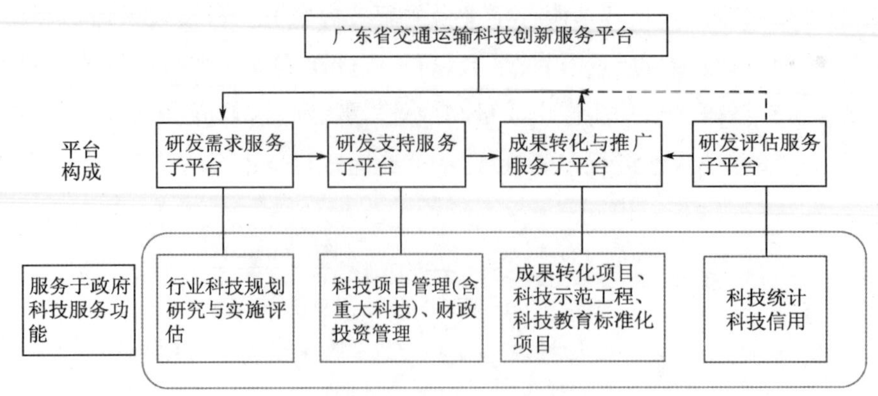

图 9-9　科技创新服务平台服务于政府的科技内容

(1)科技情报服务。

(2)科技专家委员会服务。

(3)交通运输行业地方标准委员会服务。

(4)信息资源服务:包含①广东省交通运输科技规划及实施信息发布;②交通运输企事业单位及在建项目科技规划及实施信息发布;③科技研发和成果转化平台信息服务;④科技人才及团队信息服务;⑤科技成果信息服务;⑥科技成果转化信息服务;⑦标准信息服务;⑧新产品信息服务;⑨推广目录信息等。

科技创新服务平台资源信息服务内容,如图 9-10 所示。

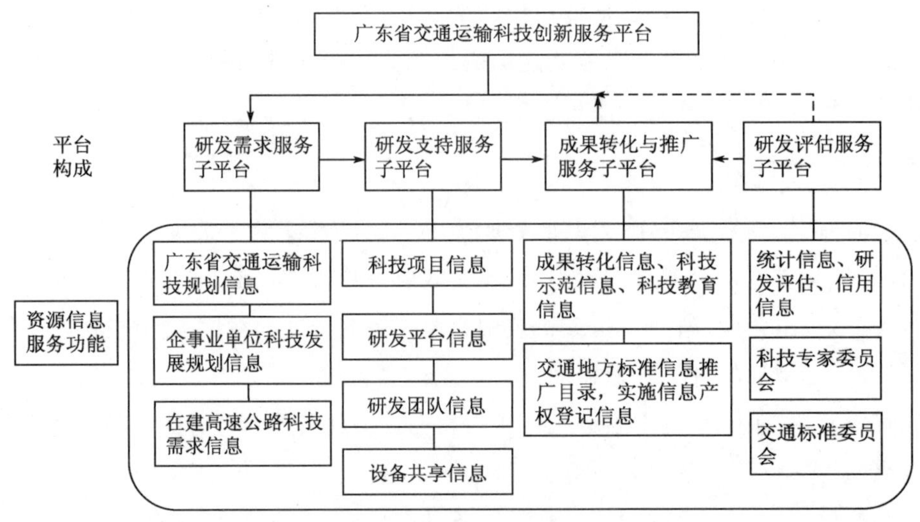

图 9-10　科技创新服务平台资源信息服务内容

(三)科技市场资源优化和发展服务功能

在广东省交通运输厅的科技创新制度的框架下,在政府提供的公共服务基础上,需要通过资格审核和履行会员责任的方式,来稳定一批符合要求的科技服务机构,在市场机制下为广东省交通科技创新活动提供服务。同时,通过建立会员淘汰制度,不断吸纳优势市场资源单位进入平台,根据考核评价结果,及时淘汰不符合要求的单位,保证广东省交通运输科技创新平台的高效运转。

(1)科技市场服务的主要内容

市场机制下的科技服务内容主要有:①科技管理中介;②应用研究、技术开发、自主研发项目管理、研发平台管理服务;③科技成果转化、交易和推广应用;④市场科技需求服务、科技咨询和评估;⑤量值溯源；⑥质量检测；⑦产品认证；⑧知识产权；⑨法律咨询等服务。

科技中介服务机构是服务创新的主体，作为政府与市场和社会的中介，科技中介机构的功能主要是在各类市场主体中推动技术扩散，促进科技成果转化，开展科技评估、创新资源配置、创新决策和管理咨询等专业化服务，目标是实现"科技创新要素的优化组合"。

应用研究是指针对某一特定的实际目的或目标，为获得新知识而进行的创造性的研究。技术开发是指在基础研究和应用研究的基础上，为生产新的产品、装置，建立新的工艺和系统而进行实质性的改进工作，目的是将新的科研成果应用于生产实践的开拓过程，是科学技术研究不可缺少的一个阶段。

科技成果转化是指为提高生产力水平而对科学研究与技术开发所产生的具有实用价值的科技成果所进行的后续试验、开发、应用、推广，直至形成新产品、新工艺、新材料，发展新产业等活动。

科技咨询和评估是为企业的创新活动提供技术指导、咨询评估等服务，引导企业围绕广东省交通运输科技发展需求，开展研发和成果转化活动，为高校和科研院所提供包括科技成果转移转化信息咨询等方面服务，联系交通运输技术开发与产业创新。

量值溯源是通过一条具有规定不确定度的不间断的比较链，使测量结果或测量标准的值能够与规定的参考标准（通常是国家计量基准或国际计量基准）联系起来。建立交通运输质量计量技术规范体系，建立交通运输产品与工程的试验检测质量控制标准、评定程序与评定体系。加强工程建设养护、交通运输服务、安全应急和节能环保等领域的量值溯源服务。

广东省交通运输科技创新服务平台需要与交通运输行业市场化的科技服务机构建立有机的联系，通过信息服务及政策支持等促进科技服务业的发展。

科技创新服务平台市场服务内容如图 9-11 所示。

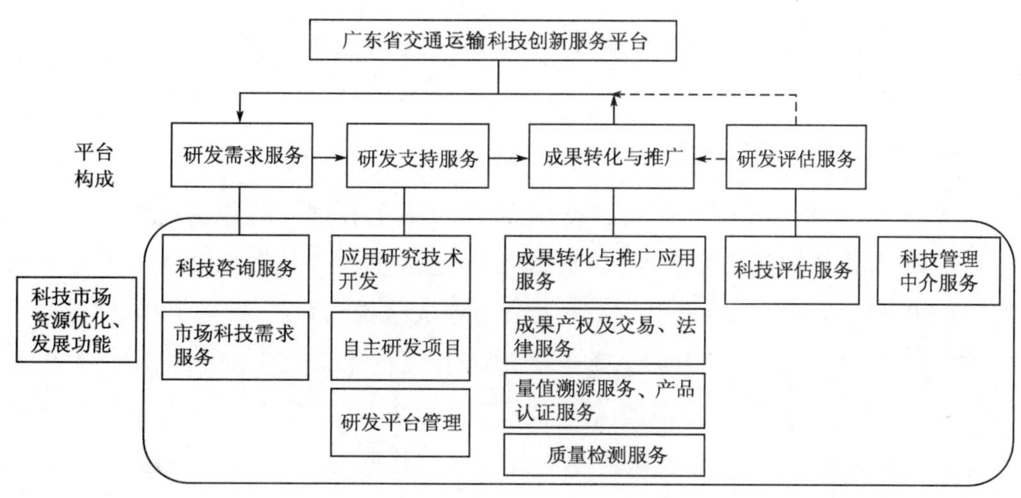

图 9-11 科技创新服务平台市场服务内容

(2)科技市场服务机构的优化与发展

科技市场服务机构的优化是在政府引导和市场机制作用下，发展科技服务业的重要措施。在科技服务市场建立初期，需要政府根据市场运行现状，首先分类、稳定一批科技服务机构，为科技创新市场指引方向。这一功能需要广东省交通运输厅在国家、交通运输行业及广东省的制度框架下，制订科技服务业的发展规划与实施方案，在现有的科技基础设施的基础上，引导广东省交通服务机构的发展，健全科技创新体系中的科技服务主体，开展科技创新活动，同时可以与社会科技服务机构合作，快速实现科技服务创新。

四、平台衔接

(一)以现有交通信息资源平台为支撑

“十二五”期间,广东省交通运输厅基本建成广东省交通数据中心和数据备份中心,基本建成覆盖“车、船、路、港”重点节点的动态运行监测体系。“十三五”期间,广东省将加快推进交通运输行业信息化、智能化建设,将移动互联网、物联网、大数据、云计算等新一代信息技术,与综合运输服务深度融合,加快传统服务模式改造升级,建设广东省公路、水路建设与市场信用信息服务系统,引导交通运输行业新业态有序发展,培养新的增长点,开创适应时代新发展的交通运输服务新业态核心基础数据库。广东省交通运输科技创新服务平台需以广东省交通运输信息数据库为支撑,形成协调的数据系统。

(二)对接交通运输科技信息资源共享平台

交通运输科技信息资源共享平台建设是交通运输科技创新体系和交通运输信息化建设的重要内容,是交通运输部《公路水路交通中长期科技发展规划纲要》和《公路水路交通“十一五”科技发展规划》明确提出的战略目标和建设任务。该平台于2011年建成并推广。“十二五”时期建成了28个省级交通运输科技信息资源共享子平台。共享平台面向我国交通运输科技创新和技术进步的战略需求,以促进交通运输科技信息资源共享为主线,以提高交通运输科技管理信息化水平和科技信息资源服务能力为重点,强化交通运输科技信息资源的开发和利用,旨在建成分布式、社会化、网络化的交通运输科技信息资源体系,建成开放性、数字化、集成化的交通运输科技信息资源共享服务网络,形成权威、专业的交通运输科技信息资源服务门户,为全社会提供内容丰富、方便快捷的“一站式”交通运输科技信息资源服务,为交通运输科技创新和行业科技进步提供有力支撑。广东省交通运输科技创新服务平台的建设需要实现与交通运输科技信息资源共享平台的对接,加强科技统计与报告、科技信息资源、科技信息服务、行业宣传等方面的联系。

(三)对接广东省科技厅阳光政务平台

2015年以来,广东省人民政府《广东省人民政府关于加快科技创新的若干政策意见》(〔2015〕1号)等一系列政策措施,推进科技创新引领实现广东省“三个定位、两个率先”的总目标。广东省科学技术厅实施了科技管理阳光再造行动,改革优化财政科技资金投入结构和方式,重构了“511”新型科技计划体系,有效加强了科技管理。广东省科技投入逐年增大,重点支持计算与通信集成芯片等9大重大科技专项和政策专项,农业、人口、能源等自然科学基金技术和政策项目,科技攻关与产业化技术及政策项目,科技型中小企业技术创新技术与政策类项目,产学研多主体协同创新(省部、省院产学研合作)技术与政策项目,国际科技合作提升与粤港技术、政策联合资助项目六大类。为争取广东省科技资源,需要加强融合,逐步建立与广东省科学技术厅阳光政务平台对接的机制。

科技创新资源的支撑与衔接目标如图9-12所示。

(四)对接广东省质量技术监督局标准化管理

交通科技研发、成果转化活动与质量技术监督部门紧密相关。为实现科技成果的转化,需要加强广东省交通运输行业地方标准、规范、工法的制修订,以及交通运输行业标准的推荐工作。因此,需要建立广东省交通运输行业与广东省质量技术监督局有关标准化管理的联络机制,确立广东省交通运输行业地方标准体系的法律地位，提高交通运输科技成果标准化的法律严肃性，降低广东省交通运输行业标准应用主体单位的法律责任风险。

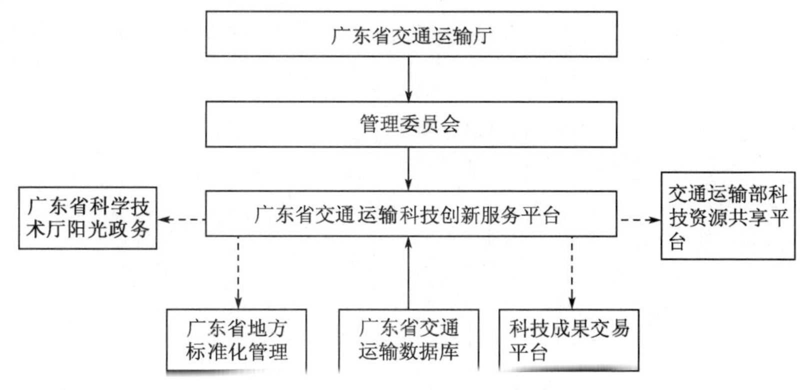

图 9-12　科技创新资源的支撑与衔接目标

(五)对接公益性科技成果交易平台

广东省交通运输行业的科技成果资源范围相对较窄，而建设交易平台需要的基础条件成本较高。为了能更好地实现科技成果交易的公正性，争取更多的交易资源服务，需要将广东省交通运输行业的科技成果的交易功能，通过广东省公益性成果交易平台来实现。

第四节　广东省新型交通运输科技管理服务平台的运行实施

一、服务平台运行需要解决的关键问题

科技创新服务平台的成功与否，取决于其运行机制的设计好坏。系统科学理论认为，机制是系统为维持其功能并使之成为特定的显现功能，而以一定的规则来规范系统内各组成要素的联系，以一定的协调方式和原理来调节系统与环境的关系。广东省交通运输科技管理服务平台的顺畅运行，须解决如下几方面的关键问题：

(一)合理匹配创新服务平台的服务内容

根据区域经济结构和产业结构特征，以及科技力量分布和特点，来确定科技创新服务平台的行业区域特征。科技创新服务平台属于创新体系的支撑，与创新体系成为一体。

由于经济结构和产业结构特征不同，科技创新体系中的知识技术需求和传播方式明显不同。有些区域集群经济特征明显，产业专业化程度高，对于共性技术的检测、中试和人才培训等服务方面的需求比较旺盛，而有些区域则由于经济结构的差异，对于此类需求不明显。有些区域内以中小型企业为主，研发能力普遍比较薄弱，由于创新的动力普遍不足，会以技术引进和模仿为主；而在另外一些区域，由于存在龙头企业，广大中小企业更倾向于通过“搭便车”的方式，接收龙头企业的技术外溢，以获得技术来源。

从区域创新体系内的主体构成来看，有些区域存在高校和科研机构等知识机构，从而使得区域内的企业创新具有可依托的知识来源；而在更多的区域内由于缺少高校和研发机构等创新主体，可依托的研发力量有限，主要依靠中介机构或区域外的知识机构及大企业获得技术来源。

对于广东省交通运输行业创新服务平台，只有在分析广东省交通运输行业创新体系的基础上，根据

交通运输行业结构和产业结构特征，匹配好服务内容和传播方式，才能在创新体系中发挥服务作用。

（二）系统配置协调的运行联系机制

系统论的观点认为，系统的内部整合、协调关系好坏在某种条件下往往是导致整体成败的关键因素。设计成功的子系统如果协调关系设计不当，也会导致整体的失败。整合不是子系统的简单拼合相加，而是将子系统成为相互匹配、相互作用和互相影响的整体。参与广东省交通运输科技创新服务平台主体包含交通运输行业内的企业、高校、科研机构等，需要设计合理的创新服务平台组织模式和运行机制，将这些思想、行为习惯和利益诉求各不相同的主体协调统一，共同为交通运输行业的科技进步发挥作用。

广东省交通运输科技创新服务平台的顺利运行，首先需要有满足参与主体特定需求的灵活的组织模式，这个组织模式可以是实体机构，也可以是虚拟机构。两种组织模式各有优缺点，前者的优点是更易于调动和激励参与的研究人员个体为平台努力，但是具有参与主体机构不能全面支持的风险，因为参与实体组织的研究人员和资金需要与参与主体机构脱离，造成有限支持的事实。后者的优点在于方便调动、动员各参与主体的整体人力和设备，但是存在参与个人对平台的忠诚度低，因为他们往往具有所属参与主体机构的任务和追求目标。因此，现实情况中的创新服务平台往往采用既有处理日常事务的科技服务中心，又有网络工作平台的虚拟组织相结合的组织模式。广东省交通运输科技创新服务平台可以采用这种组织模式。另外，选择具有丰富经验、与学术界和企业界有着良好关系、备受尊敬的知名人士作为服务平台的执行领导，也是一个服务平台成功的必要条件。

（三）设计服务平台相对独立的管理体制机制

创新服务平台的建设离不开政府的大力支持，但是现实证明，往往政府介入比较多的公共研究组织与国有企业同样存在效率偏低的问题。因此，在服务平台的管理体制上，政府介入的程度应当在政府支持与独立运作之间找到平衡，既保证其完成公共性的使命，又保持实际工作的效率。

政府建设行业创新服务平台的基本出发点是聚集政府、科研部门和产业界的力量，向区域内提供共性技术以及创新服务、扶持创新能力不足的中小企业、促进官产学研用合作，从而提高区域的总体创新效率，提升竞争能力。因此，创新服务平台具有政府主导投资以及社会公益性的特点。如果创新服务平台在实际运作中按照政府部门的模式来运行，可能难以避免陷入运作效率低下的境地，从而妨碍其公共使命的完成。一般而言，政府引导，市场化运作，企业化管理是一种可能的选择。政府主要通过参加董事会（或理事会）、项目引导、组织专家评估平台的工作绩效等方式间接影响平台的发展。

所以，政府在设计区域创新服务平台的管理体制时，应选择政府合理介入的程度，大胆进行制度创新，一方面使服务平台能独立运作，另一方面坚持监督平台运行，实现非盈利的社会效益最大化与管理运作效率最大化的结合。同时，也要注意与依托单位的关系，为保证平台服务中心的公平、公正性，必须脱离依托单位而独立运行。

（四）明确平台服务的重点，共享资源信息

从创新服务平台对技术开发服务的部分职能来看，其重点应该是支持共性技术和关键技术的结合体，这样，服务平台可以同时作为共性技术的供给推动方和关键技术的拉动方，从而解决双重失灵的问题，更好地促进技术的全面进步。同时，应注意服务的性质。因此，面向市场、服务社会，强调对交通运

输行业内从业单位的服务，是创新服务平台的核心使命。

交通运输行业从业单位的高度参与是服务平台存在和发展的必要条件。服务平台需要整合的信息资源包括政府的政策、财政资源、高校、科研院所、协会、会员的资源、行业资源、社会其他资源等。因此，在政府供给政策与财政资源支持的前提下，会员单位既具有享用信息的权力，又有分享自身资源信息的义务。但会员之间在服务平台的信息基础上发生的创新互动，应根据创新主体机构组织模式选择具体的方式，一般在科技市场中应采用市场机制。

(五)实施严格的运行绩效评估和考核程序

服务平台运行绩效评估是公共服务过程中重要的一环。在公共服务过程中，实时和回溯评估应是服务平台管理中的必要部分。保持区域创新服务平台的社会公益性，真正实现为区域内交通运输企业技术创新提供全面服务的目标，必须坚持对其运行绩效进行定期的评估和考核。

区域创新服务平台的服务绩效的评估和考核不是一项简单的工作。一方面，因为服务的成本和收益是间接的，难以衡量；另一方面，由于多方参与主体的存在，评估指标和标准可能存在冲突。平台的运行管理者可能对项目服务和交付感兴趣；交通运输企业更关心经济效益；研究人员可能对发表文章的质量和数量更感兴趣；而政策制定者则寻求宏观经济成果，例如，就业和生产效率效果。此外，由于科技微观经济效益往往需要很长时间才能产生，很难做短期评估。

二、各参与主体及结构关系

广东省交通运输科技创新服务平台，按照行政级别、行业领域和科技创新的主体 3 个标准进行划分，属于省级(地方级)行业政府公共服务平台类型。根据广东省交通运输科技创新体系的主体和要素、广东省交通运输科技创新服务平台的功能，分析交通运输科技创新服务平台的参与主体及其结构关系，在明确结构关系之后可以根据实际运行要求，确定运行机制。

(一)参与主体的核心结构关系

根据对广东省交通运输科技体系的特征、平台服务功能，创新服务平台的参与主体分为广东省交通运输厅、加盟单位、用户单位和科技服务中心的依托单位四种类型(图 9-13)，这些参与主体之间是一种互动的四角支撑网络结构，这个关系共同支撑科技创新服务平台运行，通过科技创新服务平台纽带作用，建立四方联络的关系。

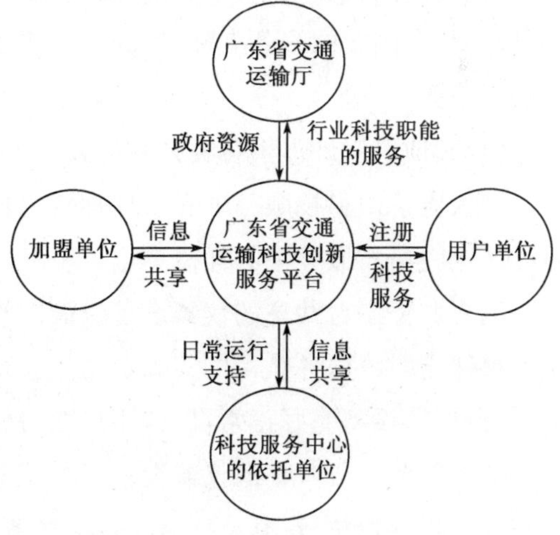

图 9-13　科技创新服务平台的参与主体核心结构关系

1. 广东省交通运输厅与交通运输科技创新服务平台的关系

交通运输科技创新服务平台是由广东省交通运输厅为主导、交通运输行业从业单位共建，为交通运输行业提供科技服务的一种公共产品。广东省交通运输厅对交通运输科技创新服务平台提供政策与财政支持，全力支持推进服务平台的建设和运行，对服务平台的服务质量进行监督。交通运输科技创新服务平台的服务内容代表交通运输厅在国家现行科技政策下科技服务职能的转变，通过服务平台向省交通运输行业传达、落实、反馈国家和省政府的政策执行情况，通过服务平台与行业、社会建立科技关系，推动行业的科技任务的实施，提升交通运输行业的科技创新能力。

2.科技创新服务平台与加盟单位的关系

加盟单位是科技服务中心提供资源共享和对外服务的协作单位，参与科技服务中心建设、运行的讨论和决策，优先利用科技服务中心共享资源，参加科技服务中心组织的各类培训、交流，共同完成研发课题和共性关键技术研究项目等工作，享受科技服务中心的各种优惠政策。

加盟单位应承担面向社会提供优质公共科技服务的义务，及时将大型科学仪器设备、科技文献与情报、科学数据库、科技专家、科技成果等资源纳入科技服务中心统一的网络信息管理系统，并向社会开放服务，自觉接受科技服务中心的统一管理，包括：资源统计管理、需求情况、服务情况、绩效考核等。申请加入科技服务中心的加盟单位须为注册地和经营地在广东省行政区域内的科技资源拥有单位，包括高等院校、科研院所、企业等法人单位，以及法人单位所属的资源或技术相对集中、有资质的服务机构，如科技文献情报中心、研究试验基地、技术转移中心、创业孵化中心等。

申请单位须符合以下至少一种加入条件，方可成为科技服务中心的加盟单位或加盟服务机构。

(1)提供专业技术服务的单位或机构须符合：有明确的专业服务方向，具有一定的专业技术管理优势和有较强的组织协调能力，具备高级职称的专业技术带头人，配备有专职技术服务人员，并具备相关资质证书，有较好的前期工作基础，已经对外提供专业技术服务并拥有相对稳定的用户群。

(2)提供大型科学仪器设备共享服务的单位或机构须符合：仪器设备单台(套)价值在20万元(人民币)及以上，或20万元以下的、10万元以上的特殊用途科学仪器设备，性能指标达到广东省交通运输行业现有装备的先进水平，通用性强、运行正常、出具数据准确、加工精度高，配有熟练操作人员，能向社会提供共享服务。

(3)提供科技文献、科学数据等科技信息服务的单位或机构，须拥有一定规模的数字化文献、情报、信息资源，有固定的服务人员，可为用户提供文献检索、全文下载、电子图书在线阅读、科技查新与情报信息等服务。

(4)其他可对外提供各类公共科技服务的单位或机构。

加入申请由科技服务中心受理，由科技服务中心组织专家审核通过后，经广东省交通运输厅批准，即可认定为科技服务中心加盟单位。

纳入服务平台共享的仪器设备应面向社会开放，并提供优质的分析测试服务。仪器设备拥有单位应妥善保管对外服务获得的实验数据，遵守有关知识产权保护的规定，为用户保守技术秘密和商业秘密；保持仪器设备完好正常，保证用户随时使用；无正当理由，不得拒绝用户使用共享仪器设备的要求。

纳入服务中心共享的仪器设备对外服务收费原则：已实行政府定价和政府指导价的项目，按政府定价和政府指导价执行；其余项目实行市场调节价，由用户和仪器拥有单位协商确定。

3.科技创新服务平台与用户单位的关系

为保障网络安全和供需双方权益，用户需先在科技服务中心登记注册，经审核通过后，方可使用科技服务中心的相关科技资源和服务。非注册用户与科技服务中心服务机构产生的交易不能计入绩效考核。科技创新服务平台服务流程如下：

(1)需求申请。用户可通过科技服务中心网站系统在线提交需求申请。科技服务中心对收到的需求，按照标准要求进行初审，并对材料或信息不全的申请用户，提供辅导和咨询。

(2)供需对接。申请专业技术服务的用户，由科技服务中心进行汇总、整理、分类，推荐给条件匹配的加盟单位，再将反馈信息发送给需求申请用户。加盟单位也可自行登录信息系统在线浏览需求申请，将信息反馈给科技服务中心。申请仪器共享服务的用户，可通过科技服务中心或直接与加盟单位联系，也可以通过服务平台信息系统进行网上预约。加盟单位可根据预约需求，与用户联系，提供服务。

(3)签署协议。加盟单位通过与用户进行业务洽谈，达成合作意向，双方签署合作协议并报中心登记备案。提供仪器共享服务的加盟单位需与检测用户签订《委托检测协议合同》，报科技服务中心备案；认真做好检测项目的记录，建立健全检测资料档案管理制度。

(4)任务实施。签署合作协议的供需双方根据协议要求，认真履行各自的职责。科技服务中心提供全过程的支持服务，推进项目的合作发展。

(5)任务结束。加盟单位完成合作协议后，需报科技服务中心登记备案，备案记录将作为享受补贴奖励的主要依据。

4.科技创新服务平台与科技服务中心依托单位的关系

科技创新服务平台的运行需要委托交通运输行业内的主要科技服务机构成立科技服务中心，来承担平台的日常事务。同时，制定服务平台建设运行的管理机制和工作流程。科技创新服务平台是一种概念性科技产品，科技服务中心是服务平台建设和运行的实体机构，科技服务中心的部门设置需要完全根据服务平台的运行来设计。依托单位是科技服务中心的载体，可以通过公开招标来选择，为服务中心提供科技服务人员、工作条件和后勤服务。依托单位为科技服务中心提供提供服务人才、工作场所和后勤保障。为确保公平、公正，科技服务中心的依托单位实行非"终身制"，广东省交通运输厅根据其绩效好坏，决定是否变更依托单位。因此，广东省内的所有高等院校、企业均为科技服务中心的依托单位待选对象。在科技服务中心开展服务的过程中，不得依托中心资源为依托单位谋求不正当利益。

(二)外延主体和结构关系

为了支撑科技创新服务平台核心结构关系的建立，需要细化核心结构中三方主体的外延结构关系。外延主体结构关系包含政府部门之间的关系、加盟单位之间的关系和科技服务中心与依托单位之间的关系3种类型。

广东省交通运输厅与其他政府部门之间的关系，需要根据当前科技政策，与交通运输部科技管理部门、省财政部门、其他有关政府部门之间加强资源协调，为广东省交通运输行业争取科技创新资源。

广东省交通运输厅与其他政府部门科技职能协调关系如图9-14所示。

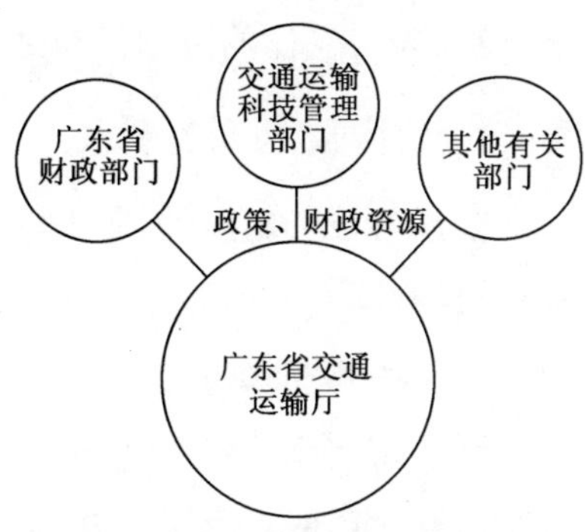

图9-14 广东省交通运输厅与其他政府部门科技职能协调关系

加盟单位之间的关系。根据国家和广东省交通运输科技创新体系的主体类型，广东省交通运输科技创新服务平台的加盟单位类型可分为交通运输科技服务机构、高校及科研院所、科技企业、社会其他组织四种类型。

作为加盟单位，这些单位承担和共享相同的科技资源权利和义务，在接受公共服务的基础上，在广东省交通运输行业开展科技服务活动。

加盟单位之间在广东省交通运输行业内的科技市场内，通过自主联络开展科技活动。

为了能使交通运输科技活动成果得到有效转化和应用，提高广东省交通运输行业的科技创新能力，广东省以外的科技服务机构可以采用在广东省内注册和经营分支机构，通过加盟服务平台接受广东省交通运输厅的行业管理后，开展科技服务，也可以选择广东省交通运输行业内合适的科技服务机构，建立协同关系来开展科技服务。广东省交通运输行业内企业应与受广东省交通运输厅行业管理的高校、科研院所、科技服务机构等开展交通运输科技创新活动。

用户单位之间的关系。在广东省交通运输行业内从事生产科技活动的所有单位都可以成为服务平台的用户。用户通过注册，才能享有平台的科技服务。服务平台有为用户保密信息的义务。用户与加盟单位之间通过业务洽谈，达成合作意向，双方签署合作协议并报科技服务中心登记备案。通过备案的服务才能计入对加盟单位的绩效考核，并作为政府财政补助的依据。

依托单位之间的关系。由于服务内容的专业性比较高，需要的服务人员的范围较广，科技服务中心的依托单位可以采用联合体方式，依托单位分为主要依托单位和合作依托单位，两种单位需要分工合作，相对独立地开展工作。合作依托单位对主要依托单位负责，并接受主要依托单位的考核与监督。

加盟单位类型及相互关系如图 9-15 所示。科技服务中心与依托单位的关系，如图 9-16 所示。

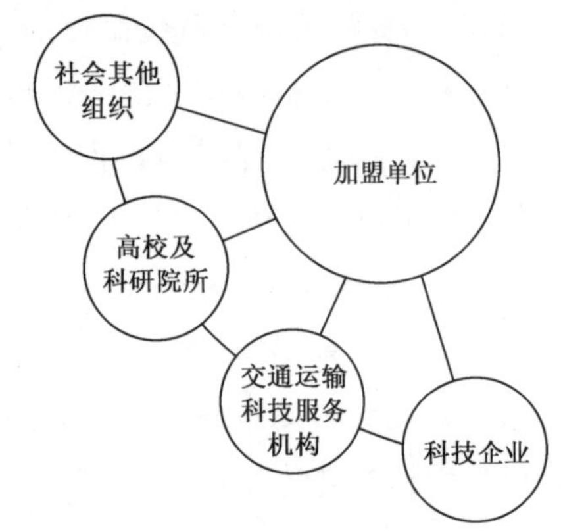

图 9-15　加盟单位类型及相互关系

注：加盟单位拥有相同权利和义务，可以通过协同，为用户提供服务。

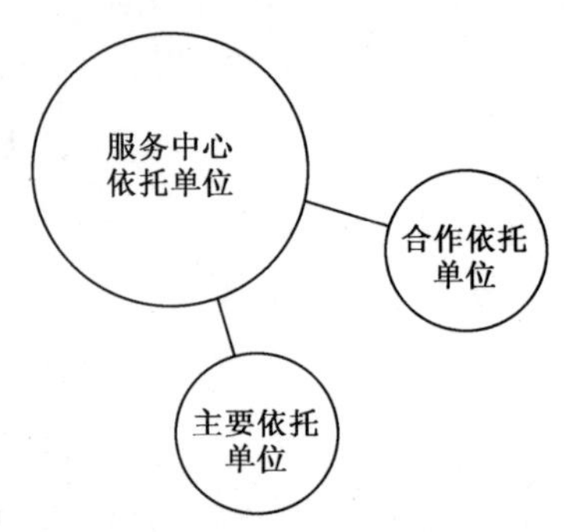

图 9-16　科技服务中心与依托单位的关系

注：依托单位为服务中心提供人才、工作场所和后勤服务。

三、平台运行的主要机制

根据广东省交通运输科技创新服务平台的参与主体关系结构、科技资源信息的运行流程和服务平台的性质特征，服务平台的运行机制划分为科技创新服务的公共服务机制和市场运行机制、科技资源共享机制、参与主体的协调机制，以及科技创新服务平台的相对独立的管理机制 4 种类型。

(一)科技创新服务的公共服务机制和市场运行机制

根据科技创新主体、服务的内容，可将科技创新服务的运行机制分为两种类型：公共服务机制、市场服务机制(图 9-17)。

1. 公共服务机制

为了落实广东省交通运输厅科技管理职能的转变，加快政府机构机制体制改革。一方面，在政府的机制体制改革的过程中，需要通过科技创新服务平台向社会供给政府科技资源，包含科技政策和财政资源。另一方面，随着政府职能的转变，需要从政府角度开展的工作范围变宽，工作深度变浅，需要向科技创新服务平台采购相关职能服务。

根据参与主体的结构关系，公共服务机制适用的主体关系包含政府与科技创新服务平台的关系，以及科技创新服务平台与加盟之间的关系。因此，提供的服务内容包含两种类型：

(1)政府通过广东省交通运输科技服务平台向交通运输行业提供的科技服务，包含科技管理服务、科技教育与普及等内容。

(2)创新服务平台向社会和加盟单位提供的服务内容，包含科技资源信息共享、标准委员会、科技情报服务等。

广东省交通运输科技创新服务的公共服务机制，如图 9-18 所示。

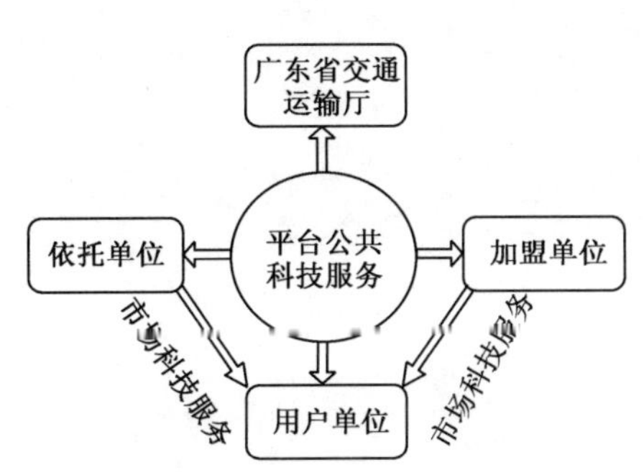

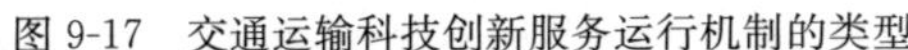

图 9-17　交通运输科技创新服务运行机制的类型

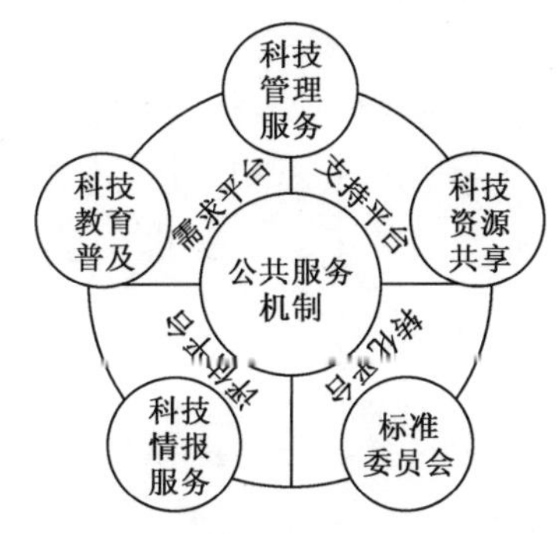

图 9-18　广东省交通运输科技创新服务的公共服务机制

2. 市场服务机制

在政府提供的公共服务基础上，需要通过市场机制来推动科技服务机构以及加盟单位为广东省交通运输行业内从事生产和科技活动的单位提供科技创新服务，科技服务机构可以与加盟单位构建协同创新研发平台，提高综合科技服务能力，以提升广东省交通运输行业的科技创新能力，推动交通运输行业的科技进步。

市场服务机制下的科技创新服务的内容主要有科技咨询评估、成果转化、质量检测、计量服务、产品检验等，科技咨询是为企业的创新活动提供技术指导、咨询等服务，引导交通运输企业围绕广东省交通运输科技发展需求展开研发和成果转化活动，为大学和科研院所提供包括科技成果转移转化咨询、信息等方面服务，联系研究开发与产业创新两大体系；建立交通运输计量技术规范体系，建立交通运输产品与工程的试验检测质量控制标准、评定程序与评定体系；加强工程建设养护、运输服务、安全应急和节能环保等领域的计量技术规范修订。

这些功能的实现，需要广东省交通运输厅通过建设科技制度，制定发展规划，在现有的科技基础设施的基础上，引导高校、科研院所、社会其他机构、科技服务机构相互协作，与交通运输企业之间建立良性的科技关系，在开展科技创新活动的基础上，提升广东省交通运输行业的科技创新能力，提高交通运输基础设施的科技效益。

广东省交通运输科技创新服务的市场运行机制如图 9-19 所示。

(二)科技资源的共享机制

由于科技创新服务平台受益群体的广泛性、服务内容的局限性，其应定位于公益性服务。需要从政府层面通过广东省交通运输科技创新服务平台聚集交通运输行业内外的科技数据、仪器设备和信息资源，建立以开放与共享为核心的跨部门、跨学科、多层次、全方位的开放共享体系，为交通运输行业服务。这些服务遵循的是共享机制。科技资源包含共性特点及个性化科技资源，来源于政府的供给和加盟单位的分享。科技资源的高效运行取决于政府的政策与推动力、参与主体的积极性、创新服务平台的管理效率和公正性、科技资源的价值等多个方面。

服务平台信息资源来源及共享机制如图 9-20 所示。

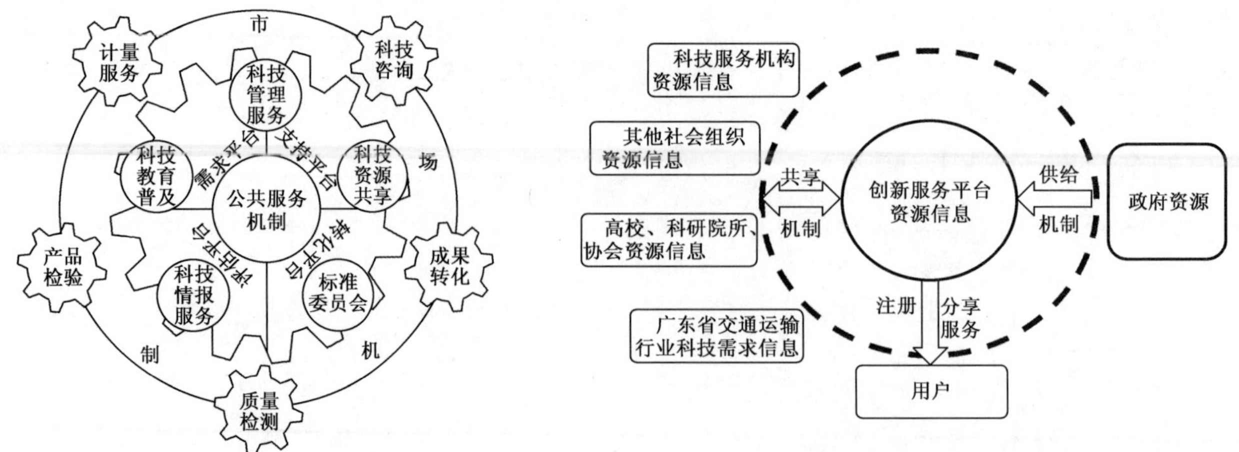

图 9-19　广东省交通运输科技创新服务的市场运行机制

图 9-20　服务平台信息资源来源及共享机制

(三)参与主体之间的协调机制

广东省交通运输科技创新平台运行涉及的利益主体或关系较复杂,从服务平台的参与主体类型角度,关系协调分为政府机构之间的关系协调、加盟主体之间的关系协调、平台与其他社会组织之间的关系协调等三方面。

从政府主体方面,分为广东省交通运输厅与省政府其他部门之间、与交通运输部行业科技主管部门之间的关系;从科技创新活动的参与者角度,包括政府、高校、科研机构、企业、非盈利组织之间的关系;从科技创新服务平台与社会其他组织之间的关系,广东省交通运输科技创新服务平台包括 4 个子系统,涉及需求、科技平台、投资融资、人才建设等等。

这些参与主体有些隶属于不同级别、不同行业和主管部门,因此要服务平台加强与科技主管部门、交通运输部、技术质量监督局的协调,保障政策与工作方案的衔接。要推进交通运输行业内部政府与企事业单位、公共服务机构、市场性科技服务机构的合作、交流与沟通,这就需要建立相应的协调机制,规范各参与组织的行为,实现科技创新服务平台的客观公正性。

第十章　广东省交通运输科技创新服务机构建设探索

第一节　科技创新服务机构的建设背景与经验借鉴

一、国家大力发展科技服务业的部署要求

科技服务业是现代服务业的重要组成部分，具有人才智力密集、科技含量高、产业附加值大、辐射带动作用强等特点。近年来，我国科技服务业发展势头良好，服务内容不断丰富，服务模式不断创新，新型科技服务组织和服务业态不断涌现，服务质量和能力稳步提升。但总体上，我国科技服务业仍处于发展初期，存在着市场主体发育不健全、服务机构专业化程度不高、高端服务业态较少、缺乏知名品牌、发展环境不完善、复合型人才缺乏等问题。

2014 年，国务院印发《关于加快科技服务业发展的若干意见》(国发〔2014〕49 号)(以下简称《意见》)，对科技服务业发展做出了全面部署。《意见》指出：科技服务业是现代服务业的重要组成部分，加快科技服务业发展，是推动科技创新和科技成果转化、促进科技与经济深度融合的客观要求，是调整优化产业结构、培育新经济增长点的重要举措，是实现科技创新引领产业升级、推动经济向中高端水平迈进的关键一环，对于深入实施创新驱动发展战略、推动经济提质增效升级具有重要意义。《意见》提出：到 2020 年基本形成覆盖科技创新全链条的科技服务体系，重点发展研究开发、技术转移、检验检测认证、创业孵化、知识产权、科技咨询、科技金融、科学技术普及等专业科技服务和综合科技服务。

交通运输业是国民经济的基础性、先导性产业，是科技创新与成果转化应用的重要领域。发展现代交通运输业，关键在于依靠科技进步，提升技术含量，解决好交通运输面临的运输能力、服务品质、运输成本、运输安全、环境污染等问题；关键在于大力发展科技服务业、强化应用基础研究、提升创新平台能力、营造良好创新环境，建立和完善适应交通运输发展需要的科技服务体系。按照国务院印发《关于加快科技服务业发展的若干意见》(国发〔2014〕49 号)精神要求，交通运输部在《公路水路交通运输科技“十三五”发展规划》中，对发展交通运输科技服务业做出重点部署，提出要支持发展科技咨询、成果转移转化、知识产权、科技信息和科学普及服务。

广东省是我国改革开放的前沿，在交通运输行业发展理念、思路上具有前瞻性和战略性。多年来，广东省交通运输行业确立了“政府引导、市场主导”的发展理念，充分发挥市场机制的作用，建立了交通运输科技创新驱动机制，探索形成了“政、产、学、研”合作机制，建立了以交通运输企业为主体的行业科技创新体系。在下一步，按照国家、交通运输行业科技服务机构发展要求，全面调查广东省内交通运输科技服务需求，组建科技服务专业化机构，研究制定与之相配套的政策制度，进一步促进科技服务水平的全面提升。

综上所述，国家和广东省的科技发展规划及政策，要求各部门(包括广东省交通运输厅)加快建立交

通运输行业内科技服务体系，以提升行业创新能力，整合交通运输行业内的创新资源，加强成果转化与推广的力度。根据我国科技服务业发展和新一轮科技体制改革的形势需要，结合广东省交通运输行业科技创新体系现状，以及广东省新型交通运输科技管理服务平台建设及运行的需求，客观上需要建设科技服务的实体支撑机构——广东省交通科技创新服务中心（以下简称"服务中心"），加快科技服务业发展。

二、典型科技创新服务机构建设的经验借鉴

（一）国家层面科技服务机构

当前，国家层面从事科技创新服务、科技产品孵化、科技成果转移转化等方面的机构较多，并逐渐由国内辐射全球，形成了我国科技发展的重要支撑力量。创新科技国际联盟是众多科技服务机构中的一个典型代表，对于各行业、各地区成立科技服务机构具有较强的借鉴价值。

1. 机构简介

创新科技国际联盟（IUSTI）是按照科学技术部、财政部、教育部、国有资产监督管理委员会、中华全国总工会、国家开发银行等六部委联合发布的《关于推动产业技术创新战略联盟构建的指导意见》（科发改〔2008〕770 号）文件精神，依托 100 多家政府部门、企业、大学、科研机构共同发起，并与 2011 年 6 月 8 日正式成立，标志着科技政策、研发、产业、金融与投资的合作平台及创新网络进入了一个新的发展阶段。

创新科技国际联盟的发起单位、会员单位、合作伙伴遍布全球各行各业。该联盟与国内外政府部门、科研机构、大学、企业等单位有着广泛的合作关系，能够充分利用各种行政资源、人力资源、信息资源和金融资源来开展业务。联盟主要致力于开展国际科技交流、技术转移以及创新政策的探讨，充分利用联盟的渠道优势，加强中国政府部门、科研机构、大学和企业，与国外政府部门、科研机构、大学及跨国公司的交流、合作。

2. 发展宗旨

创新科技国际联盟致力于搭建"政、产、学、研、金"相结合的创新科技国际联盟，开展技术合作、交流创新经验、促进技术转移、推动创业投资、加速科技成果的商业化运用、联合培养人才、加强人员的交流、整体推进国家创新体系建设，为建设创新型国家做出贡献。

联盟的宗旨是合作、共赢、创新、发展，其使命是搭建"政、产、学、研、金"相结合的开放式国际平台，建立稳定的交流渠道，求同存异，增进理解，互利共赢。开展技术合作、交流创新经验、促进技术转移、推动创业投资、联合培养人才、加强人员交流、促进科技成果的商业化运用，整体推进国家创新体系建设，为建设创新型国家做出贡献。

3. 业务范围

创新科技国际联盟的工作任务是在更高层次上谋划和建设全球创新体系，为国内外"政、产、学、研、金"等机构搭建科技交流与合作平台。

（1）组织国际、国内学术研讨和交流，促进国内外政府部门、企业、科研机构和大学等各界人士的沟通与联系。

（2）邀请国内外政府官员、企业家、专家学者开展以洽谈、联谊、研讨、咨询、讲座、参观、考察等形式的科技交流与合作。

(3)组织政府间的国际会议和论坛，承担政府部门、国内外产学研机构的课题研究和项目申报，促进国内外企业与地方资源的对接与落地。

(4)开展联合技术研发，促进国际技术转移。

(5)吸引和推动跨国公司在华设立研发中心或分支机构。

(二)地方层面科技服务平台

近年来，随着国家深入实施创新驱动发展战略，各地纷纷成立科技服务中心、生产力促进中心等科技创新服务机构。总体来看，各地创新服务机构的性质、业务范围、商业模式等各不相同，主要围绕当地科技发展需求和实际情况，开展创新服务工作。现选取宁波市产学研创新服务平台为典型实例，介绍地方层面科技服务平台建设情况。

1. 平台简介

近年来，宁波市积极探索技术转移服务新模式，于 2008 年投入运行的宁波市产学研创新服务平台是以网上交易平台为载体，科技合作活动为抓手，以健全技术转移和成果转化服务链，建立适应公益性服务与市场化服务相结合的运行机制，促进跨行业、跨部门、跨地区的技术交易与成果转化，形成体系健全、功能完善、运作规范、网上与网下服务相结合、网络化全覆盖的运行模式，使技术交易更高效、便捷，该创新服务平台是目前宁波企业与各高校、研究院所实现技术转移的一个重要科技合作渠道。

2. 主要功能

宁波市产学研创新服务平台是由网上技术交易平台、网下技术交易展示洽谈活动和产学研服务平台运行服务体系三部分组成。

(1)网上技术交易平台

宁波市产学研创新服务平台吸收借鉴国内其他网上技术交易平台的优势，建立了宁波市产学研创新服务平台网站。该网站是采用人工智能技术、互联网技术、现代通信技术等最新技术建设的支撑性公共服务平台。通过产、学、研各方在这一平台上的资源共享，解决了以往产学研结合中“信息不对称”“资源不共享”等瓶颈问题，促进了科技与信息的转化和信用系统的建立，从而充分整合国内外科技资源，有效释放广大科技人员、科研院校的创新潜能和智慧，积极引导和支持创新要素向企业集聚，促进科技成果向现实生产力的转化。

网上交易平台各类会员功能如图 10-1 所示。

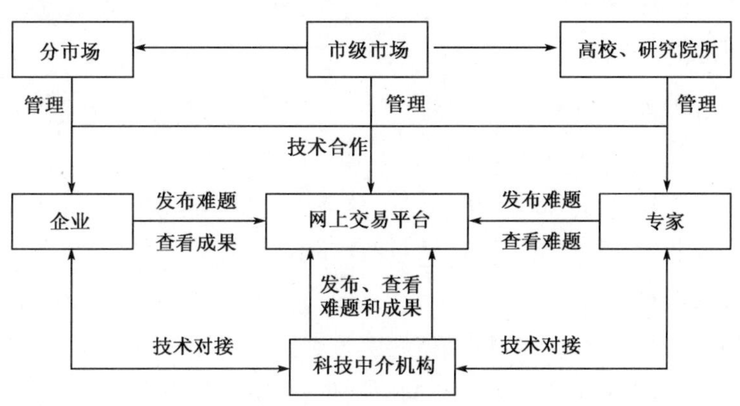

图 10-1　网上交易平台各类会员功能

(2)网下技术交易展示洽谈活动

网下技术交易展示洽谈活动主要通过举办各类科技合作交流活动,如中国(宁波)高新技术成果交易会、中国(宁波)新材料与产业化论坛、国内外“宁波周”等科技合作交流活动,依据网上交易洽谈进展,邀请国内外知名的高校、科研院所和专家,开展难题与成果的有效对接,为技术供需双方开展面对面交流提供载体,从而实现各类成果在宁波全市企业中的成功转化。同时,各类科技合作交流活动也是网上交易的重要补充。

(3)产学研服务平台运行服务体系

为进一步健全以网上技术市场为重要载体的产学研服务体系,建立了网上、网下的产学研合作运行管理机制,构建了技术转移的立体式服务网络。

一是,在宁波市生产力促进中心设立了市级市场,对服务平台实行统一运行管理。市级市场负责产学研平台的日常运行管理,组织开展各项合作活动,指导分市场工作的开展;做好平台运行维护,保障网络信息的通畅;大力发展会员,宣传技术交易政策法规;跟踪核实成交项目实施情况,做好统计分析;加强技术交易队伍的培训,推进技术交易市场信用体系建设,大力推广典型案例和成功经验。

二是,在宁波市所属各县(市)区设立12个分市场,主要负责企业技术需求的挖掘、信息审核和管理,及时收集、准确发布需求信息,提高上网信息的真实性;组织技术供需项目对接,推动科技成果转化。

三是,充分整合宁波市内外技术转移服务机构的资源,发挥市外高校、研究院所在宁波市设立的技术转移服务机构,如院士工作站、技术转移中心等,以及市内科技中介机构等在经营、管理和服务手段上的优势,组建一支专门从事技术转移服务的工作团队,建立了协同合作的机制,促进了跨地区、跨部门、跨行业的技术转移。

3.创新特色

(1)交易平台运营模式的创新

传统网上技术交易最大的障碍在于信息的真实性和有效性难以保证,交易平台从信息可追溯性入手,实现了网上交易平台运营模式的创新:一是,由于实行实名制的会员管理方式,平台会员主要包括企业、高校、研究院所、科技中介机构单位会员和专家、技术经纪人、科技人才,个人会员在申请会员注册时须提供身份证明,经平台各级管理部门审核通过后才能发布有关信息,有效保证了信息的真实性,一旦出现不实信息也可及时进行追溯;二是,利用角色管理,对平台内的各类会员设置不同的权限,从而保证了对同类会员的信息实行互相隔离和屏蔽。

(2)平台运行管理机制的创新

类似的传统平台,只建立负责网络和信息维护的工作团队,宁波市产学研创新服务平台为增强有效性和主动性,建立了网上、网下相结合的产学研合作运行管理机制。设立了1个市级市场和12个县市区分市场,负责企业技术难题挖掘、信息审核、管理、技术供需对接等各项工作;同时,以各技术转移机构为主,组建了一支专门从事技术对接的工作团队,加快技术转移。

(3)技术商品交易模式的创新

采用服务器中转的方式,首次把在线洽谈模块引入到网上交易平台,保证了信息的绝对到达。在线洽谈功能的实现使企业和专家不单局限于浏览网上的信息,更可实现实时信息交流,创建了全新的技术商品交易模式。

(4)技术对接模式的创新

产学研创新服务平台为技术需方、供方、中介方提供了信息渠道，并通过网上网下的交流洽谈，实现了三种技术对接模式，即需求对接型、技术对接型、中介对接型。

(5)效果与效率、交易成本的创新

网上交易与网下对接的相互补充，是为提高产学研创新服务平台对接效果和效率，降低交易成本所做的又一创新举措。宁波市产学研创新服务平台将日常工作和各科技合作活动结合起来，利用科技合作活动为产学研服务。通过各类科技合作活动，组织高校、科研院所的专家与宁波企业进行项目对接、洽谈，从而增加了网上交易平台上的专家与企业进行面对面交流的机会，加大了双方进行技术合作的可能性。

(6)政策引导推动网上技术市场发展

为鼓励和引导企事业单位通过宁波市产学研创新服务平台进行网上技术交易，宁波市科技局出台了《宁波市网上技术市场产学研合作项目管理暂行办法》(甬科合〔2009〕61 号)，设立了每年 2000 万元的科技专项经费，用于对网上技术市场成交项目的补助。该政策的出台，对进一步促进宁波企业与高校、研究院所进行产学研合作起到积极的引导和推动作用。

(三)交通运输行业科技创新服务机构

互联网时代，行业边界被打开，地域边界被淡化。当前，交通运输行业从政府到企业、高校、科研单位都在转变发展理念，走出传统的科技发展圈子，更多地面向行业外部，面向国际发展，以全新的姿态，走开放、共享、合作之路。全球交通创新联盟(交通运输行业企业创新服务平台)的运作与实践，能够为科技服务平台搭建与实施，提供相应的思路与方案借鉴。

1. 机构简介

全球交通运输创新联盟(交通运输企业创新服务平台)是“两牌一门”的行业创新服务机构。其中，全球交通运输创新联盟是与科学技术部“创新科技国际联盟”共同搭建的具有鲜明交通运输行业属性的国际创新平台；交通运输行业企业创新服务平台是交通运输部综合规划司批准设立的、支撑“中国制造2025”战略实施的平台。

2. 机构主旨、功能、定位

(1)主旨：按照国家科技战略要求，以“全国科技创新中心”的宗旨设立，力争成为全球交通运输科技成果转化基地与未来交通运输产业发展中心。

(2)功能：强化交通运输创新服务供给，提供全球交通运输创新资源集聚和开放协同，通过企业技术创新和生产组织方式创新，引领未来中国交通运输产业进步。

(3)定位。一个机构——全球交通创新联盟；两个开放——平台开放、人才开放；三个融合：科技与金融深度融合，科技与服务深度融合，科技与传播深度整合；四个落脚：主体是企业，重心下基层，方向在产业，对标于国际。

3. 发展愿景

坚持主动作为，有效集聚全球交通运输创新资源；激活创新潜能，以“政、产、学、研、金、媒”的高质量供给，服务交通运输创新战略；倡导创新文化，推动形成开放的全球交通运输创新环境。

经过一个时期的发展，建成具有国际影响的全球交通运输创新网络，成为未来交通运输科技创新与产业推进的策源地。

4.组织架构

全球交通创新联盟组织架构，如图10-2所示。

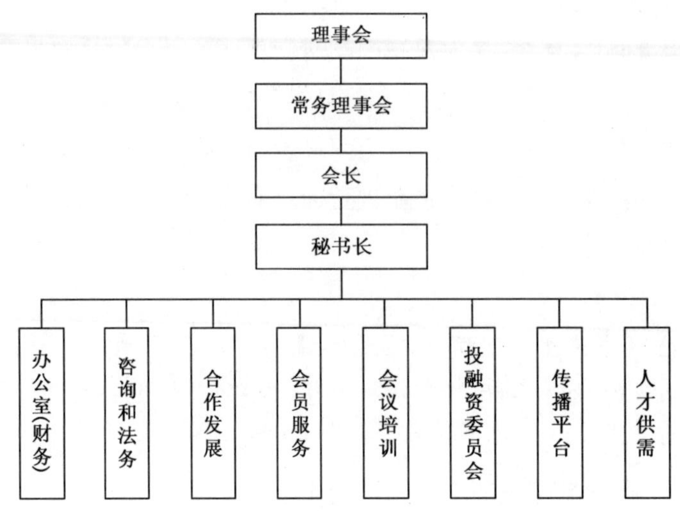

图10-2　全球交通运输创新联盟组织架构

5.发展理念

(1)拆掉行业围墙：从设计理念、平台搭建和运营方式上，成为真正意义上全球协同、行业支持、企业参与和跨界交流的开放平台。

(2)树立“新”主人翁观念：吸纳国内外相关领域的创新智慧、创新项目、创新人才和创新基金，及时提供交通运输创新供需服务。

(3)可持续发展：以依托单位专家团队和为交通运输部服务的行业资源为背景，以行业内外、国内外的合作资源和自身的品牌影响为基础，在交通运输部和科学技术部全力支持下，形成全球交通运输创新联盟会员大会或理事会，公益服务中国交通运输行业，商业服务全球交通运输企业。

6.工作思路

实施创新伙伴计划，自主筛选项目和团队；汇聚中介服务机构，培育技术转移交易市场；提供多样化的专业技术服务，促进科技资源集聚和开放共享；对接科研、企业与资本，约定知识产权收益；开展重大主题策划，构建协同创新交通运输话语权。

建立“中国交通运输创新产业基金”、开展“未来交通计划”，成立“中国交通商学院”，营造交通运输行业创新环境，加快创新成果扩散速度，提高科技成果转移质量，并以此形成服务平台自身影响力，加强自身造血机能。

三、广东省交通运输科技创新服务机构建设的必要性

(一)广东省交通运输行业科技管理职能转变的需求

当前，国家、广东省新一轮科技体制改革正在向纵深推进，政府职能部门转变步伐进一步加快，尤其是党中央、各部委、省级财政科技计划管理改革、科研项目和资金管理改革等改革举措深入实施，要求广东省交通运输科技管理部门要主动更新观念、转变职能，把握深化科技体制改革的新要求，工作重心由

"管计划、管项目"向"管战略规划、管监督评估"转变，加强广东省交通运输行业科技发展战略、规划、政策、标准的制订实施。宏观形势的变化，必然要求广东省交通运输科技主管部门从烦琐的科技项目管理事务中摆脱出来，把主要精力投入到构建适应创新驱动发展要求的制度环境和政策体系上来。因此，需要"服务中心"来辅助承担政府转移的部分科技管理职能，开展科技辅助管理工作。

（二）广东省交通运输市场进一步发展的需求

当前，广东省政府、产业界、科技界、金融界在交通运输行业内都取得了重大进展，但四者的联合作战、攻关和"政、产、学、研、用、金"结合等有待进一步加强。"服务中心"将以专业知识、专门技能为基础，掌握产业界和科技界的信息，并且为成果转化与推广机构的科技创新活动提供重要的支撑性服务，有效降低创新创业风险，加速科技成果产业化进程。

（三）广东省交通运输行业公益性质的需求

当前，包括广东省在内的交通运输领域，科研设施与仪器的利用率和共享水平不高，部分科研设施与仪器重复建设和购置，存在部门化、单位化、个人化的问题，闲置浪费现象比较严重，专业化服务能力有待提高，科研设施与仪器对科技创新的服务和支撑功能没有得到充分发挥。由于广东省交通运输行业的科技创新资源分散，现有的服务机构的科技服务能力还不强，不足以承担科技创新公共服务职能，需要通过科技服务机构分类调整，以提升科技中介服务机构的服务能力，因此需要成立"服务中心"，来支撑公共服务职能。

（四）广东省交通运输科技创新服务平台建设和运营的需求

为了解决广东省交通运输科技创新能力不足的问题，广东省交通运输厅开展了政府性引导课题《广东省交通科技创新服务平台建设研究》（编号：科技-2015-03-009），为广东省交通运输科技创新服务平台的建设作前期研究工作。计划建设的广东省交通运输科技创新服务平台是连接政府、企业、高校科研院所等创新要素的纽带和润滑剂，为打破条块分割，建立统一开放的服务平台，面向社会提供科技资源开放共享服务。为保障广东省交通运输科技创新服务平台（含信息平台）规范、有序、高效地建设与运转，需要成立"服务中心"来支撑实际工作。"服务中心"采用企业建设、政府采购服务的方式进行，成立初期，以协助广东省交通运输厅进行科技辅助管理作为主要工作内容。

第二节　"服务中心"的主要功能

一、服务中心的基本定位

根据科技服务业发展的政策要求，结合广东省交通运输科技管理服务现状实际，"服务中心"是广东省交通运输行业科技创新体系的重要组成部分，其功能定位是辅助广东省交通运输厅进行科技管理，协助广东省交通运输厅整合广东省交通运输科技资源，开拓广东省交通运输行业"政、产、学、研、用、金"的合作模式，为进一步完善广东省交通运输行业创新体系、围绕交通运输产业链部署创新链、提升创新服务能力和科技水平提供基础支撑。

二、服务中心的主要功能和职责

(一)科技辅助管理

当前,广东省交通运输厅科技处的工作重点主要是“管计划、管项目”,根据政策形势需要,向“管战略规划、管监督评估”转变,从烦琐的科技项目管理事务中摆脱出来,主要落实当前科技创新政策体系,结合实际需求构建广东省交通运输行业的创新体系,并将创新工作贯穿到广东省交通运输基础设施建设与管理中去,加快推进科技创新对交通运输发展的驱动作用。因此,需要“服务中心”承担日常科技管理的辅助工作。“服务中心”在广东省交通运输厅科技处的领导下,主要提供以下服务内容:

(1)协助推进广东省交通运输科技创新体系建设与实施。

(2)协助省交通运输科技创新服务信息平台建设与运行。

(3)协助广东省交通运输厅与省内以及交通运输行业的科技资源衔接。

(4)论证与凝练广东省交通运输行业科技需求。

(5)广东省交通运输科技管理的支持服务,包含科技立项支持、过程管理、验收评价、专家委员会秘书处工作等内容。

(6)广东省交通运输厅科技处交办的其他工作。

(二)产业链技术创新服务

当前政府及行业创新政策繁多,但对于行业内众多的中小型企业甚至一些业主单位,没有一套行之有效的做法来充分利用此类科技创新政策。在广东省内各参与单位普遍缺少科技创新活动的形势下,广东省交通集团作为广东省内交通运输龙头企业,广东华路交通科技有限公司作为广东省省内唯一的交通运输科研机构,有义务、有责任担当广东省交通运输科技创新体系中的技术创新主体,利用交通运输企业的科技研发资源,加快交通运输产业链的技术创新服务。对于交通运输行业内的中小型企业,长期以来一直被排除在科技创新体系之外,普遍缺少科技研究资源与能力,缺乏科研资金投入,而社会上闲散资金和科技资源同样缺乏投向。因此,“服务中心”将通过研究掌握企业界的科技需求,搭建交流合作平台,间接或直接提供技术创新服务,促进产学研结合,促进科技成果转化。

“服务中心”立足成为加速创新成果向现实生产力转化的纽带和桥梁,其主要职责包括:

(1)开展广东省交通运输行业技术成果转移转化服务。

(2)中小微企业的科技创新技术咨询服务。

(3)其他科技服务。

当前“服务中心”最主要的功能定位是辅助广东省交通运输厅进行科技辅助管理、协助广东省交通运输厅整合广东省交通运输科技资源,为进一步完善广东省交通运输行业创新体系、围绕交通运输产业链部署创新链、提升创新服务能力和科技水平,提供基础支撑。后期,在机构成熟稳定之后,进一步开拓市场化的省内外交通运输科技服务内容。

第三节　组 织 机 构

一、总体架构

在广东省交通运输厅科技处的合同管理下,以广东华路交通科技有限公司(简称“华路公司”)为主导，联合其他科技服务单位，通过资源优势互补，成立独立的科技服务机构——广东省交通运输行业科技创新服务中心，实行“服务中心”主任负责制。目前，“服务中心”作为华路公司的业务部门开展工作，后期或根据业务需求，成立独立法人机构。

服务中心根据交通运输行业科技创新体系的功能需要设立专业部门，由办公室负责日常管理工作。

服务中心实行广东省交通运输厅科技处指导下的主任负责制。服务中心按照《广东省交通科技创新服务中心管理办法(暂行)》的有关规定，积极贯彻“整合、共享、服务、创新”的运行管理方针，为广东省交通运输行业提供科技创新服务。通过跨单位、跨部门、跨地区的科技资源整合，搭建“政、产、学、研、金”科技交流与合作平台，为广东省交通运输行业创新主体，以及交通运输行业外的协同创新主体之间搭建沟通桥梁，为知识传播、技术开发、技术转移、成果转化、产业化及产业发展提供系统化的科技支撑条件，促进广东省交通运输行业科技创新水平的整体提升。

二、管理主体职责

广东省交通运输厅科技处是“服务中心”的行业主管部门，其以合同方式委托具体工作内容，指导总体规划，综合协调并处理“服务中心”建设和运行中的重大问题。

广东华路交通科技有限公司是“服务中心”的依托单位，是服务中心建设与运行的具体实施主体，其主要职责有：

(1)编制“服务中心”建设和运行的年度计划与经费预算。

(2)收集和受理服务需求信息，提供供需对接服务，并做好相关登记备案工作。

(3)负责对外宣传与推广工作。

(4)定期组织向广东省交通运输厅报告“服务中心”建设和运行情况，接受广东省交通运输厅科技处的指导、检查监督和考核评估。

联合服务单位是提供服务和资源共享的协作单位，其参与服务中心建设、运行的讨论和决策，优先利用服务中心共享资源，参加组织的各类培训、交流，共同完成职责内的各项工作，以及科技政策研究项目等工作，根据合同分享服务收益。

三、工作计划制订与实施

(1)制定发展规划。发展规划分为近期规划、中远期规划，由“服务中心”提出规划稿件，由广东省交通运输厅同广东省交通集团联合审定。

(2)制订“服务中心”年度工作计划，由广东省交通运输厅科技处与华路公司联合审定，并作为年度考核的依据。

年度工作计划一般包括：发展规划和目标的实现；中心的条件环境建设状况、投资情况，科技服务与经营管理人才队伍建设情况；承担的服务任务和完成情况，关键技术服务的重大进展、成果转化、市场化服务情况、取得效益情况、国内外技术交流及人员培训情况、对行业的贡献等；组织机构与运行管理机制适应性；下一年度工作计划及其他情况与相关建议。

每年 11 月提交次年工作计划，提交会议审议，次年 12 月由广东省交通运输厅科技处和华路公司对其进行考核，考核结果向广东省交通运输厅和广东省交通集团备案。

四、日常工作实施管理

根据政府采购服务内容，由“服务中心”主任向各部门负责人下达工作任务，由各部门根据任务要求，通过调研、政策分析、专家咨询、综合研究、讨论论证等方式确定解决方案。在此基础上编写工作报告或工作方案，通过服务中心内部审核后提交广东省交通运输厅科技处，任务结束后，通过对服务内容、工作量、工作质量验收，将服务内容进行统计，统计记录作为享受补贴奖励的主要依据。

五、考核评估

“服务中心”设立绩效考评后补贴机制，广东省交通运输厅每年组织对“服务中心”运行情况进行考核和评估。按照“服务中心”的绩效考评结果，根据每年度专项资金总量，分档进行补贴奖励。

联合单位可根据服务实效，申请获得年度补贴。各单位每季度须上报服务情况，并出具有效凭据，同时提交年度服务情况报告。

对提供服务需求弄虚作假，骗取使用补贴的，一经查实，将收回补贴并取消其服务资格。

第四节　主要原则与运行机制

“服务中心”主任主持全面工作，其享有充分的自主权，同时对“服务中心”运转和绩效全面负责。“服务中心”共设办公室、辅助科技管理部、技术创新服务部 3 个部门(图 10-3)。每个部门设 1 名负责人，根据业务需要，设置专职和兼职人员多名。

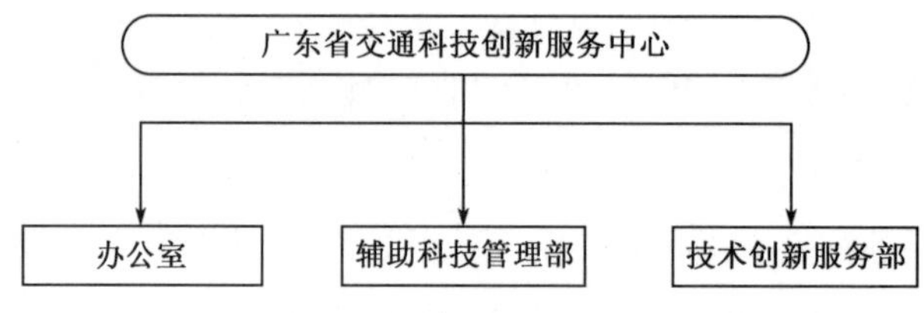

图 10-3　“服务中心”组织机构

一、主要原则

1. 发挥政府引导作用

协助广东省交通运输厅创新政府管理方式，发挥协调引导作用，营造有利的政策和法制环境，围绕交通运输行业发展的迫切需求，推动重点领域的创新工作。

2. 遵循市场经济规则

要立足于交通运输行业创新发展的内在要求和合作各方的共同利益，通过平等协商，建立有法律效力的“服务中心”契约，对“服务中心”成员形成有效的行为约束和利益保护。

3. 满足产业发展需求

要有利于掌握核心技术和自主知识产权，有利于引导创新要素向交通运输企业集聚，有利于形成交通运输产业技术创新链，有利于促进区域支柱产业的发展。

4. 体现区域战略目标

要符合《公路水路交通中长期科技发展规划纲要》确定的重点领域，符合行业政策导向，符合提升广东省交通运输行业核心竞争力的迫切要求。

二、运行机制

根据“服务中心”的服务内容、联合机构、运行流程，将“服务中心”的服务运行机制划分为科技服务运行的公共服务机制和市场运行机制、参与主体(联合机构)之间的协调机制以及科技创新“服务中心”的相对独立的运行机制4种类型。

1.公共服务机制

为了落实广东省交通运输厅科技管理职能的转变，需要政府机构加快机制体制改革。公共服务机制适用于“服务中心”辅助政府为广东省交通运输行业提供的服务。由交通运输厅根据工作内容通过政府采购方式确定服务方式和考核目标。

2.市场运行机制

市场运行机制适用于科技服务机构为其他单位提供的有价技术创新服务。

3.联合机构之间的协调机制

由于不同服务机构的专业局限性，根据服务内容的需要，采用专业互补方式，通过合同制组建“服务中心”。

这些机构隶属于不同级别、不同行业和主管部门，因此要加强机构之间的协调，保障日常工作的正常衔接。建立相应的协调机制，规范各参与组织的行为，实现科技创新服务的客观、公正。

4.相对独立的内部运行管理机制

为保障“服务中心”规范、有序、高效地运转，建立独立的运行管理机制，确保服务效果的公平、公正。

第五节　保障措施

一、人才保障

“服务中心”人员将由符合交通运输服务需求的宏观政策人才、管理人才和技术人才组成。要求“服务中心”具有较高层次的专业技术人才、管理人才和商业人才，这些人才具备较强的技术、市场、管理、法律知识背景和丰富的实践经验。通过挖掘和评估真正有开发价值的专利技术，形成可持续的商业发展模式，进一步促进技术开发和成果应用，扩大知识产权使用范围，从而创造新的价值，实现独立运转和可持续发展。“服务中心”创建初期配置人员约15人，其中专业技术人员约9人，政策及管理人员3人，信息化人员2人，后勤保障人员1人。中长期规划拟将人员规模增加至30～40人。

相对固定人员。由“服务中心”建设主体单位和联合单位指定的为履行“服务中心”职责的相对固定人员。

兼职人员。由“服务中心”建设主体单位和联合单位指定的在专门事项或业务领域开展支撑服务工作的人员。

二、资金保障

在资金保障方面，广东省交通运输厅通过政府采购，为科技管理服务内容提供配套经费。广东省交通运输厅商广东省交通集团，设立专项资金，用于“服务中心”日常运行的工作经费与服务补贴，并且分不同阶段进行资金支持。

在"服务中心"建设初始阶段，经费来源于相关单位投资、申请广东省科学技术厅科技创新服务支持、广东省交通运输厅建设专项经费等。

在运营阶段，要着力提升"服务中心"的业务能力，通过收取加盟单位年费、技术转让费、科技服务费等方式，确保能够"自转"，维持正常运营。

需要说明的是，具有以上功能的"服务中心"在发展初期仅仅凭借市场力量是无法实现的，更应获得政府支持，不仅是由于成果转移转化中专利保护和技术经营的职能需要，更是获得众多创新主体以及相关金融机构信任的必要条件。

第六节　发 展 目 标

一、近期目标

（一）协助推进科技体制改革

在广东省交通运输厅贯彻落实《交通运输部关于深化科技体制改革落实创新驱动发展战略的意见》（交科技发〔2016〕173 号）、《广东省交通运输科技"十三五"发展规划》（粤交科〔2016〕1277 号）及《关于加强科技创新推进广东省高速公路建设的指导意见》（粤交科〔2016〕700 号）的过程中，"服务中心"通过配合完成《"三个十"实施方案》《市场主导型科技计划项目"以奖代补"实施方案》的论证等具体的政策研究与科技服务工作，协助广东省交通运输厅科技处完成年度科技计划，逐步完善和健全广东省交通运输科技体制创新体系建设。

（二）编制广东省交通运输科技创新服务机构"十三五"发展规划方案

根据《国务院关于加快科技服务业发展的若干意见》、广东省人民政府《关于加快科技创新的若干政策意见》（〔2015〕1 号）、《关于印发广东省科技创新平台体系建设方案的通知》（粤府函〔2016〕363 号）、《交通运输部关于深化科技体制改革落实创新驱动发展战略的意见》（交科技发〔2016〕173 号）等相关政策文件，制订广东省交通运输科技创新服务机构"十三五"发展规划方案，明确"十三五"期间，广东省交通运输科技创新服务机构发展目标与主要任务。

（三）建立健全内部管理和运行机制

建立健全适应"十三五"科技创新政策和发展规律的广东省交通运输行业科技创新服务中心体制机制。"服务中心"一方面要服务好广东省交通运输厅推进广东省交通运输科技创新体系建设，在完善自身建设的同时要面向市场、面对竞争，在竞争中求生存、谋发展。建立健全科技服务业管理制度，落实技术分配政策，凝聚和增强服务能力和活力。建立健全"服务中心"管理办法和绩效考核制度，推动服务工作向纵深发展。

（四）加强自身条件和队伍建设

要在近期内通过掌握广东省经济和信息化委员会的相关技术服务机构的建设计划，申请服务机构能力认定，为"服务中心"建设服务条件；通过整合交通运输行业内各方力量、以多种渠道筹措资金，增加科技创新投入，加强自身科技创新服务条件建设；通过加强和巩固与广东省交通运输行业内服务机构、社会组织的合作，加强科技创新服务人才队伍建设，增强为广东省交通运输行业科技管理与创新服务的能力。

二、中远期目标

（一）构建广东省交通运输科技创新平台体系

与引进大院名校共建创新载体工作有机结合，创建交通运输行业创新平台，申请成立“广东省交通运输产业技术创新联盟”，以实现在更大范围、更广领域和更高层次上进行资源优化配置，以股份制合作等多种形式加强广东省交通运输行业科技创新体系的建设和发展，构建国内一流的省级交通运输科技创新体系，成为广东省科技创新体系的重要组成部分。

（二）提升广东省交通运输行业经济技术水平

把为广东省交通运输产业、中小企业和科技研发机构提供优质科技创新服务作为“服务中心”建设和发展的重点，通过协助组织广东省交通运输行业的关键技术、共性技术的研究开发，推广一批对交通运输产业发展具有影响的高新技术和先进适用技术及其成果，并提供成果评估、产品检测、技术培训、信息和咨询等服务，提升广东省交通运输行业的技术水平，推动交通运输行业的发展，带动交通运输行业的产业结构和增长方式的转变。

（三）拓展中小微企业创新服务

通过科技特派员与科技企业孵化器的有机结合，为交通运输行业内外中小微企业提供技术创新服务，促进中小微企业发展，从而为广东省交通运输产业技术结构转型提供服务。

第十一章　广东省交通运输科技创新的实践

第一节　大力推进高速公路领域科技创新

一、广东省高速公路发展现状与需求

（一）发展现状

过去一个时期，广东省各地、各有关部门贯彻广东省委、省政府决策部署，以超常规的力度和更严要求、更实举措，着力破解广东省高速公路发展难题，加快实施项目前期审批、资金筹措、用地报批和征地拆迁等工作，切实克服暴雨、台风等极端天气影响，全力打好高速公路建设攻坚战。以"五赛五比"活动为抓手，全面推行现代工程管理，加快推进港珠澳大桥、虎门二桥等一批在建项目，继续保持高速公路建设加快发展的良好势头。截至2016年底，全省高速公路通车总里程达7 673km，继续保持全国首位。随着全省高速公路网进一步完善，高速公路出省通道和相邻地域间通道更加快速、便捷，通达效率显著提升，交通基础设施建设对经济社会的先导和带动作用，尤其是作为粤东西北地区发展抓手的作用更加凸显，交通先行为粤东西北地区振兴奠定了坚实基础。

展望未来，广东省要持续加快推进以高速公路为重点的交通基础设施建设，不断提升服务水平，奋力开创"四个交通"发展新局面。"十三五"期间，广东省高速公路建设仍处于跨越式发展期，到2020年将新建4 000多公里高速公路，高速公路通车里程达到11 000km，外通内连的高速公路主骨架网络进一步完善，为充分发挥广东省连接港澳、辐射泛珠、服务全球的区位优势，支撑粤东西北地区跨越发展、可持续发展，率先全面建成小康社会、率先基本实现社会主义现代化，奠定坚实基础。

（二）发展需求

随着广东省高速公路建设逐渐向粤东西北山区深入，跨海通道建设的增加，建设的难度和技术要求也相应提高。同时，经济社会发展的新阶段和人民群众对交通运输发展的新期待，也对广东省高速公路建设的智慧、绿色、安全等方面提出更高要求。

与广东省高速公路跨越式发展的新要求相比，广东省高速公路建设领域科技创新和成果转化还存在诸多亟待解决的问题，其主要包括创新体系不完善，企业技术创新的主体地位体现不充分，科技资源的整合利用不深入，科技研究目标分散，科技成果凝练不足，新技术在工程建设中推广渠道不畅等。

面对新形势、新要求，迫切需要深入实施创新驱动发展战略，充分发挥科技创新在全面创新中的引领作用，双措并举，开展高速公路建设的关键共性技术研发与推进先进适用技术成果的转化应用，全面提升高速公路建设领域科技创新能力和水平，促进新一代信息技术在高速公路建设中的应用，推行适应节约土地要求的工程技术，为建设智慧型、生态型高速公路提供坚实的科技支撑。

二、广东省推进高速公路科技创新的总体思路

为充分发挥科技创新在高速公路建设中的支撑与引领作用，在深入开展前期研究的基础上，广东省交通运输厅于2016年7月印发实施《关于加强科技创新推进广东省高速公路建设的指导意见》(粤交科〔2016〕700号)，大力推进高速公路领域的科技研发和成果转化工作。

(一)指导思想

深入实施创新驱动发展战略，贯彻落实创新、协调、绿色、开放、共享的发展理念，以提升科技创新能力为基础，以促进科技创新与高速公路建设紧密结合为重点，紧扣高速公路建设重大技术需求，完善高速公路建设在现代工程管理中科技创新和成果推广的应用机制，激发企业创新活力和创造潜能，充分发挥科技创新在建设智慧、绿色、平安高速公路中的引领作用，为破解高速公路建设难题、实现高速公路建设又好又快发展，提供坚实的技术支撑。

(二)发展目标

到2020年，基本建成适应广东省现代交通运输业发展需要的行业科技创新平台，高速公路领域实现重大技术突破，在智慧交通、绿色交通、平安交通等方面取得一批国际领先、实用性强的自主创新成果；初步形成全链条的科技创新服务体系，提升科技创新对高速公路建设的支撑引领作用，创新型高速公路建设取得显著成效。

三、广东省推进高速公路科技创新的典型举措

(一)构建有利于科技创新推进高速公路建设的管理体系

(1)加快推进协同创新。推进高速公路协同创新团队制度建设，逐步引导各级交通运输科技协同创新研发平台和团队，采用优势互补的协作原则，充分发挥各自的知识积累及创造作用，重点提升广东省交通运输行业整体自主创新能力、交通运输企业核心竞争力，着力解决高速公路共性、关键技术问题，建设地方交通运输标准体系，开发交通运输战略产品与装备，加强重大国际科技合作，强化交通运输成果转化与推广应用等，科学引导广东省高速公路建设发展。

(2)加强科技研发方向引导。加强创新政策的引导作用，通过科技发展规划，强化“突破工程个性技术”与“解决关键共性技术”并重，引导研发单位聚焦广东省高速公路建设的重大科研方向，开展共性、关键技术研究。

(3)完善高速公路建设科技信息发布机制。依托广东省交通运输科技创新服务平台，向社会公布高速公路建设科技需求和成果信息，为科技研发方向征集、科技成果信息查询筛选、科技成果推广应用等提供公益服务。

(4)开展科技创新示范路段建设。根据科技发展规划和广东省交通运输科技示范工程实施方案，选取符合条件的高速公路作为科技创新示范路段。在示范路段内，积极开展自主创新和科技成果推广应用工作，引导新常态下高速公路科技创新活动，带动向研发与应用双措并举的科技市场方向转变。

(5)增强科技创新承担单位的自主权。项目资助资金不设置劳务费比例；提高人员绩效支出比例至资助金额50%；事后资助项目资金、股权投资项目资金、社会委托研发资金不再限定具体用途，由承担

单位自主用于研发活动。

(二)不断完善科技创新,推进高速公路建设的驱动机制

(1)加强建设项目科技需求引导。高速公路建设项目在前期阶段应根据项目的社会与经济期望、环境条件、科技发展水平、项目建设目标、行业发展需要等明确项目建设科技需求,编制建设项目科技专项规划。

(2)落实高速公路建设科技规划。高速公路建设管理单位应及时组织编制高速公路建设项目的科技项目实施方案,根据工程需要逐步落实项目科技规划,以科技成果引导高速公路的设计和施工等环节。

(3)自筹先行,择优支持。高速公路建设管理单位宜先行投入资金开展科技项目研发活动,广东省交通运输厅择优给予分类立项支持,激发高速公路建设科技市场活力。

(4)加强建设项目科技工作管理。高速公路建设管理单位应设置专职科技项目管理岗位,鼓励高速公路建设单位引入科技创新服务机构,提升建设项目科技管理水平,形成重大项目攻关合力,提高高速公路建设项目的科技协同创新能力。

(5)充分发挥科技创新咨询作用。高速公路建设主管单位应规范科技创新咨询活动,发挥相关机构在高速公路建设创新决策中的重要作用,吸引更多机构参与研究制定高速公路建设科技创新规划、计划、政策和标准。

(三)加强科技成果的转化和推广应用

(1)加强引导力度和顶层设计。加强科技成果转化的引导力度和行业顶层设计,有效整合交通运输建设工程的科研成果,提升科技成果转化率以及推广效率。

(2)建立广东省交通战略产品孵化机制。鼓励利用国家和广东省科技产品孵化优惠政策,培育广东省交通运输产品服务机构,推进专利技术产品化,吸纳中小微企业的创新交通运输产品,为形成广东省交通运输行业基础设施战略产品、产业转型升级创造条件。

(3)探索科技成果验证机制。培育成果验证服务机构,验证与评估科技成果质量,促进既有成果的转化和推广应用。

(4)加强对专业仪器设备量值溯源工作的管理。建立广东省交通运输行业的专业计量机构,填补社会公用计量机构量值溯源能力的不足,实施行业计量监督管理,保障高速公路建设质量检测数据的准确性,为广东省交通运输行业标准化工作提供可靠的技术支撑。

(5)推进高速公路标准化建设。建立健全广东省交通运输标准化组织机构,加强广东省交通运输厅对标准化工作的宏观管理和综合协调,完善广东省高速公路建设地方标准体系;鼓励高速公路参建单位承担或参与国家、行业和地方标准制修订工作,发挥高速公路参建单位在标准制定和应用中的主体作用。

(6)提高科研人员的成果转化收益比例。职务创新成果转让收益可以在重要贡献人员、所属单位之间合理分配,提高科研负责人、骨干技术人员等重要贡献人员和团队的收益比例至60%以上(或成果转化为营业利润的5%以上)。事前有约定的,按约定执行。该类支出计入当年本单位工资总额,但不受当年本单位工资总额限制,不纳入本单位工资总额基数。

(四)切实强化科技创新的政策保障

(1)推进现代化工程管理与科技创新的有机融合。高速公路建设项目科研工作开展成效纳入《广东省高速公路建设管理"五赛五比"活动实施方案》,通过科技创新支撑高速公路建设科学发展。

(2)建立重大工程科技项目过程监督常态机制。广东省交通运输厅组织或委托科技服务机构会同有关业务主管部门和交通运输主要参建单位,对科技项目执行情况进行动态监督。

(3)落实竣工验收中的科技评价工作。项目竣工验收时需对建设项目的科技投入额度、完成比例、应用效果进行评价(具备条件的科研项目同步验收),评价结果计入建设管理单位竣工综合评价。

(4)建立广东省交通运输科技信用评价体系。建立科技信用数据库,向社会公布科技信用情况,提供科技信用信息查询,信用评价结果纳入公路建设招投标体系,引导科技市场健康发展。

(5)抓好科技创新成果推荐和科技人才选拔工作。依托科技信用数据库,积极落实遴选推荐制度,推荐优秀科技创新成果,申报国家、部级、省级等各级各类科技奖项;实施科技创新人才推进计划,逐步培养业务精、能力强、素质高的科技创新人才队伍,积极向国家、部级、省级选拔推荐申报各类人才计划项目。

(6)将科技创新能力纳入职称评定体系。根据交通运输行业(专业)实际发展需求、专业技术人才的职业特点以及人才成长规律,将技术创新和创造、高新技术成果转化等方面取得的业绩及所创造的经济效益和社会效益等因素纳入职称评定体系之中。

第二节　加速推进科技创新与经济有机融合

一、遴选重大科技研发方向

为充分发挥科技创新对交通运输现代化的支撑作用,促进科技创新与交通运输建设紧密结合,推动交通运输建设关键领域的重大技术突破,全面提升广东省交通运输行业的自主创新能力,2016 年 12 月,广东省交通运输厅印发实施《广东省交通科技重大研发方向遴选实施方案》(粤交科〔2016〕1513 号),组织实施交通运输科技重大研发方向推荐遴选工作。

(一)总体目标

深入实施国家、广东省创新驱动发展战略,贯彻落实"创新、协调、绿色、开放、共享"的发展理念,围绕广东省"三个定位、两个率先"和"四个交通"的发展目标,聚焦交通运输"提质、增效、升级、改革"发展需求,集成跨学科、跨领域优势力量,推动行业重点领域、重大方向的关键、共性技术研发,全面提升广东省交通运输科技自主创新能力。

(二)重大研发方向遴选方法

"十二五"重大科技成果的遴选工作由交通运输厅科技主管部门委托交通运输行业科技创新服务机构,组织工程技术、建设、管理和科技管理等方面专家组成专家委员会实施。

1.基本条件

(1)重大研发方向应为公路水运建设、管理、养护等领域的共性关键技术需求。

(2)重大研发方向应为相关学科领域的前沿研究方向,反映学科研究、技术发展的最新动态。

(3)重大研发方向应具有良好的社会效益，对提高交通运输行业自主创新能力，实现“四个交通”目标具有重要意义。

(4)重大研发方向应具有较好的经济效益，所取得的成果具有较为广阔的应用面，能够有效转化为科技生产力。

2.遴选流程

重大研发方向的遴选按照选题征集、专家会议评审、相关部门审议、公示等流程实施。

(1)广泛征求需求，形成初步遴选范围

①采取问卷调查与选题征集方式，向广东省各地市交通运输主管部门、交通运输行业企事业单位、科研机构、高等学校等发放调查问卷，广泛征集需求。

②结合广东省交通“十三五”科技发展规划的要求，对征集到的需求进行整理。通过比较、合并、汇总等步骤，科学梳理出与广东省交通运输建设领域密切相关的研发方向，形成《广东省“十三五”公路水运建设拟遴选重大研发方向(建议稿)》。

(2)专家会议评审，确定《广东省“十三五”公路水运建设拟遴选重大研发方向(专家推荐稿)》

交通运输厅科技主管部门委托科技创新服务机构按照交通运输基础设施建设技术、智能交通技术、安全保障技术、绿色交通技术等四个领域分别组成5～7人的专家委员会，对“十三五”交通建设拟遴选重大研发方向建议稿中相应领域的专题进行会议评议。会议评议采用“广东省交通运输建设重大研发方向专家评审表”进行打分，分数汇总后，按照总分的高低排序，形成《广东省“十三五”公路水运建设拟遴选重大研发方向(专家推荐稿)》。

(3)相关单位及部门集中审议，形成重大研发方向送审稿。

科技创新服务机构按照要求报送《广东省“十三五”公路水运建设拟遴选重大研发方向(专家推荐稿)》及相关评审报告，省交通运输厅科技主管部门组织相关单位及部门会议进行集中审议，评选10个重大研发方向，形成《广东省“十三五”公路水运建设拟遴选重大研发方向(送审稿)》。

(4)公示、公布

由交通运输厅科技主管部门按照相关流程报批送审，形成十大重大研发方向公示稿。公示后，在广东省交通运输公众外网及交通运输科技网上发布《广东省“十三五”公路水运建设十大重大研发方向》。

(三)保障措施

(1)《广东省“十三五”公路水运建设十大重大研发方向》为交通运输科技工作的重要技术文件，广东省交通运输厅每年通过市场主导性、政府引导性项目、科技示范工程及成果推广应用等项目，重点支持研发方向的落地实施。

(2)鼓励交通运输企事业单位依托重大工程项目，结合重大研发方向，自主开展重大科技研发，广东省交通运输厅结合实际情况予以立项和资金支持。

(3)广东省交通运输厅将承担重大研发方向的人员、团队作为行业科技领军人才、创新团队遴选与培育的重要依据，优先支持承担重大研发方向的研发平台的建设与推荐工作。

二、推动实施科技示范工程

为加快推动交通建设领域的科技创新与成果推广应用，促进科技成果产业化、工程化和标准化，提升交通运输管理水平、运输服务品质、工程建设质量和装备技术水平，2016 年 12 月，广东省交通运输厅印发实施《广东省交通科技示范工程遴选实施方案》(粤交科〔2016〕1515 号)，大力推动交通运输科技示范工程遴选工作。

(一)总体目标

深入实施创新驱动发展战略，充分发挥科技创新对交通建设的支撑和引领作用，加速交通运输科技成果转化与推广应用。科技示范工程的实施应紧扣工程特点、贴近建设需求、突出典型示范，集中攻克交通建设领域的关键技术难题，推广应用一批新技术、新材料、新工艺，为交通运输科技创新和成果转化提供平台。

(二)科技示范工程主题遴选

1.基本条件

(1)科技示范工程项目须为交通运输行业拟建的公路水运项目或公路工程改、扩建项目。项目应已获得工程可行性研究报告批复，实施周期一般为 2～3 年。

(2)建设工程项目的投资规模较大，公路工程新建项目投资额一般不少于 50 亿元，改、扩建项目不少于 20 亿元；水运工程项目投资额一般不小于 5 亿元。

(3)建设工程项目的地质条件复杂、技术难度高或工程特点鲜明，在设计、施工、管理等方面具有理念先进、技术领先、安全高效、绿色智能等显著特点，并在广东省范围内具有典型示范作用。

2.遴选流程

科技示范工程主题遴选的流程包括征集示范工程建议书、形式审查、专家评审、公示等四步骤。具体遴选流程如下：

(1)征集示范工程建议书

面向广东省各交通运输企事业单位征集交通运输科技示范工程立项建议。

①科技示范工程可由工程项目建设单位单独建议，也可由建设单位与设计、施工、科研等单位联合建议。

②支持的经费一般不超过 200 万元，主要用于科技成果推广应用过程中必要的试验验证、技术咨询、技术交流、宣传培训等支出。

③鼓励示范工程应用已通过部级、省级科技主管部门或地方交通运输主管部门验收或鉴定的科技成果。

④推广应用的科技成果应符合国家产业、技术政策和行业技术发展方向，且技术先进、工艺成熟、经济合理，具有较高推广价值，知识产权归属明确。优先支持列入部、省交通运输科技计划、推广目录中的成果。

⑤各单位建议的科技示范工程原则上不超过 2 项。

(2)形式审查

广东省交通运输厅对科技示范工程建议书进行形式审查，主要从科技示范工程建议书的合规性、完整性进行审查，形式审查不通过的，取消后续评审资格。

(3)专家评审

形式审查通过后，广东省交通运输厅聘请工程技术、财务和科技管理等方面的专家组成评审委员会进行会议评审。评审委员会的人数一般为5人及以上的单数。评审委员会重点对科技示范工程建议书的以下内容进行评审：

①实施科技示范工程的必要性，包括科技示范工程的背景、目的和意义等。

②科技攻关课题研究内容的合理性与拟解决的关键技术问题的创新性。

③推广应用项目技术的可行性，包括工程的技术需求分析，示范技术的来源以及示范技术的先进性、成熟度和适用性等。

④科技示范工程考核指标的合理性，考核指标包括取得的科技成果、推广的规模、人才培养、技术交流和技术培训的任务量等。

评审专家在审阅建议书的基础上，对建议的科技示范工程，按照"科技示范工程评审专家评分表"的评分标准打分，根据各专家打分结果计算平均值，确定拟实施的科技示范工程。

(4)公示

涉及资金补助项目需经广东省交通运输厅阳光政务审议通过后，在广东省交通科技网上公示。

(三)政府采购确定承担单位

(1)根据拟实施的科技示范工程的任务要求，广东省交通运输厅委托中介服务机构编制政府采购文件。

(2)发布政府采购公告，拟实施的科技示范工程按照政府采购流程，最终确定承担单位。

(3)广东省交通运输厅与科技示范工程第一承担单位签订任务书(合同)。

(四)组织实施

(1)广东省交通运输厅依据任务书(合同)对科技示范工程实行过程管理，协调并处理科技示范工程实施过程中的重大问题。广东省交通运输厅组织或委托科技创新服务机构会同有关业务主管部门和主要参建单位，对科技示范工程项目执行情况、组织管理、经费管理、配套条件落实以及项目预期效益等情况进行监督检查。

(2)科技示范工程第一承担单位对实施任务的完成、经费使用及实施效果负主体责任，并协调各承担单位根据任务分工开展相应工作。第一承担单位应保障人员力量投入，落实配套条件，加强实施管理，按期保质完成实施任务，并按要求报送年度实施情况报告及有关信息。

(3)中期审查。第一承承担单位应根据工程进展情况，申请中期审查。根据中期检查意见，改进相关工作，修改完善有关资料，为项目验收做好准备。

(4)验收。第一承担单位应在实施期结束后3个月内，向广东省交通运输厅提出验收申请，同时提交验收材料。广东省交通运输厅依据验收条件对提交的验收材料进行审查，审查通过后，由广东省交通运输厅邀请技术、财务等方面的专家组成验收委员会进行验收。

(5)在科技示范工程实施过程中，探索引入同行评议机制，充分发挥专家咨询作用，提高科技示范工程管理工作的科学性、公正性及社会参与程度。

(五)保障措施

(1)对已通过验收的科技示范工程，广东省交通运输厅对建设(开发)、科研、设计、施工、监理单位颁发证书，在建设市场信用体系中记入诚信行为记录。

(2)纳入广东省交通运输行业科技人员职称评价体系。将技术创新和创造、高新技术成果转化等方面取得的业绩及所创造的经济效益和社会效益等因素纳入职称评审和人才评价之中。

(3)纳入科技创新项目和人才队伍选拔工作。依托广东省交通运输科技创新服务平台，积极落实遴选推荐制度，选拔推荐优秀科技、示范工程申报国家、部级、省级等各级各类科技奖项，择优推荐申报“中国土木工程詹天佑奖”等国家奖项。实施科技创新人才推进计划，逐步培养业务精、能力强、素质高的科技创新人才队伍，积极向广东省、交通运输行业、国家推荐申报各类人才计划项目。

(4)纳入广东省交通运输科技信用评价体系。建立科技信用数据库，向社会公布科技信用情况，提供科技信用信息查询，引导科技市场健康发展。

三、促进科技成果推广应用

为促进广东省交通建设领域的科技成果工程化和产业化，解决科技成果转化“最后一公里”的瓶颈问题，充分发挥科技创新对广东省交通运输发展的支撑作用，2016 年 12 月，广东省交通运输厅印发实施《广东省交通科技成果推广应用项目遴选实施方案》(粤交科〔2016〕1514 号)，全面部署交通运输科技成果推广应用项目的遴选实施工作。交通运输科技成果推广应用项目的遴选工作由广东省交通运输厅主持，委托科技创新服务机构组织工程技术、建设、管理和科技管理、法律等方面专家组成专家委员会实施。

(一)总体目标

畅通交通运输科技成果推广应用通道，加强交通运输科技成果的推广及示范效应。通过遴选建设养护技术、智能交通、安全保障和环境保护方面的先进、适用、成熟的优秀科技成果在“十三五”时期重点推广，以点带面，推进广东省交通运输行业科技成果的推广应用和公开共享。

(二)基本条件

(1)2006 年以来经国家、部省、行业主管单位、知识产权单位等认可的科技成果，且符合“十三五”重点推广的成果方向。

(2)科技成果材料完整、产权清晰。

(3)成果先进、适用、成熟，已获得省部级以上奖励，或专利产品已在交通建设中有一定的应用规模。

(4)成果推广应用具有可操作性。

(5)推广应用的风险可控。

(三)遴选流程

科技成果遴选的流程包括成果征集(征集交通科技成果推广应用建议书)、成果筛选、专家评审、公示等四步骤。具体遴选流程如下：

1. 成果征集

面向广东省交通运输企事业单位征集交通运输科技成果推广应用项目建议。

(1)科技成果应符合国家产业、技术政策和行业技术发展方向，且技术先进、工艺成熟、经济合理，具有较高推广价值，知识产权归属明确。

(2)科技成果原则上应经部省科技或交通运输主管部门验收，优先支持列入部、省交通运输科技计划、推广目录中的成果。

(3)支持的经费一般不超过100万元，主要用于科技成果推广应用过程中必要的试验验证、技术咨询、技术交流、宣传培训等支出。

2. 成果筛选

广东省交通运输厅委托科技创新服务机构对成果推广应用项目分类统计，并初步筛选出满足基本条件的成果推广应用项目。

3. 专家评审

从广东省交通科技专家库中按成果方向分别抽取3名专家成立遴选专家组，根据“广东省交通运输科技成果推广应用项目评审专家评分表”对科技成果分类进行打分和给出评审意见，推选出交通运输科技成果应用项目。

4. 公示

涉及资金补助的项目经厅阳光政务审议通过后，在广东省交通科技网上公示。

(四)政府采购确定承担单位

(1)根据拟实施的交通运输科技成果推广应用项目的任务要求，广东省交通运输厅委托中介服务机构编制政府采购文件。

(2)面向社会发布政府采购公告，按照有关规定通过招标方式最终确定承担单位。

(3)广东省交通运输厅与交通运输科技成果推广应用项目第一承担单位签订任务书(合同)。

(五)组织实施

(1)广东省交通运输厅依据任务书对交通运输科技成果推广应用项目实行监督管理，广东省交通运输厅组织或委托科技创新服务机构会同有关业务主管部门和主要参建单位，对任务书的执行情况、组织管理、经费管理、配套条件落实以及项目预期效益等情况进行监督检查。

(2)成果推广应用项目第一承担单位对实施任务的完成、经费使用及实施效果负主体责任，并协调各承担单位根据任务分工开展相应工作。第一承担单位应保障人员力量投入，落实配套条件，加强实施管理，按期保质完成实施任务，并按要求报送年度实施情况报告及有关信息。

(3)中期审查。第一承担单位应根据工程进展情况，申请中期审查，根据中期检查意见，改进相关工作，修改完善有关资料，为项目验收做好准备。

(4)验收。第一承担单位应在实施期结束后3个月内，向广东省交通运输厅提出验收申请，同时提交验收材料。广东省交通运输厅依据验收条件对提交的验收材料进行审查，审查通过后，由广东省交通运输厅邀请技术、财务等方面的专家组成验收委员会进行验收。

(5)在成果推广应用项目实施过程中，引入专家咨询机制，充分发挥专家咨询作用，提高成果推广应用项目管理工作的科学性、公正性及社会参与程度。

(六)保障措施

(1)科技成果纳入广东省交通运输行业科技人员职称评价体系。将技术创新和创造、高新技术成果转化等方面取得的业绩及所创造的经济效益和社会效益等纳入职称评审和人才评价。

(2)政府投资的建设基础设施项目应当优先采用广东省交通运输科技成果推广应用项目。

(3)推广项目完成后，经第三方评价，可从因成果推广应用产生的工程造价节余中，提取50%以上(或实施转化成功投产后连续3～5年成果转化年营业利润的5%以上)作为奖励报酬，奖励范围为成果权属单位及主要完成人(或团队)、推广应用实施单位和主要实施人员，以及其他做出重要贡献的人员，奖励分配比例通过自主协商确定。

第三节　不断改进交通运输科技项目验收

一、基本思路

交通运输科技项目验收是广东省科技项目管理的重要环节，是评价项目实施绩效的重要工作内容。广东省交通运输科技主管部门历来高度重视本省科技项目验收工作，不断探索新的验收评价方式、方法等具体工作内容，不断完善验收工作程序，有效促进了验收工作的规范化，并主动接受监督。为加强科技项目验收管理，完善科技项目管理体制，规范管理程序，提高管理效率，加大科技对经济社会和交通运输发展的支撑与引领作用，激发企业科技创新动力，广东省交通运输科技主管部门委托广东省科技创新服务中心(以下简称“科技创新服务中心”)作为科技项目验收的专门工作机构，对科技项目验收流程进行了进一步完善，规范了验收程序，明确了相关要求。

(一)广泛征求意见，不断完善项目验收程序

项目验收程序是确保项目验收质量的重要保障，其科学合理程度关系研究成果质量和学术风气的引领方向。因此，为了把好学术质量关和研究成果质量关，广东省交通运输科技主管部门在广泛征求研发人员、科研管理人员、技术管理专家等意见的基础上，对原有的科技项目验收程序进行了完善，形成了从验收申请、评审验收到验收后材料修改、出具验收证书并备案等在内的一系列验收流程，并创新性地增加了专业主持人审查和现场评审时对专家的评价，确保整个验收公正客观、科学合理地反映项目研究的质量和水平，以求在源头上保证项目验收的科学性和客观性。

(二)通过制度创新，消除走过场现象

项目基金管理部门和依托单位的管理人员，要高度重视项目结项验收工作，建立健全项目结项验收规章制度，用科学合理的规章制度保证项目结项验收的质量。在专家的遴选上，建立工作规则，公平公正地选取验收专家，建立和完善项目验收专家库，不断充实学术造诣深、信誉好、作风正、责任感强的专家。建立专家回避制度，明确项目负责人和项目组成员、项目承担单位和参与单位的有关人员，以及其他可能影响项目验收公正性的利益相关人员，均不能作为验收专家组成员参加验收结题工作。通过建立和实施一系列制度，最大限度地杜绝项目验收流于形式、走过场的现象。

(三)规范项目验收会议，确保项目验收质量

科技项目结题验收环节之所以会存在流于形式、走过场的现象，其主要原因之一是项目验收会议安排的不规范，突出表现在时间紧、项目多、专家少，从而造成项目负责人汇报、答辩，专家阅读材料、交流、给出结项意见时由于受时间限制而敷衍了事。为在半天或一天时间内完成多个项目验收任务，难免在

验收的各个环节紧紧张张开始、匆匆忙忙收场，每个环节的工作很难做到认真、细致、圆满。针对这一问题，广东省交通运输科技主管部门在认真调研、科学论证的基础上，对项目验收会议进行了科学设计和明确规定，并针对不同类型的项目，给出科学合理的项目负责人汇报、答辩时间，专家阅读材料、交流、给出结项意见时间，以保证项目验收质量。

二、主要流程

(一)项目验收申请

1.项目验收申请

项目负责人在项目合同任务完成后3个月内，在广东省交通科技网提出验收申请，并按要求提交验收材料纸质版及电子版各一份，纸质版要求寄至科创中心，电子版要求上传至广东省交通科技网(具体验收材料及格式要求见《广东省交通运输厅科技项目验收材料格式要求》)。

项目验收材料如下：

(1)《广东省交通运输厅科技项目验收申请表》。

(2)《广东省交通运输厅科技项目任务书(合同)》。

(3)项目研究(技术)报告。

(4)项目研究工作报告。

(5)其他(如有)，包括：科技查新报告，产品测试(检测)报告，用户使用报告，经济和社会效益分析报告，已获成果、专利一览表(含成果登记号、专利申请号、专利号等)，科技项目经费决算表，项目所购置的仪器、设备等固定资产清单，测试、研制样机、样品的图片及数据等各类证明材料，项目研究成果简介。

(6)软件验收项目还须增加产品测试报告。

2.验收申请受理

科技创新中心人员将在提出验收申请的十个工作日内予以受理，受理结果在广东省交通科技网公布，对验收材料不齐全及格式不合格者，项目负责人需修改后重新提交验收申请。

(二)项目形式审查

(1)抽取专业主持人。科技创新中心人员在受理验收申请后，在广东省交通运输科技专业主持人库中抽取与验收项目相匹配的专业主持人2名(其中1名为备选人员)，并将项目提交验收材料及形式审查报告模板发送至专业主持人处。专业主持人根据形式审查要求，在五个工作日内完成项目形式审查报告，并给出初步审查意见。

(2)形式审查。若初步审查意见表明项目不符合验收要求，则科技创新中心人员通过广东省交通科技网将审查意见反馈至项目负责人处，项目负责人按审查结果进行修改，再次提交项目验收申请。

(3)确定验收方式。若初步审查意见表明项目符合验收要求，则科技创新中心人员联系项目负责人，确定验收方式[网上(通信)评审验收或会议评审验收]、验收时间(要留有评审验收专家的七个工作日材料审查时间)。政府引导性项目和重大工程项必须采用会议评审验收方式。

(4)确定验收专家名单。科技创新中心人员在专家库中抽取项目评审验收专家，会议验收原则上需要5名或以上的单数专家组成专家组(含1位财务专家)，函审(通信)评审验收需要3名或以上的单数专家对材料进行审核(项目负责人和项目组成员、项目承担单位和参与单位的有关人员，以及其他可能影响项目验收公正性的利益相关人员(由项目验收组织单位确认),均不能作为验收专家组成员参加验收结题工作),并于验收时间七个工作日前将评审材料(包括项目评审意见表、项目评审评分表、合同完成情况表)、会议通知、会议议程发送至专家,专家在验收会议召开时,需携带上述材料至会议现场。

(三)函审(通信)评审验收

1.常规函审(通信)评审验收

由科技创新中心出具"专家邀请函",连同项目结题验收材料、项目评审意见表、项目评审评分表、合同完成情况表寄送至各验收专家。

专家评审。除验收专家组组长外的其他专家,将填写好并签名后的项目评审意见表、项目评审评分表、合同完成情况表等材料寄回科技创新中心。

将专家组成员的项目评审意见表、项目评审评分表、合同完成情况表寄送验收专家组长汇总,将汇总意见填入结题验收证书的"验收组意见"并签名,连同其本人的函审评审意见表、项目评审评分表、合同完成情况表及结题验收材料寄送回科技创新中心。

将结题验收证书的"验收组意见"页、评审费、评审费签领表寄送其他验收组专家,并签名返回。

将各验收组专家签名后的"验收组意见"页装订在结题验收证书,将一份证书寄送至项目组,其他材料皆留至科技创新中心备案。

2.APP或微信平台评审

由科技创新中心在微信平台出具"专家邀请函",将项目结题验收材料上传至微信,供评审验收专家下载。

专家评审。除验收专家组组长外的其他专家在审核项目验收材料后,自行在平台中将项目评审意见表、项目评审评分表、合同完成情况表填完,并进行电子签名,点击"完成"。

科技创新中心将专家组成员填写的上述材料结果发送至验收组组长,由其汇总,将汇总意见填入结题验收证书的"验收组意见",并电子签名。完成后科技创新中心将"验收组意见"发送至其他专家进行电子签名,同时进行评审费微信转账。

修改完善验收材料。验收会议结束后,根据验收专家意见,项目承担单位在五个工作日内将项目验收材料进一步修改及完善,并上传。

审核完善后验收材料。科技创新中心人员将对验收材料按照专家意见确定审核报告是否修改完善:不合格者重新退回修改材料,直至合格后(按"广东省交通运输厅科技项目验收材料格式要求")上传至平台。

将各验收组专家签名后的"验收组意见"连同其他专家签名材料下载,并打印形成验收证书,将一份证书寄送至项目组,其他材料皆留至科技创新中心备案。

出具项目验收证书,将项目验收信息在广东省交通科技网更新,并将相关信息公开公示,同时提交至广东省交通运输厅科技处备案。

(四)会议评审验收

项目汇报单位会前准备。项目汇报单位携带汇报PPT,验收报告7份[暂定人数为:5位专家+1位专业主持人+1位主管单位(部门)领导],验收意见初稿,并安排车辆接送专家至会议现场即可。

科技创新中心会前准备。科技创新中心在会前准备参会人员签到表、专家签到表、会场布置。

评审会议。科技创新中心介绍参会人员及单位,成立专家组,推选组长,项目组汇报项目研究及成果。由专家组组长牵头，参会专家、政府主管部门及科技创新中心相关人员对项目研究（技术报告、工作报告）提出质询及建议。最终，形成项目验收审查意见。科技创新中心总结项目验收评审工作。会中须拍照，必要时录音。

项目验收组应在审阅资料、核实数据、现场考察、听取汇报、提出质疑、开展评议的基础上，独立提出意见，实事求是地对项目进行评价，经讨论后形成验收意见。验收意见中应明确提出“通过验收”或“不通过验收”的结论。

会议结束后，由科技创新中心人员进行会场整理，并收集专家填写的验收材料。

（五）验收后材料修改

修改完善验收材料。验收会议结束后，根据验收专家意见，项目承担单位在五个工作日内将项目验收材料进一步修改及完善，并提交至科技创新中心。

审核完善后验收材料。科技创新中心人员将对验收材料按照专家意见进行审核报告是否修改完善，不合格者重新退回修改材料，合格后（按“广东省交通运输厅科技项目验收材料格式要求”）提交两份纸质版验收材料。

（六）编写项目验收工作报告

更新项目验收信息。在验收会议结束并且项目组完善修改验收材料后，科技创新中心将在广东省交通科技网更新项目验收状态。

完成验收工作报告。在验收会议结束后的7个工作日内，科技创新中心根据验收会议信息、项目形式审查报告、项目验收情况、专家评审情况、项目验收工作总结等方面编写项目验收工作报告，并提交至广东省交通运输厅科技处审查。

（七）出具项目验收证书并提交厅科技处备案

根据项目验收会议，出具项目验收证书，将项目验收信息在广东省交通科技网更新，并将相关信息公开公示，同时提交至广东省交通运输厅科技处备案。

第四节　探索成立科技创新服务专门机构

一、机构概况

根据我国科技服务业发展和新一轮科技体制改革的形势需求，结合广东省交通运输行业科技创新体系现状以及交通运输科技创新服务平台建设及运行的需求，2017年1月，广东省华路交通科技有限公司成立广东省交通科技创新服务中心，承接广东省交通运输主管部门政府采购的科技管理与咨询服务。

广东省交通科技创新服务中心作为华路公司直属的业务部门，是连接企业之间以及企业与政府、科研院所、高校、金融机构之间的桥梁，是深化科技体制改革、促进科技与经济紧密结合、提高企业自主创新能力、促进产学研用结合、服务区域交通运输发展的科技创新服务机构。

二、组织机构

目前，广东省交通科技创新服务中心作为广东华路交通科技有限公司的独立业务部门开展工作，未来，将成立独立运行的科技创新服务机构。同时，根据资源优势互补原则，联合广东省交通运输规划研究中心、广东省公路学会、广东交通职业技术学院等单位，为广东省交通运输管理部门及各类科技创新主体提供科技服务工作。

广东省交通科技创新服务中心根据科技创新体系的功能需要设立专业部门，由办公室负责日常管理工作(图 11-1)。

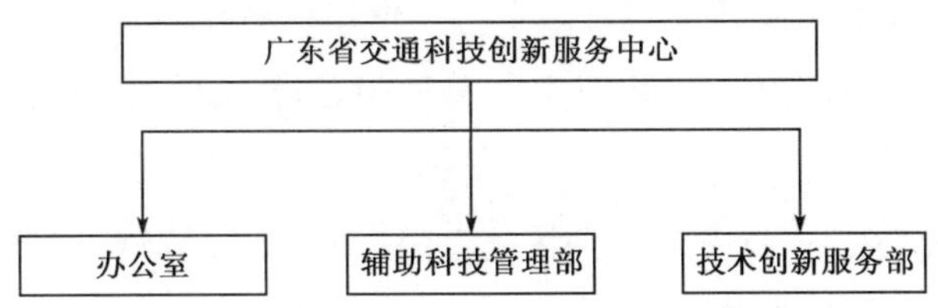

图 11-1　广东省交通科技创新服务中心组织机构

科技创新服务中心人员由符合服务需求的宏观政策人才、管理人才和技术人才组成。工作人员应包括较高层次的专业技术人才、管理人才和商业人才，具备较强的技术、市场、管理、法律知识背景和丰富的实践经验；通过挖掘和评估出真正有开发价值的专利技术，形成可持续性的商业模式；进一步促进技术开发和成果应用，扩大知识产权使用范围，从而创造新的价值，实现项目独立运转和可持续发展。

三、主要职能

当前阶段，广东省交通科技创新服务中心主要业务包括：承接广东省交通运输科技项目管理、广东省交通运输厅科技处专题任务、科研、科技政策咨询，以及科技项目规划策划、科技机构申请策划、成果推广、成果鉴定等。

具体业务内容包括：

(1)协助推进广东省交通运输科技创新体系建设与实施。

(2)参与广东省交通运输科技创新服务信息平台建设与运行管理。

(3)协助广东省交通运输厅与省内以及交通运输行业的科技资源衔接。

(4)开展日常科技管理咨询，包含科技项目管理、验收评价、科技统计、专家委员会秘书处工作等工作内容。

(5)承担交通运输行业研发中心管理委员会秘书处工作。

(6)开展广东省交通运输行业需要的其他科技创新服务。

展望未来，广东省交通科技创新服务中心将在承接广东省交通运输厅日常科技管理服务的同时，通过完善自身建设，加强协同创新，拓展服务范围，提升服务能力，以协助广东省交通运输厅整合广东省交通运输科技资源、开拓广东省交通运输行业“政、产、学、研、用、金”的合作模式，推进广东省交通运输科技创新联盟建设、中小微企业的科技创新技术咨询服务以及其他科技市场化服务等工作，为进一步完善广东省交通运输行业创新体系、围绕交通运输产业链部署创新链、提升创新服务能力和科技水平提供基础支撑。

参 考 文 献

[1] 周正祥,夏飞.美国交通科技创新体系与我国交通科技创新[J].中国科技产业,2002(06):68 70.

[2] 王辉.美国交通科技创新体系及对我们的启示[J].中国软科学,2000(04):51-56.

[3] 陆礼.交通科技的创新视点与伦理维度[J].淮阴师范学院学报(哲学社会科学版),2009(06):738-741.

[4] 邹和平.正确处理“五个”关系 加快交通科技进步[J].湖南交通科技,2003(1):1-2.

[5] 龙传华.公路水路交通可持续发展的科技战略分析[J].交通科技,2010(1):1-4.

[6] 熊彼特.经济发展理论[M].北京:中国画报出版社,2012(15).

[7] 克里斯托夫・弗里曼(英).技术和经济运行:来自日本的经验[M].南京:东南大学出版社.2008(26).

[8] 张贵红.我国科技创新体系中科技资源服务平台建设研究[D].上海:复旦大学,2013.

[9] 交通运输部.中国交通运输改革开放 30 年:综合卷[M].北京:人民交通出版社,2008.

[10] 赵刚.用政策鼓励企业开展基础性前沿性创新研究[J].瞭望,2016(4):21-22.

[11] 王远征,梁明,蓝彬.科技发展规划中的技术预见研究[J].青岛行政学院学报,2005(1):6-8.

[12] 齐泽民.对推进交通企业实现“两个根本性转变”的思考[J].交通企业管理,1997(11):12-13.

[13] 吕红蕾.基于交通运输产业经济特性的交通政策分析[J].交通标准化,2010(11):32.

[14] 王黎明,曹怡春.交通科技管理工作探析[J].科技创新与应用,2013(8):18.

[15] Freeman C. Technology policy and economic performance: Lessons from Japan [M]. London: Printer Publishers, 1987:12-18.

[16] 经济合作与发展组织科学技术产业司“技术与创新政策工作组”.国家创新系统[M].1996:2.

[17] OECD.以知识为基础的经济[M].北京:机械工业出版社,1997.

[18] 李学勇.确立企业的在技术创新中的主体地位[J].求是,2007(4).

[19] 李新男.企业技术创新主体地位与建设创新型国家[J].中国科技论坛,2007(6).

[20] 辜胜阻,等.创新型国家建设中的制度创新与企业技术创新[J].江海学刊,2010(6).

[21] 许庆瑞.研究、发展与技术创新管理[M].北京:高等教育出版社,2000.

[22] 杜伟.增强国有企业技术创新动力的思考[J].经济体制改革,2003(6).

[23] 路甬祥.对国家创新体系的再思考[J].求是,2002(2).

[24] 张文霞,李正风.芬兰从资源型国家到创新型国家的历程[J].科学对社会的影响,2006(1).

[25] How will Finland succeed in the future [EB/OL]. http :// e. finland. fi/net. com/ news/ show article. asp ? intNWSSAID=32690?

[26] 欧盟创新排行榜[N].文汇报,2006-06-04.

[27] 李东华,包海波.日本知识产权战略及其启示[J].中国软科学,2003(12).

[28] 王永宁.日本产业的竞争力与知识产权对策[J].全球科技经济瞭望,2002(12).

[29] 马云俊.创新型国家建设过程中的政府角色探析——以美国、日本、韩国、芬兰为例[J].现代商贸

工业,2014(6).
[30] 戴瑾.中国科技创新实力不俗,制度环境直追国足[J].战略前沿技术,2016.
[31]《国家科技计划管理暂行规定》(2001 年,科学技术部令第 4 号).
[32]《国家科技计划项目管理暂行办法》(2001 年,科学技术部令第 5 号).
[33]《关于国家科技计划管理改革的若干意见》(国科发计字〔2006〕23 号).
[34]《国家科技计划实施中科研不端行为处理办法(试行)》(中华人民共和国科学技术部令第 11 号).
[35]《关于加强科技部科技计划管理和健全监督制约机制的意见》(国科发计字〔2006〕218 号).
[36]《国家软科学研究计划管理办法》(国科发办字〔2007〕87 号).
[37]《国家商技术研究发展计划(863 计划)管理办法》(国科发计〔2011〕363 号).
[38]《国家重点基础研究发展计划管理办法》(国科发计〔2011〕626 号).
[39]《广东省产学研省部合作专项资金管理暂行办法》(粤财教〔2006〕180 号).
[40]《广东省教育部产学研结合计划项目管理办法(试行)》(粤产学研办字〔2007〕3 号).
[41]《广东省科技型中小企业技术创新专项资金管理暂行办法》(粤财工〔2009〕119 号).
[42]《广东省科学技术厅关于省级科技计划项目管理的暂行办法》(粤科规划字〔2012〕57 号).
[43]《中共广东省委 广东省人民政府关于加快建设创新驱动发展先行省的意见》(粤发〔2015〕10 号).
[44]《广东省人民政府关于加快科技创新的若干政策意见》(〔2015〕1 号).
[45]《广东省省级企业研究开发财政补助资金管理办法》(粤财工〔2015〕246 号).
[46]《关于支持新型研发机构发展的试行办法》(粤科产学研字〔2015〕69 号).
[47]《关于进一步改革科技人员职称评价的若干意见》(粤人社规〔2015〕4 号).
[48]《广东省属企业实施创新驱动战略加快转型升级的指导意见》(2015 年 11 月 12 日).
[49]《国家中长期科学和技术发展规划纲要(2006—2020 年)》.
[50]《关于深化科技体制改革加快国家创新体系建设的意见》(中发〔2012〕6 号).
[51]《关于全面深化科技体制改革 加快创新驱动发展的决定》(粤发〔2014〕12 号).
[52]《广东省科学技术厅关于省级科技计划项目管理的暂行办法》(粤科规划字〔2012〕57 号).
[53]《实施〈中华人民共和国促进科技成果转化法〉若干规定》(国发〔2016〕16 号).
[54]《关于加快推进交通运输行业科技创新能力建设的若干意见》(交科技发〔2012〕549 号).
[55]《中共广东省委广东省人民政府关于加快建设创新驱动发展先行省的意见》(粤发〔2015〕10 号).
[56]《广东省人民政府办公厅关于促进科技服务业发展的若干意见》(粤府办〔2012〕120 号).
[57]《广东省科学技术厅关于科技成果登记与信息公开的实施办法》(粤科管字〔2013〕127 号).
[58]《广东省质量技术监督局等六部门关于加强实施技术标准战略工作的政策措施》(粤质监标函〔2012〕913 号).
[59]《广东省人民政府国有资产监督管理委员会关于印发广东省省属企业创新发展考核办法的通知》(粤国资考评〔2012〕93 号).
[60]《广东省人民政府国有资产监督管理委员会、广东省财政厅关于广东省省属企业改革与发展专项资金(竞争性部分)评审规则》(粤国资规划〔2012〕145 号).
[61]《广东省人力资源和社会保障厅关于突出贡献人员转技术资格评定的暂行办法》(粤人社发〔2012〕38 号).

[62]《广东省人力资源和社会保障厅关于进一步加强博士后工作促进广东自主创新的实施意见》(粤人社发〔2012〕263 号).

[63]《关于加强我国科研诚信建设的意见》(国科发政字〔2009〕529 号).

[64]《国家重点实验室建设与运行管理办法》(国科发基〔2008〕539 号).

[65]《关于实施高等学校创新能力提升计划的意见》(教技〔2012〕6 号).

[66]《关于加快推进交通运输行业科技创新能力建设的若干意见》(交科技发〔2012〕549 号).

[67] http://finance. chinanews. com/cj/2016/03-09/7790182. shtml.

[68] http://news. stockstar. com/SS2016030500000906. shtml.

[69] http://www. naturalindex. com.

[70] http://www. wipo. int/ipstats/en.

[71] 科学技术部创新发展司. 2014 年我国高技术产品贸易状况分析[J]. 科技统计报告,2016(5).